高等院校财经类专业应用型本科系列教材
成都信息工程学院校级精品课程

管理学原理

GUANLIXUE YUANLI

◎主 编 骆 兰 王 华

重庆大学出版社

内容提要

本书主要针对高等院校管理类专业的本科教学而写。全书共分11章,结构上分为两大部分:一是理论知识;二是体验式教学内容。理论知识主要对管理的基本知识与基本理论进行介绍,侧重于西方主要管理理论以及管理的五大职能:计划、组织、领导、协调、控制等内容,同时强调决策在管理中的作用;体验式教学内容主要由"学习目标""案例分析""思考题""本章小结""拓展知识""管理能力训练"几部分构成。其中"学习目标"分为知识目标与能力目标,是学生学习该章内容的引导;"管理能力训练"是体验式教学的重点,也是本书的一大特色,设置的训练项目与所在章节的内容紧密结合,旨在理论结合实际,强化学生管理能力的培养和提高。

作者通过体验式教学内容,改变管理学传统的"填鸭式"教学方式,明确学习目标,通过案例分析、管理能力训练,让学生在"聆听—吸收—体验"模式中,更深切地体会管理知识的运用。

图书在版编目(CIP)数据

管理学原理/骆兰,王华主编.—重庆:重庆大学出版
社,2015.1(2018.12重印)
高等院校财经类专业应用型本科系列教材
ISBN 978-7-5624-8742-5

Ⅰ.①管… Ⅱ.①骆…②王… Ⅲ.①管理学—高等学校—教材 Ⅳ.①C93

中国版本图书馆 CIP 数据核字(2014)第 287184 号

高等院校财经类专业应用型本科系列教材
管理学原理
骆 兰 王 华 主编
责任编辑:范 莹 版式设计:范 莹
责任校对:贾 梅 责任印制:张 策
*
重庆大学出版社出版发行
出版人:易树平
社址:重庆市沙坪坝区大学城西路 21 号
邮编:401331
电话:(023)88617190 88617185(中小学)
传真:(023)88617186 88617166
网址:http://www.cqup.com.cn
邮箱:fxk@cqup.com.cn(营销中心)
全国新华书店经销
重庆升光电力印务有限公司印刷
*
开本:787mm×1092mm 1/16 印张:15.5 字数:355千
2015 年 1 月第 1 版 2018 年 12 月第 7 次印刷
印数:15 001—18 000
ISBN 978-7-5624-8742-5 定价:39.00 元

前言 PREFACE

　　管理学是研究管理活动及其内在规律的科学,随着社会经济的不断发展,管理理论与实践的结合更加紧密。管理的目的就是在特定的环境下,管理者对组织的资源进行有效的计划、组织、领导、协调、控制,以实现组织目标的过程。

　　研究表明:"阅读的信息,我们能记得10%;听到的信息,我们能记得20%;但经历的事,我们却能记得80%。"纵观目前出版的众多《管理学》及《管理学原理》教材,多数是从介绍管理理论、管理知识的角度进行的构建,尽管有的教材在案例分析、思考题以及篇章结构上做了大量的探索,力图增加理论与实践的结合度,但指导思想依然是传统的学习方法,即强调学生对知识的把握和记忆,强调管理理论知识的系统化。

　　我们知道,管理能力的习得,不是通过知识的学习就能具备的,管理中的计划能力、组织能力、领导能力、协调能力以及控制能力不是学习了管理学知识就自然而然具备的。换句话说,知识不等于能力,能力是在具体实践过程中才能得到体现和提高的。能不能在管理学的教学过程中培养和提高学生的管理能力呢?此为我们编写这本《管理学原理》教材的初衷。

　　《管理学原理》是成都信息工程学院校级精品课程,也是管理类专业学生学习管理专业课程的"入门"课程。自编者担任课程负责人以来,组织任课教师在教学方法、教学内容等方面进行了多方面的探索与改革。本次编写的内容可以看作是任课教师多年来的教学总结与成果反映。编者力求在保留管理学基本知识与基本理论的基础上,将多年的教学实践与教学体会融入教材中,让学生在学习理论知识的同时,通过管理能力的训练,增加对"管理"的体验与感受,提高管理能力。

　　本书由成都信息工程学院骆兰教授、王华博士担任主编,骆兰负责全书的构思,并组织人员编写;提纲由骆兰、王华拟订,各章内部结构由骆兰拟订,统稿由骆兰、王华共同完成。具体编写分工如下:第1章管理导论,王华;第2章管理理论的形成与发展,唐国强;第3章决策,李蓉;第4章计划,李蓉;第5章组织设计,王华;第6章组织变革,何兴贵、王华;第7章人员配备,向征、王华;第8章领导,骆兰;第9章激励,薛燕(重庆师范大学);第10章管理沟通,骆兰、向征;第11章控制,李蓉。

　　由于本书编写人员水平有限,错误和疏漏在所难免,在教学上所做的探索也还有需要完善之处,还望读者和同仁们不吝批评赐教。

骆　兰

2014 年 11 月 12 日

目录 CONTENTS

第1章　管理导论

1.了解管理的起源、管理思想的发展；
2.熟悉管理、管理者的含义；
3.掌握管理的性质、管理者的角色和技能要求。

能力目标

1.理解并能解释说明管理的基本概念；
2.认知并能有意识地培养自己的管理素质。

　　管理的实践自古即有,管理学成为一门独立的学科也有上百年的历史了。尽管相对于数学、天文学、物理学、化学、哲学、文学和史学等学科,管理学还是一门非常年轻的学科,但其发展极为迅速,对人类社会的发展产生了非常巨大的影响。正如彼得·德鲁克所说:"在人类历史上,还很少有什么事比管理的出现和发展更为迅猛,对人类具有更为重大和更为激烈的影响。"

　　管理的好坏是决定一个组织的实力和竞争力的重要因素之一。一个企业的实力和竞争力取决于许多因素,如拥有的资源数量、商誉、开发新产品的能力、商品的品牌等,这些因素都会慢慢发生变化,这些变化取决于企业管理水平的高低。因此,学习和研究管理学对于提高管理知识、素质和技能,改善企业、组织的管理水平,增强企业、组织的实力和竞争力具有非常重要的意义。

1.1　管理的起源与发展

1.1.1　管理的起源

　　管理就其起源来看,可追溯到远古,应该说它和人类的历史一样悠久。早在远古时代,人类在狩猎时就有不同的分工,其中一种工种会发出信号来指挥他人相互配合,以达到群体成员行动的协调一致,提高获取猎物的可能性。从远古到现代,人类要实现预期的共同劳动目标,必须相互依存,通过管理来共享知识,进行分工合作。因此,自从有了人类活动,人类的管理实践就从未停止过。而非常成功的管理实践有:举世闻名的埃及大金字塔、中国的万里长城、令人神往的巴比伦空中花园以及作为巴黎象征的埃菲尔铁塔等。所有这些巨大工程的建成不仅反映了劳动人民丰富的管理思想、卓越的管理与组织才能,而且有一个共同的特点,即都离不开人类的共同劳动。

随着人类社会的不断进步,社会分工逐渐细致化,协作的范围也不断拓展,对管理的要求不断提高。特别是18世纪下半叶,始于英国的产业革命在西方国家迅速推进,工具机的进步带动了动力机的进步,机器大工业替代了工场手工业,工厂应运而生,工厂规模持续扩大,分工与协作变得具体和明晰,社会化大生产逐渐成为普遍的生产方式。从这一时期开始,管理的重要性及作用日益突出,成为合理组织社会化大生产和提高劳动生产率的重要手段。管理实践日益丰富,管理经验不断积累,一些重要的管理思想就在实践中产生了。

由此可见,管理起源于人类的共同劳动,发展于社会分工的细致化和协作的普遍性。

1.1.2 管理思想的发展

到了19世纪末20世纪初,公司规模扩大,市场竞争日趋激烈,大企业的有效管理成为一项新的课题。这一时期,管理成为一种专门的职业,出现了专门的管理者阶层。在管理实践中,管理者阶层针对急需解决的现实问题,开始研究有效的管理措施和方法,从不同角度探寻管理中存在的共性内容,提出了相应的理论。管理理论由此诞生,它标志着管理已经从经验发展到规律,是管理学知识体系和学科体系形成的里程碑。这些理论又被人们应用到管理实践中,指导管理活动的进行,同时又进一步对这些理论进行实践验证,这就是管理学的整个形成过程,即从实践到思想再到理论,然后又将理论应用于实践的循环过程。这一过程可用图1.1来表示。

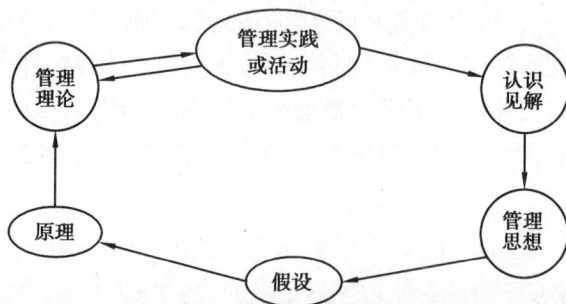

图 1.1 管理实践或活动、管理思想和管理理论的相互关系
资料来源:王冰,张静,傅四保,等. 管理学——理论与实践[M].北京:电子工业出版社,2011:18-19.

一般来说,在管理理论的形成之前可分成两个阶段:早期管理实践与管理思想阶段(从人类集体劳动出现到18世纪)和管理理论产生的萌芽阶段(从18世纪到19世纪末)。管理学形成后又分为三个阶段:古典管理理论阶段(20世纪初到20世纪30年代,行为科学学派出现前)、现代管理理论阶段(20世纪30年代到20世纪80年代,行为科学学派及管理理论丛林阶段)和当代管理理论阶段(20世纪80年代至今)。

1)早期的管理活动与管理思想

早期的管理活动阶段是指从人类社会产生,人们结成了一定的社会关系,有了集体劳动的分工、协作开始,到18世纪这一历史阶段。这一阶段,人类不仅仅为了谋求生存而进行各种活动,还进行着管理活动和管理实践,其范围是极其广泛的。但是人类从未对管理活动本身的重要性和必要性加以认识,也未提出某些见解。仅有的管理知识是代代相传或从实践经验中得来的,人们凭经验去管理,尚未对经验进行科学的抽象归纳。

早期的管理思想是指管理思想的萌芽阶段,是从18世纪到19世纪末这一历史阶段。这一时期人们逐渐通过观察各种管理实践活动,对管理活动在社会中所起的作用产生了一定的认识。在军事、经济、政治和行政等某些领域或某些环节,提出了某些见解。但这一切都停留在一个较低的水平上,还没有进一步系统地、全面地加以研究。早期的一些著名的管理实践和管理思想大都散见于埃及、中国、希腊、罗马和意大利等国的史籍和许多宗教文献之中,只是一些对管理零碎的研究。因此,在19世纪以前尚未形成一套比较完整的管理理论体系。

2)古典管理理论

古典管理理论诞生于19世纪末到20世纪初的美国。是与美国当时的经济、社会、文化的发展状况密切相关的。按照美国经济学家罗斯托的经济成长五阶段论,人类社会的发展经历了传统阶段、起飞前阶段、起飞阶段、成熟阶段和高消费阶段。古典管理理论形成时期,美国正处于起飞阶段。在这一时期,社会经济出现持续的增长,一些主要成长部门能通过革新创造或者通过利用新的资源,从而形成很高的成长率,并带动社会经济中的其他方面扩充能量。与此相伴的是具有经济现代化观念的人战胜坚持传统社会观念的人,在社会和文化等方面取得胜利。起飞阶段所迸发出来的强大刺激力量,既可以表现为工业革命的形式,也可能是技术革新的形式,还可能是管理方式改变的形式。经过管理学者们的不断研究、观察,甚至亲自实践和实验,对管理的科学认识才不断丰富和具体,从而对其进行概括和抽象,这才逐渐地形成管理理论,古典管理理论破土而出。

古典管理理论的主要代表人物泰罗、法约尔、韦伯从三个不同角度,即车间工人、办公室总经理和社会组织来解决个体、企业和社会组织的管理问题,为当时的社会解决企业组织中的劳资关系、管理原理和原则、生产效率等方面的问题,提供了管理思想的指导和科学理论方法。

3)现代管理理论

现代管理理论阶段主要指行为科学学派及管理理论丛林阶段。

行为管理理论也被称作为新古典管理理论,它诞生于20世纪初到第二次世界大战结束前。这一时期的管理理论在古典管理理论的基础上更加重视管理中人的因素的作用,在管理心理学方面有了长足的发展,由此产生的管理措施更加人性化。行为科学学派阶段主要研究个体行为、团体行为与组织行为,重视研究人的心理、行为等对高效率地实现组织目标的影响作用。

行为科学的主要成果有梅奥(Mayo,1880—1949)的人际关系理论、马斯洛(A.H.Maslow,1908—1970)的需求层次理论、赫茨伯格(F.Herzberg,1923—2000)的双因素理论、麦格雷戈(D.M.McGregor,1906—1960)的"X-Y理论"等。

第二次世界大战后的 20 世纪 40 年代到 80 年代,除了行为科学学派得到长足发展以外,许多管理学者都从各自不同的角度发表自己对管理学的见解。这其中主要的代表学派有:管理过程学派、管理科学学派、社会系统学派、决策理论学派、系统理论学派、经验主义学派、经理角色学派和权变理论学派等。这些管理学派研究方法众多,管理理论不统一,各个学派都各有自己的代表人物,各有自己的用词意义,各有自己所主张的理论、概念和方法。管理学家孔茨(H.Koontz,1908—1984)将这一阶段称为管理理论丛林。

4) 当代管理理论的新发展

进入 20 世纪 70 年代以后,由于国际环境的剧变,尤其是石油危机对国际环境产生了重要的影响,这时的管理理论以战略管理为主,研究企业组织与环境关系,重点研究企业如何适应充满危机和动荡的环境的不断变化。迈克尔·波特(M.E.Porter)所著的《竞争战略》把战略管理的理论推向了高峰,他强调通过对产业演进的说明和各种基本产业环境的分析,得出不同的战略决策。

20 世纪 80 年代为企业再造时代,该理论的创始人是美国麻省理工学院教授迈克尔·哈默(M.Hammer)与詹姆斯·钱皮(J.Champy)。他们认为企业应以工作流程为中心,重新设计企业的经营、管理及运作方式,进行所谓的"再造工程"。美国企业从 20 世纪 80 年代起开始了大规模的企业重组革命,日本企业也于 20 世纪 90 年代开始进行所谓"第二次管理革命"。这十几年间,企业管理经历着前所未有的、类似脱胎换骨的变革。

20 世纪 80 年代末以来,信息化和全球化浪潮迅速席卷全球,顾客的个性化、消费的多元化决定了企业必须适应不断变化的消费者需要,在全球市场上争得顾客的信任,才有生存和发展的可能。这一时代,管理理论研究主要针对学习型组织而展开。美国麻省理工大学(MIT)斯隆管理学院的教授彼得·圣吉(P.M.Senge)在所著的《第五项修炼》中更是明确地指出,企业唯一持久的竞争优势源于比竞争对手学得更快、更好的能力,学习型组织正是人们从工作中获得生命意义、实现共同愿景和获取竞争优势的组织蓝图。

从发展趋势来看,当代管理理论的发展越来越借助于多学科交叉作用。经济学、数学、统计学、社会学、人类学、心理学、法学、计算机科学等各学科的研究成果越来越多地应用于企业管理。

1.2 管理与管理者

1.2.1 管理

1) 管理的含义

管理的字面意思有"管辖""处理""管人""理事"等。但实际上,关于什么是管理,即管理的概念,人们并没有取得一致的认识,因为不同学者对于管理的认识是有差异的。近百年来,中外的管理学家们给出了非常多的定义。表 1.1 列出了具有代表性的几种观点:

表 1.1 管理学者们对管理的定义

代表人物	定　义	侧重点
泰勒（Frederick W. Taylor）	管理是一门艺术，这种艺术是要知道做什么，并确保用最好、最经济的方法去做。	强调管理的目的，即追求经济效益，寻求最经济的方法与途径。
法约尔（Henri Fayol）	管理就是实行计划、组织、指挥、协调和控制。	强调管理的过程或职能。
美国管理协会	管理是通过他人的努力，来完成工作、达到目标。	强调以人为中心及对人指导的重要性。
西蒙（Herbert A Simon）	管理就是决策。	强调决策在管理中的作用，决策贯穿于管理的全过程。
德夫特（Richard L. Daft）	管理就是通过计划、组织、领导和控制等职能来协调所有的资源，以便达到绩效目标的过程。	强调管理的职能和管理的目的。
罗宾斯（Stephen P. Robbins）	管理就是通过计划、组织、领导和控制组织的资源，有效率和有效果地实现组织目标。	强调管理的职能和有效性。

我国学者给管理也下了各种定义，如：

周三多等学者认为，"管理是指组织为了达到个人无法实现的目标，通过各项管理职能活动，合理分配、协调相关资源的过程"。

吴照云等学者认为，"所谓管理，就是对组织所拥有的资源进行有效的计划、组织、领导和控制，以便达到既定的组织目标的过程"。

杨文士、焦叔斌等学者认为，"管理是指一定组织中的管理者，通过实施计划、组织、人员配备、指导与领导、控制等职能来协调他人的活动，使别人同自己一起实现既定目标的过程"。

综合不同的看法和认识，简言之，管理是社会组织为了实现预期的目标，以人为中心进行的协调活动。它包括四方面的含义：

①管理是为了实现组织未来目标的活动；

②管理的工作本质是协调；

③管理工作存在于组织中；

④管理工作的重点是对人进行管理。

2）管理的性质

（1）管理的二重性

管理具有明显的二重性。具体表现为管理一方面是由分工协作的集体劳动引起的，体现了社会化大生产的要求;另一方面是由监督劳动所引起的,体现了巩固和维护生产关系的要求。前者称为管理的自然属性,后者称为管理的社会属性。

①管理的自然属性。管理是社会生产力发展和社会分工的产物,具有同现代生产力、社会化生产相联系,适合现代化生产的属性,称作管理的自然属性。现代化生产离不开管理,正如马克思所说:"一切规模较大的直接社会劳动或共同劳动,都或多或少地需要指挥,以协调个人的活动,并执行生产总体的运动。"如果缺乏有效的管理,企业将会出现混乱,无法保证正常的生产。

②管理的社会属性。生产在任何条件下都是社会的生产,都是在一定的生产关系下进行的,因此,管理具有同生产关系、社会制度相联系的属性。社会生产总是在一定的生产方式、一定的生产关系下进行的。不同的生产关系、不同的社会文化都会使管理思想、管理目的以及管理方式方法呈现出一定的差别,从而使管理具有特殊性和个性,这就是管理的社会属性。

(2)管理的科学性与艺术性

管理既具有科学性的特征,也具有艺术性的特征,它是科学性和艺术性的统一。

①管理的科学性。管理的科学性是指管理反映了管理活动自身的特点和客观规律性。从科学的角度理解管理,要求管理者的管理工作应具有高度的规范化,克服靠经验办事,杜绝凭主观愿望和碰运气的做法。如:松下电气公司每年用近 10 万美元委托中国统计局城市调查队在中国 29 个大城市每月进行一次公司产品的市场占有率调查,从不间断;飞利浦(Philips)公司曾为了解其赞助中国甲级足球联赛的效果,每年委托国内六所大学在不同的城市同时进行 4~6 次抽样调查。

②管理的艺术性。管理的艺术性是指管理者在管理实践活动中对管理原理运用的灵活性和对管理方式、方法选择的技巧性。管理是一种艺术,因为管理知识的运用具有较强的技巧性和灵活性,管理实践具有创造性。管理的主要对象是人,人是世间最具有主观能动性的群体,性格、行为各异,目标不同。管理也是在一定的环境中进行的,在不同的环境中,下属、领导、人际关系、沟通和时间运用等都更倾向于艺术性。管理的艺术性更强调管理实践的创造性。

从管理的科学性和艺术性可知,有效的管理艺术虽然以对它所依据的管理理论的理解为基础,但是学习管理一定不能仅局限于课本和课堂,因为管理的艺术性决定了管理必须通过实践才能取得成效。因此,必须不断地将课堂中学到的管理原理应用于实践,或是带着实际问题来学习管理学。

3)管理的职能

管理是人们进行的一项实践活动,是人们的一项实际工作,一种行动。人们发现在不同管理者的管理职能工作中,管理者往往采用程序具有某些类似、内容具有某些共性的管理行为,比如计划、组织、控制等,人们对这些管理行为加以系统性归纳,逐渐形成了"管理职能"这一被普遍认同的概念。所谓管理职能(management functions),是指任何管理者必须要做的基本工作或基本步骤。

确定管理职能对任何组织而言都是极其重要的,但作为合理组织活动的一般职能,究竟

应该包括哪些管理职能? 管理学者至今仍众说不一。如:

①法约尔的五大职能:计划、组织、控制、指挥、协调。

②古利克和厄威克的七职能:计划、组织、人事、指挥、协调、报告、预算。

③哈罗德·孔茨和西里尔·奥唐奈里奇的五职能:计划、组织、人事、领导和控制。

④西蒙等人在解释管理职能时,突出了决策职能,他认为组织活动的中心就是决策。

⑤美国学者希克斯等人在总结前人对管理职能分析的基础上,提出了创新职能,突出了创新可以使组织的管理不断适应时代发展的论点。

尽管关于管理职能的观点多种多样,但这些看法中存在一些共同点。20世纪70年代,在综合各种看法的基础上形成了较为一致的、共同的看法,即管理具有四大基本职能:计划、组织、领导、控制,并且这四个基本职能相互作用,形成循环,最后实现组织的目标(图1.2)。

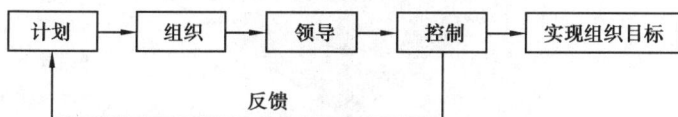

图1.2 管理职能之间的相互关系

1.2.2 管理者

1)管理者的含义

组织成员一般可分为两类,一类是直接从事组织业务活动的作业人员,如工厂的工人、学校的教师、医院的医生等;另一类是为了保证组织业务活动有效运行和组织目标实现而从事管理活动的管理人员。关于管理者的传统观点认为:管理者是运用职位、权力,对人进行统驭和指挥的人。这种概念强调的是组织中正式职位和职权,强调必须拥有下属。

美国学者德鲁克曾给管理者下定义为:在一个现代的组织里,每一个知识工作者如果能够由于他们的职位和知识,对组织负有贡献的责任,因而能够实质性地影响该组织经营及达成成果的能力者,即为管理者。这一定义,强调作为管理者首要的标志是必须对组织的目标负有贡献的责任,而不是权力;只要共同承担职能责任,对组织的成果有贡献,他就是管理者,而不在于他是否有下属人员。依据这一定义,拥有知识并负有贡献责任的工程师就是管理者。

综合以上分析,可理解为:管理者是指履行管理职能,组织和利用人力、物力、财力等资源去实现组织目标的指挥者和组织者。

2)管理者的类型

依据不同的分类标准,管理者可分为不同的类型。通常以管理者在组织中所处的层次或按管理的领域作为分类标准。

(1)按管理者在组织中所处的层次分类

由于管理者在组织中所处的不同位置,他们在组织中形成了不同的管理阶层。尽管一般来说大企业的管理层次较多,但通常我们只考虑三个基本层次,即高层、中层和基层。这三个层次构成了管理的等级制,或按重要程度排序的管理团队,形成了一个像金字塔的结构形式。数量极少的高层管理人员位于金字塔的顶端,而人数很多的基层管理人员位于金字塔的底端,如图1.3所示。

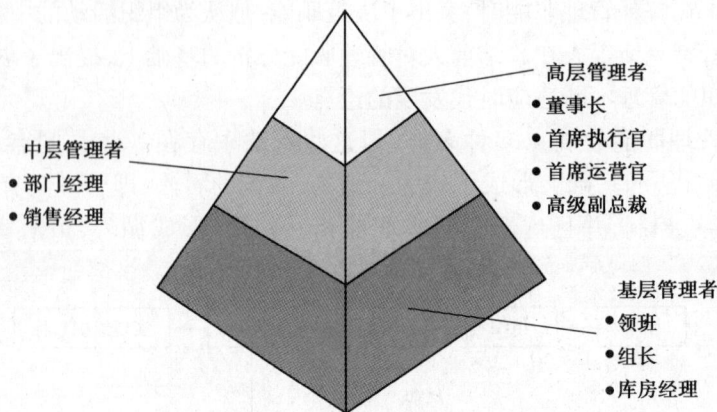

中层管理者
●部门经理
●销售经理

高层管理者
●董事长
●首席执行官
●首席运营官
●高级副总裁

基层管理者
●领班
●组长
●库房经理

图1.3　管理金字塔

高层管理者是指对组织的管理负有全面责任的人,位居组织的顶端,是组织的最高行政长官。他们的主要职责是制订组织的目标和发展战略,掌握组织的大政方针和评价组织的绩效。在对外交往中,他们往往代表组织,以"官方"的身份出现。高层管理者一般被冠以董事长、首席执行官或总裁、总经理及高校的校长、医院的院长等名衔。

中层管理者指介于高层管理者与基层管理者之间的一个或若干层次的管理人员。他们的主要职责是贯彻执行高层管理者的决策和意图,督促基层管理者的工作,中层管理者可能会被冠以部门或办事处主任、单位主管、事业部经理等头衔。中层管理者主要作用是上情下达,下情上达,承上启下。

基层管理者是处于最底层的管理者,他们听从中层管理者的指导,负责把组织的各项计划和措施准确地传送给员工,并保证计划的顺利完成。他们所接到的指令是具体的、明确的,所能调动的资源是有限的,为完成任务所必需的,任务也是明确的,即带领和指挥下属有效地完成任务。他们要向上级报告任务的执行情况,反映工作中遇到的困难并请求支持,也起到承上启下的作用。

(2)按管理的领域来分类

依照管理者从事管理工作的领域宽度及专业性质的标准,管理者可以划分为综合管理者与专业管理者两大类。

综合管理者是指负责管理整个组织或组织中某个事业部的全部活动的管理者。对于小型组织(如一个小厂)来说,可能只有一个综合管理者;而对于一个拥有若干分部的大型组织(如跨国公司)来说,可能会有多个综合管理者。专业管理者是指仅承担组织管理的某一类职能的管理者。在某些企业组织中,依据管理领域性质的不同,可以将专业管理者划分为生产、营销、人事、财务以及研究开发部门的管理者。专业管理者多存在于大型组织之中,并且随着组织规模的扩大和环境的复杂多变而变得越来越重要。

3) 管理者的角色

不论管理者在组织中处于哪个层次,也不论其位于哪个职能部门,管理者们要想成功都必须扮演特定的角色和展示特定的技能。在这里,角色的概念类似于演员在戏剧作品中所扮演的角色。作为管理者,他要完成某些特定的工作,满足组织的特定需求并且承担特定的责任。首先,我们来了解一下管理者的基本角色。

亨利·明茨伯格教授对管理角色的性质提出了许多有趣而深刻的见解。他对一组管理者的日常工作进行了仔细的观察,将他们的日常工作记录下来,根据观察发现了管理者通常要扮演的角色有十种,总结在图 1.4 中。这些角色可以分为三大类:人际、信息和决策角色。

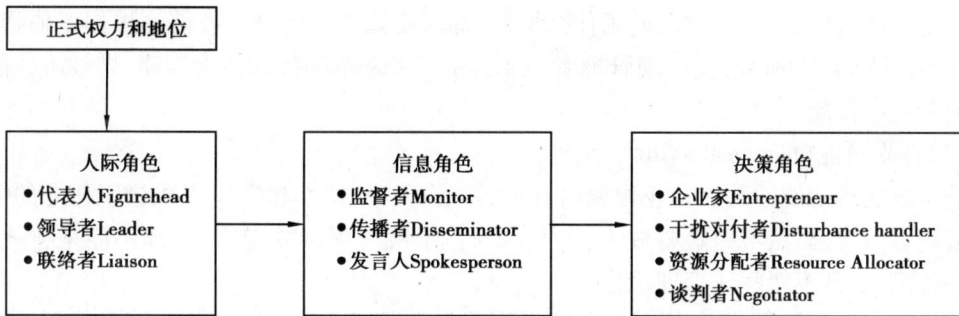

```
┌──────────────────┐
│   正式权力和地位    │
└──────────────────┘
          │
          ▼
```

人际角色	信息角色	决策角色
● 代表人 Figurehead	● 监督者 Monitor	● 企业家 Entrepreneur
● 领导者 Leader	● 传播者 Disseminator	● 干扰对付者 Disturbance handler
● 联络者 Liaison	● 发言人 Spokesperson	● 资源分配者 Resource Allocator
		● 谈判者 Negotiator

图 1.4 管理者的角色

(1) 人际角色(interpersonal roles)

人际角色包括管理者与他人的关系。任何层次的管理者都有一种代表性,这种代表性体现于管理者可以在相应的正式场合或社交场合中代表自己所在的组织、与对等的组织进行沟通、在相应的文件上签字等。管理者通过沟通,向上级汇报任务执行情况,与同级管理者交换情况,向下级布置工作,在组织成员之间,特别是上下级之间建立和保持良好的人际关系。管理者要通过沟通,更好地带领大家去完成组织交给的任务,指挥和激励下级有效地工作。

(2) 信息角色(information-related roles)

信息角色要求管理者给员工提供知识、消息或建议。管理者可以通过召开会议或找到其他让员工知晓重要的企业活动的方法,来扮演信息角色;也可以通过寻求和收集影响组织发展的内外信息,用于本组织发展目标、计划和政策的制定等。同时,管理者还要把组织的内外信息传达给组织有关成员及外部组织。

(3) 决策角色(decision-making roles)

管理者在决策方面主要发挥以下作用:提出供决策用的方案;调配资源,实施计划;协调好各方面的关系,解决好内部的矛盾和分歧。

以上三种角色的典型活动总结在表 1.2 中。

表1.2　10种基本角色及其典型活动

类　别	角　色	典型活动
人际关系	精神领袖,领导者,联系人	参加新工厂落成剪彩,鼓励员工提高生产率,协调两个项目组的活动
信息	跟踪者,传播者,发言人	审读产业报告,对产业发展了然于心,发布新的组织行动的信息,发言讨论增长计划
决策	企业家,扰动处理者,资源分配者,谈判者	提出创新的观念,解决下属部门间的冲突,审查和修改预算,同关键供应商或工会达成协议

资料来源:格里芬.管理学[M].北京:中国市场出版社,2006.

4)管理者的技能

不论管理者属于何种类型、处于什么层次,都需要具备一些管理技能。根据罗伯特·卡茨(Robert L.Katz)的研究,他发现管理者需要具备三种基本的技能或者素质,即技术技能、人际技能和概念技能。

（1）技术技能(technical skills)

技术技能是指使用某一专业领域内有关的工作程序、技术和知识完成组织任务的能力。对于管理者来说,虽然不一定要成为精通某一行业、某一领域的专家,但却不能是所从事工作的门外汉,否则不能胜任管理工作。

使用某一文字编辑程序、设计一份产品说明书和培训员工使用新的预算系统等,这些都属于技术技能。对于基层的管理者而言,技术技能尤为重要。

（2）人际技能(human relations skills)

人际技能是指管理者理解他人、与他人一起很好地工作的技能。简言之,人际技能就是处理人际关系的能力。对一个组织的管理者来说,不可避免地要处理与上级、同级和下级的关系。因此,管理者要具有说服上级、团结同级、带动下级工作的能力。同时,还要能够协调组织与外界的关系,形成人际关系网。

面试应聘者、与其他企业建立合作关系以及解决冲突等都需要管理者具备良好的人际技能。每个层次的管理者都需要掌握这方面的技能,但要求有所不同。管理者的层次越高,对掌握好人际关系方面技能的要求也越高。

（3）概念技能(conceptual skills)

概念技能是帮助管理者理解企业不同部分之间的相互关系和企业作为一个整体的技能。因为,工作中的问题往往是复杂的,管理者必须掌握分析综合的能力,通过分析和诊断不被假象所迷惑、透过现象看本质,从一系列问题中找到实质性的问题,抓住问题的关键,采取适当的措施。

决策职能、计划职能和组织职能都是需要概念技能的管理活动。对高层管理者,具备分析综合的能力要更强一些。因为高层管理者面前的问题更具全局性、更复杂,涉及的范围更多更广,他们的决策对整个组织的影响是不言而喻的。

并不是所有管理技能都能简单归为某种单一类型。多数情况下,它们会涉及两个以上的类型。例如,为了设计一个广告,管理者必须具备概念技能、人际关系技能和技术技能。

因为管理者需要概念技能,以便构思广告词;需要人际技能,以便激励从事广告创意的团队;需要技术技能,以更好地对团队成员进行计算机设计的培训等。因此,一方面,不同的管理层需要有不同的管理技能;另一方面,所有管理层次都要求有这些技能的不同组合。不同管理层对不同管理技能的要求,如图 1.5 所示。

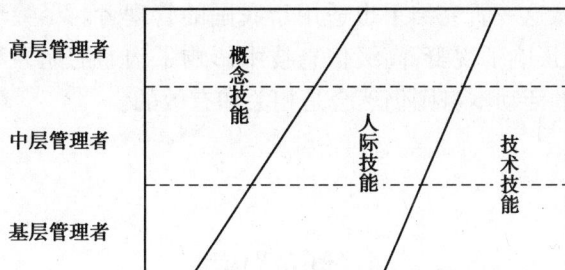

图 1.5 不同层次对管理技能的需要比例

5) 成功的与有效的管理者

按照人们惯常的理解,在工作上最有成绩的管理者,他会是在组织中提升得最快的人,但是事情似乎并非如此。"有效"和"成功"是两个不同的概念,有效者不一定成功,成功者也并非有效。所谓成功的管理者是指在组织中相对快速地获得提升的管理者,以在组织中晋升的速度快慢作为标志。而有效的管理者则是指拥有优秀和忠实的下属以及高绩效团队的管理者,以工作成绩的数量和质量以及下级对其满意和承诺的程度作为标志。

为此,美国组织行为学专家弗雷德·卢森斯(Fred Luthans)提出这样的问题:在组织中提升最快的管理者(即成功的管理者),与在组织中成绩最佳的管理者(即有效的管理者)所从事的是同样的活动吗?他们对管理者工作的强调重点一样吗?卢森斯和他的副手通过对多个层面多个类型,包括零售商店、医院、政府部门、报社、公司总部、金融机构、制造业等组织的 450 多位管理者的研究发现,这些管理者都从事以下四种活动:

①传统管理:计划、决策和控制。观察到的行为有:指定目标、明确实现目标所要完成的任务,分配任务及资源、安排时间表等;明确问题所在,处理日常危机,决定做什么、如何做;考察工作,监控绩效数据,预防性维护工作等。

②日常沟通:交流常规信息和处理案头文件。观察到的行为有:回答常规程序性问题,接收和分派重要信息,传达会议精神,通过电话接收或者发出日常信息,阅读、处理文件、报告等,起草报告、备忘录等,以及一般的案头工作。

③人力资源管理:激励、奖惩、处理冲突、人员配备和培训。观察到的行为有:正式的奖金安排,传达赞赏之意,给予奖励,倾听建议,提供团队支持,给予负性的绩效反馈,制定工作描述,面试应聘者,为空职安排人员,澄清工作角色、培训、指导等。

④社交活动:社会化活动和与外界交往。观察到的行为有:与工作无关的闲谈,插科打诨,议论流言蜚语,抱怨、发牢骚,参加政治活动以及搞小花招,应对外部相关单位,参加外部会议、公益活动等。

他们进一步研究这些活动的相对频率,结果表明"平均"意义上的管理者大约花费 32% 的时间从事传统管理活动;29% 的时间从事沟通活动;20% 的时间从事人力资源管理活动;

19%的时间从事社交活动。成功的管理者在社交活动上花费的时间最多,而人力资源管理活动的贡献最小;对有效的管理者而言,沟通的相对贡献最大,而维护网络联系、社交活动的贡献最小。

虽然卢森斯的这一研究样本来源于西方管理者,但是人的管理行为有其共同的规律性,并且观察考证可以确认这一研究结果也适用于我国的管理者。尽管环境变化,管理活动相应地受到影响,全球化影响了视野,高级信息技术影响了沟通的途径和速度以及其他领域,然而这些已经被确认的活动本身则仍然会是相关和有效的。

【案例分析】

1."红包"风波

20世纪80年代,中国某个国有企业为了学习国外先进的管理方法,为了打破"吃大锅饭"的现象,单位领导在发年终奖的时候采用了发红包的形式。红包是员工从财务处领取的一笔奖金,它是根据一年中员工的出勤情况和工作业绩来发放的。单位在发放红包时要求员工相互不得询问对方的奖金。这种方法在国外很盛行。但事与愿违,单位采用这种模糊的奖金方式却引来员工的议论纷纷,并表示对这种红包制度非常不满。

(资料来源:王冰,张静,傅四保,等.管理学——理论与实践[M].北京:电子工业出版社,2011.)

讨论:
为什么在国外盛行的红包制度在该企业行不通?请用管理的性质来分析这一现象。

2.谁该负责?

某公司设备部经理王威吩咐领班刘江带一班人马去安装一套新的燃气系统,而这套系统却出现渗漏。王威的上司认为,王威必须对此负责,哪怕系统安装的时候王威正出差在外。同样,王威认为刘江必须对此负责,哪怕刘江从来不拿工具干活。

(资料来源:金桂生,宋永高,彭学兵.管理学——理论与实践[M].杭州:浙江大学出版社,2010.)

讨论:
作为管理人员,王威与刘江为什么要对这一失误负责?他们究竟该负什么责任?

【思考题】

1.一个有效的管理者需要扮演哪些角色?具备哪些素质和技能?
2.如何理解管理的二重性。
3.管理活动具有哪些基本职能?它们之间的关系是什么?
4.什么是概念技能?它对高层管理人员履行其职责的意义是什么?
5.讨论题:所有的企业家都是管理者,但所有的管理者不都是企业家。

【本章小结】

1.管理是由共同劳动引起的,在社会化大生产条件下得到强化和发展。管理是社会组织为了实现预期目标,以人为中心进行的协调活动。

2.管理的基本职能包括计划、组织、领导和控制。管理具有二重性:自然属性和社会属性;管理既是科学,又是艺术,可以通过教育和实践两条途径来获得管理能力。

3.管理的主体是管理者。管理者可以按管理层次划分为高层管理者、中层管理者和基层管理者。管理者在管理活动中分别扮演人际、信息和决策的角色。处于不同层次的管理者所扮演的角色有差异。管理者的三大技能:技术技能、人际技能和概念技能,对不同层次的管理者要求也不一样。

【扩展知识】

现代管理者素质的核心——创新

在社会化大生产不断发展,市场竞争日趋激烈,知识经济盛行的今天,时代对管理者素质提出了严峻的挑战。在当今时代进行有效而成功的管理,最重要的管理者素质就是创新。创新是现代管理者素质的核心。

如果概括"卡西欧"计算机公司总经理坚尾忠雄的成功经验,可用如下六个字:远见、积累、创新。卡西欧成立伊始,就拿出了自己的拳头产品——中继式国产小型计算机,为卡西欧的发展开辟了道路。由于忠雄总是预测几年后发展的可能性,事事都争取先走一步,所以经营颇有特色。即便是新产品,也注意改进和提高,使它增加新的功能,争取新的顾主,不断的开发特有商品。

创新素质主要体现在以下几方面:

● 创新意识。管理者要树立创新观念,要真正认识到创新对组织生存与发展的决定性意义,并在管理实践中,事事、时时、处处坚持创新,要有强烈的创新意识。

● 创新精神。这是涉及创新态度和勇气的问题。管理者在工作实践中,不但要想到创新,更要敢于创新。要有勇于突破常规、求新寻异、敢为天下先的大无畏精神。

● 创新思维。不但要敢于创新,还要善于通过科学的创新思维来完成创新构思。没有创造性思维,不掌握越轨思维的方法与技巧,不采用科学可行的创造性技法,是很难实现管理上的突破与创新的。

● 创新能力。管理创新是靠创新能力实现的。创新能力是在管理实践中,由相关的知识、经验、技能与创造性思维综合形成的。

(资料来源:单凤儒.管理学基础[M].2版.北京:高等教育出版社,2004.)

【管理能力训练】

1.登陆中国工商总局(www.saic.gov.cn)网站,初步了解各种企业的形式、特征、企业法规、政府管理文件等。

2.团队训练:每个团队由3~4人组成,根据所给具体情况完成团队任务。并指定一个主发言人,与其他团队一起分享你们各自的成果。

①访问或调查一个你们认为成功的企业和企业家,了解该企业和企业家的相关背景,准备5分钟的报告,内容主要包括:

- 组织的历史;
- 组织的主要产品;
- 成功的原因;
- 管理者的角色。

②在网上查询至少5家大型企业的网站,找出这些公司 CEO 的简历,看看他们接受过哪些正规的管理教育。你认为成为公司 CEO 需要多少正规的管理教育? 为什么?

第 2 章　管理理论的形成与发展

知识目标

1.了解管理的悠久历史；
2.理解管理学理论的发展过程及其内在逻辑联系；
3.掌握古典管理理论、行为科学理论的主要内容。

能力目标

1.能够运用所学管理学理论分析有关案例；
2.能够运用所学管理理论分析评判某一组织的管理实践。

理论是对现实规律的系统化认识。人类的管理实践历史久远，万里长城和金字塔等大规模工程的修建，各种庞大的政权和社会组织的构建，都需要强有力的管理才能。然而，人类对管理体系性的认知，不过百余年历史而已。如前所述，管理理论的发展大体上经历了三个发展阶段：古典管理理论阶段、行为科学理论阶段和当代管理理论丛林阶段。

在总结早期管理实践及不断开展实验的基础上，泰勒及其信奉者创立了科学管理理论，开历史先河。紧随其后，法国的法约尔和德国的韦伯分别创立了一般管理理论与官僚制组织理论。这三种理论构成管理理论发展的第一个阶段：古典管理理论。古典管理理论着眼于正确的作业方法、合理的职能界定以及等级严格的高效组织，以此提高效率。

行为科学理论是管理理论发展的第二阶段。这一理论认为"事在人为"，应该把管理的注意力从"物"转移到"人"。人的需要的满足，成为提高效率的主要手段。梅奥、罗特里斯伯格、马斯洛、麦格雷戈、麦克利兰、赫茨伯格等人是这一理论的代表人物。

管理理论发展的第三阶段是各种理论的百花齐放，亦即"管理理论的丛林"时期。好似一株幼苗，长成参天大树，继而繁衍成林。从单一的某种管理理论发展到多元化的管理理论，决策理论学派、管理科学学派及权变理论学派均是有代表性的理论流派。

2.1 古典管理理论

2.1.1 科学管理理论

1)工业革命的爆发

近代以来,人类社会经历了生产力巨大提高的过程。这一过程与工业革命(industrial revolution)密不可分。工业革命始于18世纪的英国,其标志是新的高效机器的发明与运用。

1765年,英国工人哈格里夫斯发明珍妮纺纱机。1776年,詹姆斯·瓦特(James Watt)制造出第一台具有实用价值的蒸汽机,并在工业上广泛使用。这些技术成果,使机器大生产成为可能,现代工厂对手工作坊的全面取代成为必然趋势。以纺织业为例,以家庭为基础的毛毯制作,只需家庭成员剪羊毛、纺毛线、染毛线,在家中的手工织机上织成毛毯,将其卖给走村串户的商人,再由他们卖给集市或市场里的消费者。这样的生产形式,规模小、人员少、协调简单。而以工厂为形式的生产,建立在劳动分工(division of labor)和先进设备的基础上,工人数目以百为单位计算。有的工人专门纺线,有的工人专门染色,有的工人专门织毯。分工,带来了低成本下的大规模生产。同时,这种工厂需要拥有管理技能的人。对市场需求的预测,原材料的供应,给工人分派任务并进行考核,指挥每日的生产活动并协调不同岗位和不同部门活动的有效衔接,保证机器设备的正常运转以及产品品质,为产品寻找市场等,这些工作对于手工作坊来说没有必要,对工厂的市场化运作却非常必要。也就是说,现代企业的出现,产生了对决策、计划、组织、领导与控制的活动的需要,也产生了对拥有这些技能的管理者的需要,更产生了对规范的管理理论的需要。

然而,直到20世纪初叶,西方社会才在建立正式管理理论方面迈出了第一步。这第一步,是由泰勒迈出的。

2)泰勒生平简介

弗雷德里克·W.泰勒(Frederick W. Taylor,1856—1915年)出生于美国宾夕法尼亚州杰曼顿一个富裕的律师家庭。他自小迷恋科学研究与实验,对改进事物怀有强烈兴趣,曾发明一些精巧的器具,这种创新精神为其日后的成功奠定了基础。

泰勒最初想继承父业,成为律师,并考上了哈佛大学法律系,后却因眼疾而辍学。1875—1878年,他在一家小机械厂做学徒工,养成了自我控制与自我管理的良好习惯。1878—1890年,他进入米德维尔钢铁厂工作,因为工作努力,成就突出,从一名普通机械工人先后被提拔为车间主任、技师、工长,并于1884年被提升为总工程师,成为公司技术方面的最高领导人。他坚持晚上学习,于1883年获得机械工程学位。在管理生涯中,他不断地在工厂进行实地试验,系统分析和研究工人的作业方法以及花费的时间。这就是有名的动作研究和时间研究。在此基础上,泰勒改进和发展出了系统的管理制度,即"科学管理理论"(scientific management theory)或"泰勒制"(taylorism)。1901年退休后,他无偿地在国内外进行咨询和演讲,推广科学管理理论。科学管理理论因其对效率的倍数提高而在美国国内屡屡引起轰动,并产生了世界影响。列宁曾评价泰勒制是"资本主义的最新发明,同资本主义的其他一切进步的东西一样,有两个方面,一方面是资产阶级剥削的最巧妙的残酷手段,另一方面是一系列最丰富的科学成就",并强调苏维埃应密切注意泰勒制的最新发展,借鉴其先进成果,改善企业管理。

泰勒一生的著述颇丰,分别有《计件工资制》(*A Piece-rate System*)、《车间管理》(*Shop Management*)、《科学管理原理》(*The Principles of Scientific Management*)等。1912 年他在美国国会就泰勒制举行的听证会上的发言——《在众议院特别委员会上的证词》(*Testimony Before the Special House Committee*)也是其管理思想的体现。他一生共获得 100 多项专利,1906 年任美国机械工程师协会主席,并获得宾夕法尼亚大学荣誉博士学位。1915 年泰勒去世,葬于费城,墓碑上刻有"科学管理之父"的称谓。

3) 科学管理理论的内容

泰勒非常注重实践。他关于管理的观点简单明确,直入本质:管理就是为了提高效率。科学管理的根本目的是谋求最高效率,高效的工作是雇主与雇员共同富裕的基础,因为它能促成较高的工资和较低的劳动力成本的统一,从而持续不断的扩大再生产。

(1) 科学管理的原则

手工作坊式的传统管理,多采用学徒制,经验主义色彩浓厚,不具备全面推广从而大范围提高效率的可能性。因而,达到最高效率的主要手段是以科学化、标准化的管理方法代替旧的经验管理。为此,泰勒提出了科学管理的四项原则。当科学管理原则被正确运用并被给以足够的时间使其生效时,会对雇主和雇员产生良好效果。在科学管理制度下,工人的主动性(勤奋、忠诚和创新)的发挥几乎是必然会发生的事情。企业管理当局要承担的则是新的、巨大的、特别的责任,这些责任被划分为四种类型,并被称为"科学管理原则"。

① 劳资合作。不恰当的观念和制度往往导致劳资对立。老板认为赚钱的秘诀是千方百计地克扣工人,压低工资,而工人则往往以怠工乃至破坏机器等方式消极对抗。这样的局面,其结果只能是双输。为了改变这种局面,泰勒提出紧密的劳资合作的重要性,科学管理首先是一场精神革命,一种对自己的工作、同事和雇主的责任方面完全的精神革命。

这种利益渗透思维,可以用"切蛋糕"的方式加以说明。终日盘算如何切分一块小蛋糕意义不大,而把蛋糕做大的话,即使仍然按照原有方式分配,当事各方也都能获得更大利益。高效率的前提是,管理当局与工人衷心合作,保证一切工作按科学原则进行。

② 专业分工。管理当局与工人在工作职责上的划分上几乎对等。管理当局把自己比工人更能胜任的工作承揽过来,而不是由工人包揽几乎所有工作和责任。工厂中的工作主要有两类:计划与执行。原来的通行做法是计划和执行全部由工人负责。专业分工要求抽出专门人员从事决策与计划工作,工人只负责执行这些计划。依据亚当·斯密关于分工的观点,这种分工能够显著提高劳动效率。客观上,这使管理从一般日常劳动中分离出来,成为一种专门职业,管理者阶层开始形成。

③ 精选工人。在泰勒提出科学管理理论之前,企业中工人工作的情形是:工人自己挑选

工作,并尽可能进行自我培训。泰勒提倡为工作挑选最强壮的工人,对其加以培训和教育,使其成长为具有高度熟练技巧的工人。

④动作研究。动作研究是一种手段,以期找到最佳作业方法,取代单靠工人经验得来的知识与方法。泰勒广泛地采用试验方法来达到目标,这些试验中最著名的是生铁搬运实验和铁锹实验。

在伯利恒钢铁公司,75 名工人负责把 92 磅的生铁块搬运到 30 米远的铁路货车上。他们每人每天平均搬运 12.5 吨,日工资 1.15 美元。泰勒坚信,通过科学分析生铁搬运工作以确定最佳方法,生产率能够提高到每天搬运 47~48 吨。于是他找到一个身高体壮的荷兰移民施密特,以每天 1.85 美元的工资为激励,要求他按规定的方法搬运生铁。泰勒试图转换各种工作因素,以便观察它们对施密特日常生产率的影响。比如,对于放在地上的生铁块,可以是弯腰搬起来,也可以是直腰而弯曲膝盖搬起来。此外,行走时步伐大小与频率、把持的位置以及其他变量等,都对生产效率有直接影响。经过长时间的科学实验,对各种程序、方法和工具进行组合,泰勒制定了标准操作方法,并达到了他认为可能的生产率水平。通过按工作要求选择合适的工人并正确的使用工具,让工人严格遵守其指示行事,以及经济刺激调动工人的积极性,每个工人平均每天装运 48 吨生铁的目标实现了。

铁锹实验与此大同小异。炼钢所需的材料主要有生铁及焦炭,当时公司的铲运工人拿着家里的铁锹上班。这些铁锹五花八门,大小不等。每个工人日工作量为 16 吨。泰勒观察到这一现象中的不合理性。很显然,相同体积的生铁与焦炭的质量存在很大差别,这就造成每个工人使用同一个铁锹来采集这些原材料,每一铁锹原材料的重量差别很大,不利于达到最高的效率。如果能够找到每锹铲运的最佳重量,那将使工人每天铲运的原材料数量达到最大。因此,确定对一般工人而言铁锹所能容纳各种不同原材料的最佳重量成为当务之急。泰勒经过大量试验,确认这个最佳值是 21 磅。为了达到这个最佳重量,铁矿石等重型原材料应使用小尺寸铁锹,焦炭等轻型原材料应使用大尺寸铁锹。以后工人上班不再自带铁锹,而是根据物料情况从公司领取特制的标准铁锹。这样一个简单的对生产工具的改进同样大幅提高了工人的劳动效率。堆料场工人从 400~600 人降至 140人,平均每人每天操作量上升至 59 吨,工人日工资从 1.15 美元提高到 1.88 美元。这是工具标准化的典型事例。

(2)作业管理

作业管理在泰勒的科学管理中占有重要地位。作业管理有四条原则:高的日作业定额、标准作业条件、对于完成工作者提高工资率给付报酬、对于未完成工作者降低工资率给付报酬。前两条属于标准化管理,后两条属于刺激性工资制度。

①标准化管理。高的日作业定额是针对当时普遍存在的作业方法不当、纪律松弛及有组织怠工而提出的。这个定额是工人经过训练和努力后,在不损害其健康的情况下能够达到并长期坚持下去的工作目标。实现这一目标需要两个条件,即挑选一流工人与标准化作业条件。

第一流的工人是指:能力最适合做这种工作而且也愿意去做这种工作的人。培训工人成为第一流工人,是管理当局的职责。在科学管理制度下,一个工人没有干好,首先应假定是管理人员的过错,可能是他们没有正确的教导这个人,没有给他作出榜样,没有花费足够时间教他怎样干他的工作。健全的人事管理的基本原则是:使工人的能力与工作相适应。企业管理当局的责任在于为职工安排最合适的工作,培养他成为第一流的工人,激励他尽最大努力工作。

标准化的作业条件包括:操作方法标准化,作业环境的布置标准化,工具、机器和材料标准化,劳动与休息时间合理搭配。

②工资制度。泰勒1895年提出刺激性工资制度,被称作"差别计件工资制"。这一制度包括两点内容:首先,通过工时研究和分析,制定作业定额或标准。有关部门应把作业分解为各项要素,然后为每一要素制定定额。其次,采取差别计件制的刺激性付酬制度。这种制度按工人是否完成其定额而采用不同工资率。泰勒认为,工人"磨洋工"的一个重要原因是报酬制度不合理。计时工资不能体现劳动的数量。计件工资虽能体现劳动数量,但工人担心劳动效率提高后雇主降低工资率,这等同于劳动强度的增大。有鉴于此,泰勒的差别计件工资制主要包括:制定科学的工资定额;实行计件工资制度,工资率随完成定额的程度上下浮动。工人完成或超额完成定额,定额部分及超额部分按正常单价高25%计酬;如工人不能完成定额,则按正常单价低20%计酬。

(3)职能管理与例外原则

职能化管理要求计划职能与执行职能明确划分,由经验工作法变为科学工作法,同时实行职能工长制。泰勒认为,单以工人的经验是无法找到科学的工作方法的,而且他们没有时间和条件去从事这方面的试验与研究。因此,计划和执行必须分开,这种分工应是科学管理的基本原则之一。计划部门的主要任务是:进行调查研究,制定工作定额和作业方法;拟订作业计划并发布有关指示与命令;对"标准"与"实际情况"进行比较,以实行有效的控制。

泰勒还认为,大规模的企业不能仅仅依据职能原则进行管理,还必须应用例外原则。所谓例外原则就是,企业的高级管理人员把例行事务授权下级管理人员处理,自己只保留例外事项(重要事项)的决策权与监督权。在《工厂管理》一书中他写道:经理只接受有关超过常规或标准的所有例外情况的……特别好的和特别坏的例外情况的……概括性的、压缩的及比较的报告……以便有时间考虑重大决策问题并研究在他手下的重要人员的性格及合适性等问题。

4)对科学管理理论的评价

泰勒是管理学的先驱,他的主要贡献在于使管理学成为一门独立的学科,使管理走向科学化。但是,泰勒单纯地从"经济人"假设出发,认为企业家的目的只是为了获取最大的利润,工人只是为了获得最好的工资收入,只不过是"会说话的机器"而已。这忽略了人的需求的多样性。科学管理理论起始于工厂现场作业试验,过于重视技术、强调个体作业效率、反对有组织的工人,忽视企业的整体功能。这个缺憾与泰勒个人的经历有一定关系,他长期从事技术工作,缺乏整体掌控企业运营的经验与平台。此外,花费6个月的时间研究一项工作的最佳方法,也只对许多人从事同一种工作的劳动密集型工作才有意义。

2.1.2 一般管理理论

1)法约尔生平

亨利·法约尔(Henry Fayol,1841—1925 年),1841 年生于法国一个富裕之家,1860 年毕业于法国圣埃蒂安国立矿业学院,之后以矿业工程师身份进入科芒特利-富而尚采矿冶金公司工作。他是一位杰出的经营管理思想家,其生涯可以分为四个阶段:

第一阶段从 1860—1872 年。这期间,他主要作为一位年轻的技术人员与管理人员,从事采矿工程事务,特别是防火事务。1866 年,他被任命为某一矿井的矿长。

第二阶段从 1872—1888 年。这 16 年里,法约尔被提升为领导一批矿井的经理。这一阶段,他主要考虑这些矿井的经济问题。这就不仅是技术问题,更是管理问题。这促使他对管理进行研究。

第三阶段从 1888—1918 年。1888 年,公司濒临破产,他临危受命,任公司总经理。上任后,他对公司进行整顿,关闭经济效益不好的工厂,收购新的矿井与工厂。经过他的持续努力,公司重新欣欣向荣。1916 年,在他 75 岁时发表了划时代的名著《工业管理与一般管理》(*General and Industrial Management*),总结了他对管理问题的系统性思考。

第四阶段从 1918—1925 年。1918 年退休后,法约尔致力于宣传其管理理论。为此,他创立了管理研究中心,为企业、陆军大学、海军经理学校及邮电部等私营与公共部门讲授管理理论。1925 年法约尔逝世,享年 84 岁。

2)一般管理理论的内容

与泰勒不同,法约尔长时期从事企业的高层管理工作,这决定了他的视野更为宽广。从一般管理理论的内容来看,它更偏向宏观,更着重于从全局角度经营和管理企业事务。

(1)对"经营"与"管理"的区分

在法约尔看来,经营与管理是两个不同的概念。经营是指导或者引导一个组织趋向某个目标。就企业而言,经营活动应包括技术、商业、财务、安全、会计及管理活动。技术活动包括生产、制造与加工;商业活动包括采购、销售和交换;财务活动包括资金筹措、运用与控制;安全活动包括设备安全与人员安全;会计活动指货物盘点、成本统计与核算;管理则是通过各种职能完成目标的一个过程,属于经营活动的组成部分。经营的这六种活动是企业各级管理人员及普通工人都要做的,但因每人职务高低及企业大小而有所侧重。一般工人侧重技术活动,越到高层,管理活动所占比重越大。大企业的高层较小企业高层有更多管理活动,技术活动则相对较少。

(2)管理的五项职能

法约尔认为,管理有五项职能,包括计划、组织、指挥、协调与控制。计划在其中居于首位,在法约尔看来十分重要。因为,管理应当预见未来,计划必不可少。有效的计划还要考虑下级管理人员和一般工人的意见,因为他们是计划的执行者。同时,必须有相应的管理工具使上述职能落到实处。各管理职能中的管理工具是指:预测——行动计划,组织——组织图与参谋机构,指挥——"架桥",协调——部长科长会议,控制——监督员。"架桥"在这里的含义是:为了克服等级制度的僵硬造成的信息传达路径过长导致决策迟缓的缺陷,处理日常事务的各部门负责人可以经由上级授权,临机处置,同其他相关部门进行横向联系,以减少信息迂回传递的损失。

(3)管理的十四项原则

法约尔根据自己长期的工作经验提出了一般管理的十四项原则:劳动分工(division of work)、权利与责任(authority and responsibility)、纪律(discipline)、统一指挥(unity of command)、统一领导(unity of direction)、个人利益服从集体利益(subordination of individual interest to the general interest)、报酬合理(remuneration)、集权与分权(centralization or decentralization)、等级链(scalar chain)、秩序(order)、公平(equity)、人员稳定(stability of tenure of personnel)、首创精神(initiative)与集体精神(esprit de corps)。对于这些原则,不能教条化的加以理解。法约尔认为,这些原则只是显示他的管理理论的一些"灯塔",并非固定不变。

3)一般管理理论的历史地位

法约尔比同时代的泰勒大 16 岁,也比泰勒长寿。但是,他生前没有泰勒出名,也不像泰勒那样招致工人敌视。泰勒的研究是从"车床前的工人"开始向上发展,重点研究企业内部微观工作的效率。法约尔的研究则是从"办公桌前的总经理"出发向下发展,以宏观的企业整体作为研究对象。

《工业管理与一般管理》标志着一般管理理论的形成。这本著作在 1929 年被译成英文,1949 年在美国出版,拥有了世界影响力。一般管理理论成为现代管理学的基础框架。全世界所有大学的管理学教材几乎都以法约尔所述几大职能作为基础阐述。这是法约尔和他的思想在管理史上地位的最好体现。

2.1.3　官僚制理论

1)作为社会学者的韦伯

马克斯·韦伯(Max Weber,1864—1920 年)是与泰勒和法约尔属于同一时代的德国社会学家和哲学家。他对西方古典管理理论的形成同样作出了杰出的贡献。1864 年,韦伯出生于德国爱尔福特的一个富裕家庭。1882 年,他进入海德堡大学攻读经济学和法律,后又就读于柏林大学与哥廷根大学。他还曾参军,从而使他对德国的管理制度有较多的了解,有益于他对组织理论的研究。自 1892 年直至去世,他先后在柏林大学、维也纳大学等高校执教,研究范围涉及社会学、政治学、经济学、哲学、历史、宗教等多个领域,与马克思、迪尔凯姆并称社会学三位大师。1905 年,他所著的《新教伦理与资本主义精神》(*The Protestant Ethic and the Spirit of Capitalism*)一书为他赢得了世界性声誉。

2)韦伯对权力的看法

韦伯指出,任何组织都必须以某种权力为基础,才能化混乱为秩序。能被社会接受的权力,有三种纯粹形态。第一种形态是法定权力,即基于理性—法律的权力。这种权力的依据是对标准规则合法性的信念,以及对按标准规则被提升为指挥者的权力的信念。第二种形态是传统权力,其依据是对古老传统的不可侵犯性和按传统执行权力的人的正统性的信念。第三种形态是超凡权力,其依据是对个别人的特殊性和超凡的神圣、英雄主义或模范品质的崇拜,或对这个人发布的标准和命令的崇拜。在这三种权力中,传统权力的效率比较差,因为其领导人不是以能力为标准挑选的,其管理纯粹是为了保存过去的传统而已。超凡权力则过于感情化,缺乏基本理性与相应的独立判断能力,所依据的也不是规章制度,而是神秘的或神圣的启示。因而,这两种权力都不宜作为现代组织的基础,只有理性—法律的权力才能胜任。对这三种权力的选择与现代社会抛弃人治走向法治的大趋势是一致的。

3)理想的官僚制

"官僚"二字在现代语境中往往带有贬义,但韦伯所称的"官僚制"本意是指:通过职务或者职位而不是通过个人或其世袭地位来进行管理。现代官僚制一般有正式的管辖范围,这种范围是由规则(法律或行政规定)加以确定的。

官僚制组织有三个基本组成要素:第一项,组织的目标和相应的日常活动以正式职责的方式分配。第二项,执行这些职责的权力是以稳定的方式授予的,并由其他强制手段加以严格限制。第三项,明确规定正常而持续履行职责和行使相应权力的方法,只有符合条件的人才被雇佣。所谓"理想",指的是一种"纯粹"的组织形态,现实生活当中所存在的往往是各种组织形态的结合或混合。

4)官僚制的结构与特点

(1)官僚制的结构

韦伯认为,理想的"官僚制"组织结构分为三层:上层是最高领导层,相当于现实生活中组织的高管阶层,其主要任务是负责有关整个组织的重大决策;中间层是行政官员,相当于现在组织中的中层管理人员,其主要职能是贯彻上级领导层的重大决策并拟订具体实施方案,将下级的意见和建议反映给上级领导人员;基层是一般工作人员,相当于现实组织中的最基层的管理者,其主要工作是依据上级指示,从事实际事务。

(2)官僚制的基本特点

理想的"官僚制"既不同于凭借传统的力量建立的管理体制,也迥异于依据神授的权力和服从者对某种神秘启示的信仰而建立的管理制度,而是一种以理性—法律权力为基础的行政管理体制。韦伯认为,这种官僚组织是逻辑的、理性的和有效率的,是所有的组织都应当追求的标准模型——完成工作的"最佳方式"。根据韦伯的观点,理想的官僚组织应表现出下述五项基本特征:

①明确的职能分工,保证每个职位均由专家承担。对组织全部活动进行专业化的职能分工,并依据这种职能分工确立管理职位。组织内所有人员必须担任一项职务。除了某些必须由选举产生的职位外,其他职位必须是任命的。也就是说,所有管理人员都不是终身的,而是可以撤换的。

②建立规则和制度。以正式的法规和规章确立职权和职责,组织中的一切管理行为、决定与规则,都必须以书面方式呈现,业务的处理和呈现均以书面文件为准。组织所有成员的职务行为必须规范化,排除个人的主观随意性,保证在不同时间与不同地点的各项业务处理的一致性,保证各项业务处理的整体性和一贯性,从而为组织和个人行为建立起良好的可预期性。

③清晰的等级、自上而下的命令链条。建立一个指挥决策中心,按等级序列原则来组织

一切活动。每个成员都要为自己的决定和行为对上级负责,接受上级的控制和监督。同时,为了确保每个人能承担自己的责任,必须给予相应的权力,使其有权对下级发号施令,并确保其命令得到执行。

④管理者非人格化,相互间以及和下属间保持适当的社会距离。组织成员必须具有专业精神,尽职尽责,排除个人感情的干扰,以超脱冷静的态度,依据组织有关规则行使职务行为,从而保证组织内人与人之间是一种非人格化关系,即职务与业务关系。

⑤聘用和晋升以专业技术为依据,不得任意解雇员工。组织内所有职务均应由受过专门训练的专业人员担任,对他们的选拔和提升均以其技术能力为依据。在最合乎理性的前提下,他们是依据公开的考试结果,或能表明其技术训练的证件,或者两者兼而有之来挑选的。

5) 官僚制理论的影响

韦伯对组织中三种合法权利的分析非常精辟,他实际上倡导了一种法治而非人治的精神,完全符合科学理性。就企业管理而言,这对解决"一人身系天下安危"的状态,保持企业长期的稳定发展有现实意义。"理想的官僚制"也是对现实社会组织结构的普遍性描述。事实上,人类社会直到工业文明为止,几乎所有的组织结构都是以等级制为基础的官僚制度。韦伯避开对官僚制效率的争论,把目光投向官僚制的准确性、连续性、纪律性与可靠性,强调规则、能力、知识的行政组织理论为社会发展提供了一种基于理性、合于法治的管理体制。

2.2　行为科学理论

古典管理理论包含了人类对于管理这一全新领域的最初认识。然而"事在人为",人的需要、人的天性、人的特点,对完成事务的方式和结果必然会产生影响。古典管理理论对此着墨甚少,只是粗线条地认为人的所有行为动机就是金钱。对人的研究这个历史性任务,是由行为科学理论开始的。

2.2.1　霍桑试验

1) 霍桑试验的缘起

霍桑试验主要是由乔治·埃尔顿·梅奥(George Elton Mayo,1880—1949 年)和弗里茨·罗特利斯伯格(Fritz G. Roethlisberger,1898—1974 年)二人完成的。梅奥原籍澳大利亚,移居美国,1926 年进入哈佛大学工商管理学院专事工业研究,1927 年冬应邀参加霍桑试验。罗特利斯伯格哈佛大学毕业后留校从事工业研究工作,与梅奥合作达 20 年之久,他也是人际关系学说和行为科学的主要人物之一。

古典管理理论对人的工作积极性的来源的假定是物质因素。从某种意义上说,霍桑试验试图证实、最终却证伪了古典管理理论的这种假设。

2) 霍桑试验的内容

霍桑试验于 1924 年到 1932 年在美国西方电器公司霍桑工厂进行,它对人际关系学说和行为科学的创立有极大作用。其中,比较有影响力的试验有以下几个:

(1) 照明试验和电话继电器装配试验(1924—1928 年)

霍桑工厂是一家拥有 25 000 名工人的生产电话机及电器设备的工厂。这一阶段的试验主要是照明试验以及测试其他影响生产率的因素的试验。按照当时大多数管理人员和管理学家的观点,包括工作环境在内的物质条件与工人的健康和生产率之间存在明确的因果关系。最理想的工作环境是:通风、温度、照明等条件适宜,工作任务经过科学测定,并采用与工作成果相联系的刺激性工资制度。至于影响工作效率的其他因素,如疲劳或者工作单调,一般认为是工作设计不当、休息时间安排欠妥、流程不畅或工作条件不好引起的,可以改善。这一阶段先后进行的试验有照明试验,工资报酬试验,工间休息、日工作时间长度与周工作天数的试验,令人费解的是,无论试验条件如何变化,工人的生产率一直在提高。

罗特利斯伯格在他的《管理和工人》一书中曾谈及当时几种不同的解释,但只有梅奥和他的观点能够解释这一现象。那就是:参加试验的工人产量的提高,主要是由于工人的精神方面产生了巨大变化。参加试验的工人成为了一个社会单位,受到更多关注,并形成了一种试验计划参与者的感觉,因而情绪高昂。梅奥等人的观点是:工人是从社会的角度被激励和控制的,效率的增进和士气的提高,主要来自于工人的社会条件以及人与人之间关系的改善。

(2) 大规模访谈试验(1928—1931 年)

梅奥等人在四年期间,共对 20 000 名左右职工进行了访谈,了解和研究员工对于公司领导、保险、工资及晋升等方面的不满意见。意外的收获是,工人有了机会发泄心中的不满,导致生产率的提高。对工人在谈话中表现出的不满进行分析后发现,一般而言,这些不满的表现与它们背后的真实思想并非完全是一回事。罗特利斯伯格认为,对于某些抱怨者的不满,不能就事论事,而必须把他们表现出来的不良情绪看作是需要进一步深入了解的个人情况或社会状况的征兆或者指示器。

访谈试验的结论是,企业管理当局必须认识到,对工厂管理人员进行训练,使他们掌握与工人交流和沟通的正确方式:在了解工人的情绪和问题的时候,多采用谈心的方式,少采用说教的方式。

(3) 电话线圈装配工试验(1931—1932 年)

在这项试验中,14 名男工人在单独的房间里从事绕线、焊接和检验工作。对这个班组实行特殊的工人计件工资制度。实验者原来设想,实行这套奖励办法会使工人更加努力工作,以得到更多报酬。但结果是产量只保持在中等水平,每个工人的日产量平均都差不多,而且工人并不如实报告产量。进一步的调查发现,这个班组为了维护群体的利益,自发形成了某些规范。他们约定,既不能干得太多,也不能干得太少;不准向管理当局打小报告,如有人违反这些规定,轻则挖苦漫骂,重则拳打脚踢。梅奥等人认为,工人之所以维持中等水平的产量,是担心产量提高,管理当局会改变现行奖励制度,或裁减人员,使部分工人失业,或者会使干得慢的伙伴受到惩罚。

这一试验表明,为了维护班组内部的团结,工人可以放弃物质利益的引诱。这表明正式组织中存在自发形成的非正式群体,这种群体有自己特殊的行为规范,对成员行为起着调节和控制作用。这个非正式组织的表现还有,在这个小集团内,工人彼此不顾正式组织的界限而在一起玩、打赌、打闹、交换工作乃至互相帮助,而公司的规定是禁止这样做的。不属于同一小集团的人则根本不会这样做。

这个试验还表明,试验组限制产量,而电话继电器装配试验中产量却不断提高。梅奥等人的解释是:在装配电话继电器的试验组中,研究人员对工人采取信任态度,征求他们对试验的意见,鼓励他们提高生产效率的热情,而在电话线圈装配试验组中,研究人员很少直接同参与试验的工人接触,完全采取了一种旁观者的态度。因而,工人也维持了过去惯常的那一套非正式组织发挥作用的方式。这进一步证明了新的管理和领导技术的必要性。

3)人际关系学说的结论

梅奥等人的霍桑试验开创了人际关系学说。这几个典型试验,无一不证明人的社会关系对生产效率的影响。梅奥和罗特利斯伯格将人际关系学说的核心思想总结为三个基本点:

(1)工人是社会人

古典管理理论对人的假设是经济人,金钱和其他物质条件成为工作努力程度的唯一源泉。梅奥等人通过一系列试验指出,工厂中的工人不是单纯追求经济收入,还会有社会与心理方面的需求,包括人与人之间的友情、安全感、归属感以及受人尊重等因素。因此,对人的激励不能单纯从技术和物质条件着眼。新的激励重点,首先必须从社会以及心理方面鼓励工人提高劳动生产率。

(2)企业中存在非正式组织

罗特利斯伯格在《走向统一的管理理论》一文中指出,非正式组织应该被看成是"惯例、价值观、准则、信念和非官方的规则"。非正式组织的作用,除了使工人之间的协作得到加强、关系得到改善以外,还能够保护工人免受内部成员的疏忽可能造成的损失,如生产得过多以致企业管理当局提高生产定额,生产得过少则招致管理当局的不满或惩罚;以团队的力量保护工人免受非正式组织以外的管理人员的干涉所形成的损失,如降低工资或者提高生产定额。

对组织而言,非正式组织如能善加利用,则可以用来积极支持管理当局的政策和目标;使个人有自由表达思想的机会;提高职工士气,降低职工离职率;以社会报酬的方式对职工进行补偿;改善信息交流工作;能够使职工在一个不重视个人特点的组织内有维持其个人特点的机会;增强工人自信心并减轻他们的紧张状态;能够联合起来对制定任务予以支持;在工作环境中提供人与人之间的温暖关系,有利于提高人们的协作程度;减少人们对于环境的厌烦程度。非正式组织的弊端也同样明显:工人们可能联合起来抵制企业管理当局的政策和目标;限制工人中某个个体的自由权利,强迫职工限制产量,反对创新和变革;组成工会,与管理当局相敌对。

如何发挥非正式组织的长处而避免其短处,这需要管理人员尤其是高层领导的恰当处理和正确引导。梅奥等人认为,正式组织的逻辑是效率,非正式组织的逻辑是感情。对于管理人员和技术人员来说,效率非常重要,而对于工人而言,感情的地位更重要。管理人员必须充分协调这两种逻辑,以便使管理人员与工人能够互相补充、互相协作,充分发挥不同类型人员的作用,提高效率。

(3)新的领导能力在于提高工人满足度

梅奥等人认为,依据"社会人"与"非正式组织"的观点,企业中新的领导能力在于提高职工的满足程度,以鼓舞职工士气,提高生产效率。所谓"满足度"主要指工人的安全感、归属感等社会需求方面的满足程度。也就是说,工人的满足度主要来自于社会地位。企业管理人员必须同时具备技术—经济技能与人际关系技能,以平衡效率逻辑与感情逻辑,从而取得高的效率,这就是新的领导能力。

4)对人际关系学说的评价

霍桑试验对古典管理理论进行了大胆的突破,第一次使管理学的研究重点从工作和物的因素转移到人的因素上来。这是一个重大的转变,开创了管理理论的新时代,为行为科学的发展奠定了基础。

引人争议之处在于,梅奥和罗特利斯伯格似乎走到了另一个极端。他们忽视正式组织的作用,格外重视非正式组织;忽视金钱的作用,对理性和经济因素不屑一顾,极端重视人的情感和社会因素,有过度之嫌。

2.2.2 需要层次理论

1)马斯洛简介

亚伯拉罕·马斯洛(Abraham Harold Maslow,1908—1970年)是美国心理学家,人本主义心理学的主要发起者和理论家,心理学第三势力的领导人。他于1926年进入康奈尔大学,三年后转至威斯康星大学攻读心理学,1934年获得博士学位并留校任教。1939—1951年在哥伦比亚大学和布鲁克林学院任教,因热情谦逊备受学生欢迎。1967年,他荣任美国心理学协会主席,是《人本主义心理学》和《超个人心理学》杂志首任编辑。主要著作有《人类激励理论》(A Theory of Human Motivation)和《激励与个性》(Motivation and Personality)。

2)需要层次理论的内容

马斯洛的需要层次理论的主要观点是:

(1)人的需要分为五个层次

这五个层次需要的基本含义如下:

①生理需要:这是人类维持自身生存的最起码要求,包括衣、食、住、行等方面的要求。如果这些需要得不到满足,人类的生存就成了问题。从这个意义上说,生理需要是推动人们行动的最强大动力。马斯洛认为,只有这些最基本的需要满足到维持生存所必需的程度后,其他的需要才能成为新的激励因素。而到了那时,这些已相对满足的需要也就不再成为激励因素了。

②安全需要:这是人类要求保障自身安全、摆脱失业和丧失财产威胁、避免疾病侵袭等方面的需要。马斯洛认为,人作为一个有机的整体,是一个追求安全的机制。人的感受器

官、效应器官和智能主要是寻求安全的工具，甚至可以把科学和人生观都看成是满足安全需要的一部分。当然，同样的，这种需要一旦相对满足后，也就不再成为激励因素。

③社交需要：这一层次的需要包括两个方面的内容。一是友爱的需要，即人人都需要伙伴之间、同事之间的关系融洽或保持忠诚；人人都希望得到爱情，希望爱别人，也渴望接受别人的爱。二是归属的需要，即人都有一种归属于一个群体的感情，希望成为群体中的一员，并相互关心和照顾。感情上的需要比生理需要来的细致，它和一个人的生理特性、经历、所受的教育以及宗教信仰都有关系。

④尊重需要：人人都希望自己有稳定的社会地位，要求个人的能力和成就得到社会的承认。尊重的需要可分为内部尊重和外部尊重。内部尊重是指一个人希望在各种不同情境中有实力、能胜任、充满信心、能独立自主。总之，内部尊重就是人的自尊和自信。外部尊重是指一个人希望有地位、有威信，受到别人的尊重、信赖和高度评价。马斯洛认为，尊重需要得到满足，能使人对自己充满信心，对社会满腔热情，体验到生命的价值。

⑤自我实现的需要：这是最高层次的需要。它是指实现个人理想、抱负，发挥个人的能力到最大程度，完成与自己的能力相称的一切事情的需要。也就是说，人必须干称心的工作，这样才会感到最大的快乐。马斯洛提出，为满足自我实现需要所采取的途径是因人而异的。自我实现的需要是在努力实现自己的潜力，使自己越来越成为自己所期望的人物。通俗说来，当一个人发现他越来越成为自己所想成为的那种人，他就在自我实现。

（2）人的需要按重要性和层次性排成顺序，当人的低层次需要得到满足后才会追求高一层次的需要。这五种需要如同阶梯一样，按层次逐级递升（图2.1）。一般来说，某一层次的需要相对满足了，就会向高一层次发展，追求更高层次的需要就成为人的行为的驱动力。相应的，基本需要的满足就不再成为激励力量。

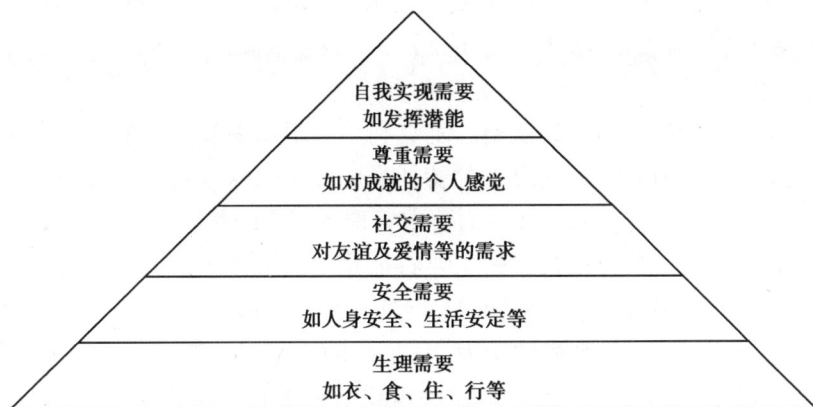

图 2.1　马斯洛的需要层次

五种需要可以分为高低两级。其中生理需要、安全需要和社交需要都属于低级需要，通过外部条件就可满足，而尊重需要和自我实现需要是高级需要，通过内部因素才能满足。而且，一个人对尊重和自我实现的需要没有止境。同一时期，一个人可能有几种需要，但每一时期总有一种需要占支配地位，对行为起决定作用。任何一种需要都不会因为更高层次需要的发展而消失。各层次的需要相互依赖和重叠,高层次的需要发展后,低层次的需要仍然存在,只是对行为影响的程度大大减少。

3) 需要层次理论的地位与评价

尽管马斯洛在许多领域都进行过探索和研究,他却是因需要层次理论和作为最高动机力量的"自我实现"概念而为人所知。相比于弗洛伊德的理论而言,需要层次理论首次比较系统地阐述了人类的基本需要,给予了人们关于人类动机和人类潜能更为积极的认识框架。

但是,对马斯洛的需要层次同样不乏质疑。虽然已经得到满足的需要的确不再起激励作用,但如何才算满足?如何界定?当生理需要得到合理地满足后,并没有任何方法可以用来预测对于某个人而言,哪一种高级需要什么时候成为下一个必须满足的需要,而这一点在实际管理工作中至关重要。

2.2.3 成就需要理论

1) 成就需要理论的基本内容

大卫·麦克利兰(David McClelland,1917—1998 年)是美国心理学家。他认为,人类的许多需要都不是生理性的,而是社会性的。很难单独从个人角度归纳出共同的、与生俱来的心理需要,不同时期、不同环境、不同文化背景下的人,他们的需求不可能相同。马斯洛的理论过分强调个人的自我意识、内省和自我价值,忽视来自社会的影响,有失偏颇。

麦克利兰与其他心理学家历经 20 多年研究,得出的结论是:人的社会性需求不是先天的,而是后天的,得自于环境、经历和培养教育。尤其在特定行为得到报偿后,将强化该行为模式,形成需求倾向。在此基础上,他提出了成就需要理论,也称三种需要理论。该理论认为,人的三大类社会性需要是权力需要、社交需要与成就需要。

(1)权力需要

权力需要指影响和控制别人的欲望。麦克利兰将组织中管理者的权力分为两种:一是个人权力。追求个人权力的人表现出来的特征是围绕个人需求行使权力,这对于他人来说是不利的。二是职位性权力。职位性权力要求管理者与组织共同发展,自觉接受约束,从体验行使权力中得到满足。社会化权力的主要特征是帮助群体确定共同目标,并提供相关支持以达到目标,使全体成员认识到自己的重要性。公开声称其人生目标是追求权力,这种方式在任何文化中都不被认为是高尚的行为,因为从道德上来讲,基于个人私利意图控制他人往往被认为是可耻的,但是,基于社会利益和组织目标的权力追求可以增强这种行为的正当性。

不同的人对权力的渴望程度不同。权力需求较高的人对影响和控制别人表现出极大兴趣,喜欢对人发号施令,注重个人地位和影响力。他们通常具有喜争辩、健谈、直率和冷静的特点,善于提出问题和要求,喜欢教训人,并乐于演讲。他们喜欢具有竞争性和能体现较高地位的场合或情境,他们也追求出色的成绩,但他们关心个人的权力、地位的热情远胜于此。对权力的需求是管理者的基本特征。

（2）社交需要

社交需要指建立亲密友好的人际关系，被他人接纳和喜爱的需要。有社交需要的人更倾向于与他人进行交往，这种交往会给他带来愉快。高社交需要者渴望社交，喜欢合作而不是竞争的工作环境，希望彼此之间的沟通与理解，他们对环境中的人际关系更为敏感。有时，社交需要也表现为对失去某些亲密关系的恐惧和对人际冲突的回避。社交需要是保持社会交往和人际关系和谐的重要条件。高社交需要者视良好的人际关系胜过一切，有时因讲究交情和义气而违背或不重视管理工作的原则。

（3）成就需要

成就需要指争取成功、追求优秀、希望把事情做得最好的需要。具有高成就动机的人在可以自主确定工作目标时，总会挑选难度适中的任务，偏于自己的能力所能达到的上限，而不会避难就易，也不会不自量力。以套圈游戏为例，如果允许每个人自行决定站立距离，那么，不同的人选择的距离是不一样的。有人会为了避免失败而站得尽可能近，有人会不计成败而随随便便站得过远，而高成就动机者不会站太近也不会太远。他们往往认真测量距离，计算站立位置，做到使套圈既不轻而易举，又可以在努力下取得成功。高成就需要者喜欢通过自己的努力解决问题，不依赖偶然的机遇坐享成功。在没有绝对成功把握的情况下，有人幻想神助，有人轻言放弃，高成就动机的人会实事求是计算成功概率，并作出最大努力。在成功机会相等的情况下，有人选择掷骰子，有人听任自然，高成就型动机的人既不掷骰子也不听天由命，而是尽可能采用理性方式解决问题。高成就动机的人不喜欢需要很长时间才能看出效果的工作，缺乏"积跬步以至千里"的耐心。他们需要个人努力和工作效果的直接和明显的关系。如果让他们自己选择工作，他们宁愿当推销员，也不当教师，因为前者的工作结果立刻就能显现，而后者的效果或许需要几年甚至十几年后才能显现。

2）成就需要理论的主要观点

（1）成就需要强烈的人无法成为有效的管理者

过去，人们往往认为强烈的成就欲望是管理者必须具备的条件之一。然而，麦克利兰恰恰论证了这种看法的逻辑偏差。一般来说，受成就感激励的人，习惯于依靠自己将事情做得更好，并且希望迅速得到有关结果的反馈，以便了解自己的业绩。但作为组织中的管理者，不可能自己完成所有任务。对管理者而言，如何引导他人完成组织工作才是最重要的。也就是说，管理者需要通过他人将事情做得更好，而不是自己做得更好。所以，有效的管理者往往需要压抑自己的个人成就欲望。更重要的是，管理者的工作绩效，要通过他人的工作情况逐渐反映出来。有时候，这种反馈需要经过很长的组织链条，时间上相当滞后，不可能迅速得到反馈信息。随着反馈链的加长，管理者的作用可能模糊不清，无从判断。这些都与成就需要强烈者的习惯背道而驰。

（2）社交需要强烈的人也无法成为有效的管理者

这一点，不仅仅是麦克利兰，其他社会学家的研究已经做过论证。但是，在管理学中，依然有不适当地强调管理者人际关系能力的倾向。麦克利兰指出，社交需要高的人，有强烈地被人喜欢的需要。社会学理论认为，要使一个组织（尤其是最常见的科层组织）正常运转，管理者必须一视同仁,对所有人、所有事严格按照组织规则处理,一般情况下没有例外,"特殊对待"是领导人的大忌。一旦对某人、某事做出妥协或变通,就会形成组织运行的腐蚀剂,日积月累,就会瓦解组织规则,破坏组织运转。社交需要高的人,总想同组织中的每一个人搞好关系。他们往往会照顾某些人的特殊要求,而且就人情关系来看也确实需要照顾。但是,这种照顾的后果是打破组织既有规则,一旦组织规则变成因人而异的随意处理,组织内未得到照顾的其他人就会感觉不公,从而影响工作热情。当其他人也要求特别照顾以找回公平感时,整个组织的规则将被破坏,组织将无法正常运转甚至崩溃。更重要的是,在规则不起作用时,组织成员会失去明确的、稳定的预期,不知道下一步会发生什么。积极者会揣摩上意,消极者会怠工观望,组织绩效无以保证。

（3）个人化权力欲望强的人无法成为高度有效的管理者

个人权力型的领导者有控制、征服他人的欲望,其领导行为往往偏向专断。这种管理下,士气往往比较低落。但是,从组织角度来看,这种类型的管理者好于追求社交需要的管理者,毕竟他们在追求"事业"。因此,如果只能在"好人"和"专横"之间选择,对于员工来说,可能会倾向于前者;而对于组织来说,可能会倾向于后者。从这一意义上看,那些缺乏现代科层结构的组织,往往以这种人为首选。在科层组织中,这种人可能成为次优选择。但是,个人权力型领导者会使组织产生很多问题,其中最主要的问题是,在这种人的领导下,员工的忠诚被引向对领导人的个人依附发展。员工一旦不顺从,就没有发展前途。当这种领导者离开时,组织一片混乱,人心动摇。个人化权力强的人有明显特征,他们往往脾气大,饮酒过量,热衷于象征个人支配力和地位的物品,如豪华汽车、宽大气派的办公室、出入豪华酒店等。

（4）社会化权力强的人才能够成为高度有效的管理者

这是因为社会化权力强的人致力于与他人一起把工作做好。个人化权力强的领导人,在工作中首先考虑哪个人能听从自己的命令,而社会化权力强的领导人,首先会考虑哪个人做这件事对组织最有利。

麦克利兰指出,通常社会化权力强的人具备以下特征:权力需要强烈,但这种权力追求表现在如何对他人施加影响方面,而不是注重自己支配别人的能力方面;努力了解组织成员需求,以便更好地施加影响;具有组织责任感,团队意识强烈,个人利益和组织发生冲突,他们可以做出适当放弃个人利益。这一点,是社会化权力与个人化权力的主要区别。另外,人们通常认为成就欲望强烈的人乐于工作,麦克利兰认为恰恰相反。一般来说,成就欲望强烈的人会想方设法用最少的努力追求最好的效果,就是说,他们注意工作的"性价比"。对于同样的工作,他们总是寻求更省力的方法。如果成本相同,他们则追求更好的效果。他们也会为工作废寝忘食,却不会为低效或无效劳动费劲。但权力欲望强烈的人不一样,他们会把工作本身视为乐趣,即便这种工作确实效率不高,他们也会认为对于组织运行是有价值的。权力欲强烈的人会把意义赋予工作本身,而成就欲强的人则把意义赋予工作结果。还有一个非常重要的特点,那就是:社会化权力强的人往往比较老练,眼光也比较长远,他们不局限于一时一事,习惯于整体考虑事物。社会化权力型领导人善于从比他高明的人那里得到启发;个人化权力倾向比较强的人,往往只听取顺从自己者的意见;人际关系型领导人,则会以"讨好"的方式听取意见。

3)成就需要理论的主要缺陷

麦克利兰坚信人的需要和动机是后天形成的,是由环境决定的,因而是可以后天改变和培养的。他的主张受到了来自两个方面的批评:有人怀疑他的理论,认为人的动机不可能被人为塑造;另外一些人则要求他立即拿出具体办法解决自己所在组织的激励问题。成就需要理论面对这些现实问题缺乏有效的可行举措。

2.2.4　双因素理论

1)激励—保健双因素理论

弗雷德里克·赫茨伯格(Frederick Herzberg,1923—2000 年)是美国犹他大学管理学教授,研究激励问题的知名学者,有《工作中的激励》(*The Motivation to Work*)、《工作与人性》(*Work and Nature of Man*)和《再论如何激励职工》(*One More of Time：How Do You Motive Employees?*)等著作。他在管理学界的巨大声望,一方面是因为他的"激励—保健因素理论",也称"双因素理论";另一方面是因为他对"工作丰富化理论"所进行的开拓性研究。

赫茨伯格高度重视工作的作用。他认为,工人与工作的关系是一种基本关系,个人对工作的态度很大程度上决定其成败。他调查了美国匹兹堡地区 11 家工业企业的 200 多名工程师和会计,向其询问导致工作愉快或不愉快的因素。根据调查数据进行分析,他得出结论,导致工作满意的因素与导致工作不满意的因素是互不相关的。调查发现,人们觉得不满意的因素,都与工作环境有关;人们觉得满意的因素,一般都与工作本身有关。这就意味着,管理者即使消除带来工作不满意的因素,可能会带来平静,但是,这不一定具有激励作用。只有从工作本身采取措施,才能使员工增长干劲。

赫茨伯格把人们觉得不满意的因素,同时也是能够防止不满的因素称为保健因素。保健因素包括公司政策、管理措施、监督、人际关系、工作条件、工资与福利等。当这些因素恶化到能够接受的水平以下时,人们将产生对工作的不满意;当人们认为这些因素很好时,它只是消除了不满意,并不必然导致积极的工作态度。这是一种既不是满意又不是不满意的中性状态。

赫茨伯格把人们觉得满意的因素,同时也是能够给人们带来满足的因素称为激励因素。激励因素包括成就、认可、责任与晋升、工作本身。这些因素是尊重的需要与自我实现的需要。当这些因素具备了,人们就能受到激励。

但是,这两类因素存在若干重叠现象。比如,赏识属于激励因素,基本上起积极作用。但是,当一个人没有受到赏识时,消极作用又产生了。这时,赏识又表现为保健因素。工资属于保健因素,但有时也能产生让职工满意的结果。

赫茨伯格及其同事后来又对各类专业性和非专业性工业组织进行了多次调查。他们发现,由于调查对象和条件的不同,各种因素的归属有些差别,但总的来看,激励因素基本上都是属于工作本身或工作内容,保健因素基本都是属于工作环境和工作关系。他们认为,这进一步证明了双因素理论。赫茨伯格还以此为依据,在 1968 年出版的《再论如何激励职工》一文中进一步分析两类因素的构成与相互关系。他认为,成就、赏识、工作本身、责任、提升、成长等基本属于激励因素,但当这些需要不能满足时,也会引起不满;公司政策和管理、监督、与上下级和同事的关系、工作条件、工资、个人生活、地位和安全基本上属于保健因素,但有时也能产生让职工满意的结果。据其统计,导致职工满意的全部因素中,81%是激励因素,只有19%是保健因素;导致职工不满的全部因素中,69%是保健因素,只有31%属于激励因素。

2)工作丰富化理论

双因素理论认为,不能通过工作合理化提高效率,只有工作内容的丰富化才能有效利用人力资源。这种思路实际上是用调整激励因素的方法激励职工,并以"工作丰富化"(job enrichment)替代以往的"工作扩大化",这是因为:工作丰富化为职工提供了精神满足和成长的机会,而所谓的工作扩大化只是使工作范围横向扩大而已。工作扩大化的典型做法有:提高对职工的定额要求,增加日常办公室工作,将工作重新组合,去掉工作中最难的部分。工作丰富化的真正含义是垂直方向扩大工作范围,它试图使工作更具挑战性,从而要求更多的责任感和激励力。具体而言,工作丰富化的方法包括:工作程序、方法与速度上给员工更多自主决定权;鼓励员工参与管理,互相交往;充分授权,增强员工责任感,并确保合适的反馈,以使员工能了解自己的工作成果;鼓励员工提出对工作和环境的意见或建议。

赫茨伯格的观点对公司的奖励以及一揽子报酬计划产生了相当影响。人们可以在一定范围内选择自己想要拥有的利益类型,实际上是可以自由选择他们自认为可以提供激励的因素。归根结底,激励源于个人内心,而非组织从外部强加之物。

3)对双因素理论的评价

赫茨伯格的双因素理论与马斯洛的需要层次理论有相似之处。保健因素相当于生理、安全和社交需要,激励因素相当于尊重与自我实现需要(二者的关系见图2.2)。这两个理论的缺陷也基本类似,就是单单注重于考察个体需要,而未能注意到"个人需要的满足"与"组织目标的达成"连接起来。

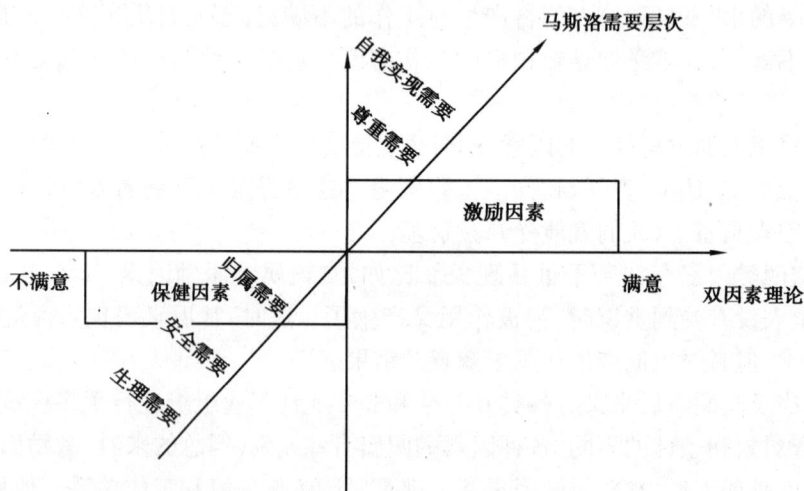

图 2.2 双因素理论与马斯洛需要层次的关系

双因素理论促使企业管理人员注意工作内容的重要性,特别是它们与工作丰富化和工作满足之间的关系,这具有积极意义。赫茨伯格告诉我们,各种需要所引起的深度和效果存在差异。物质需要的满足非常有必要,没有它会导致不满,但即使获得满足,其效果也有限,无法持久。要调动人的积极性,不仅需要物质条件等外部因素,更要注意工作安排,量才录用,各得其所,对人进行精神鼓励,给予表扬及认可,给人以成长、发展及晋升机会。随着温饱问题的解决,这种内在激励的重要性日趋明显。

2.2.5 X-Y 理论与超 Y 理论

1) X-Y 理论

道格拉斯·麦格雷戈(Douglas M. McGregor,1906—1964 年),美国行为科学家,主要研究心理学和工业管理,1957 年发表《企业中的人性面》(*The Human Side of Enterprise*),提出了著名的"X-Y 理论"。

在麦格雷戈看来,有关人的性质和人的行为的假设对于决定管理人员的工作方式来说是非常重要的。每个管理人员都以他们对人性的假设为依据,以不同的方式来组织、控制和激励人们。基于这种思想,他提出了"X-Y 理论"。

(1) X 理论

麦格雷戈把传统的管理对于人性的观点称之为 X 理论,其主要内容是:大多数人是天生懒惰的,他们尽可能地逃避工作;大多数人鼠目寸光,胸无大志,没有担当,只愿接受别人领导;大多数人的个人目标与组织目标不一致或互相冲突,为了达到组织目标,必须对个人以外力严加控制;大多数人都缺乏理智,容易冲动,不善于自我控制,很容易受他人影响;大多数人工作都只是为了满足基本的生理需要与安全需要,他们选择做那些能够在经济上获利最大的事情;人群大致分为两类,多数人符合上述假设,少数人能自我克制,这部分人应负起管理的责任。

麦格雷戈指出,企业中对人的管理工作以及组织结构、管理政策、实践和规则,都是以 X 理论为依据的。因此,管理人员在完成任务时,或采用"强硬"的管理办法,包括强迫和隐秘方式的威胁、严格的监督以及对行为的严厉控制,或采用"松弛"的管理方法,包括态度随和、顺应职工的要求以及一团和气。麦格雷戈指出,自 20 世纪以来,从最强硬的方法到最松弛的各种办法全部都用完了,但效果都不太理想,强硬的行为引起了各种反抗,如磨洋工、公开的敌对行动、有组织且好斗的工会以及对管理者的目标进行巧妙而有效地破坏。而且,这种强硬的措施在职工充分就业、劳动力短缺时期就更加难以奏效了。采用松弛的办法同样产生很多问题。它使管理人员放弃管理,以保持你好我好大家好的状态;在工作上马马虎虎,得过且过,勉强应付。人们在温和的管理制度下钻空子,提出越来越多的要求,而作出的贡献却越来越少。于是,较为普遍的倾向是试图吸取软硬两种方法的优点,推行一种"严格而合理"的管理方法,正如有人所形容的,"温和地讲话,但手里拿着大棒"。但是,这种管理方法如同上面的软硬两种方法一样,指导思想还是 X 理论。科学管理是强硬的 X 理论,人际关系学说是温和的 X 理论,本质上来讲还是局限在 X 理论的范围内。

麦格雷戈认为,虽然当时工业组织中人的行为表现的如同 X 理论的各种假设,但是人的这些行为与表现并非人固有的天性所引发,而是现有工业组织的性质、管理思想以及政策实践所造成的。他确信 X 理论所使用的传统研究方法建立在错误的因果关系基础上,为了证明这一点,他认为有必要探讨一下人的行为动机问题。他在列举了马斯洛的人类基本需要中生理需要、安全需要、社交需要、尊重需要与自我实现需要以后指出,剥夺人的生理需要会使人生病,同样的,剥夺人的高级需要同样会使人产生病态的行为。如果我们把因此而产生的人的消极、拒绝承担责任甚至敌对的态度归因于他们的天性,那显然大错特错。在人们的生活水平比较低下时,"胡萝卜加大棒"的管理方式是有效的;但是,当人们的生活水平很高时,这种管理方式就是无效的。因为,此时人们的行为动机主要在于追求更高级的需要,而不是"胡萝卜"。

(2)Y 理论

麦格雷戈认为,由于上述原因及其他众多原因,需要有一个关于人员管理工作的新理论,它建立在更为合理的对人的特性和人的行为的认识基础上。于是,他提出了 Y 理论,内容如下:

①一般人并非天生就不喜欢工作,工作中的体力和脑力劳动的消耗就如同游戏和休息一样自然。工作可能是一种满足,因而自愿去执行;工作可能也是一种惩罚,因而想方设法逃避。究竟对工作采取何种态度,要视乎情形而定。

②外来的控制和惩罚,并不是促使人们为实现组织目标而努力的唯一方式。从人的主观愿望角度来说,它甚至是一种威胁和阻碍,并放慢了人们成熟的脚步。人们愿意实行自我管理和自我控制来完成必须完成的工作。

③人的自我实现的需要和组织要求的行为之间是没有矛盾的。如果能够提供适当的机会,个人目标和组织目标是能够统一的。工作也将成为人们满意的源泉。

④一般人在适当条件下,不仅学会了接受职责,而且还经常谋求职责。逃避责任、缺乏抱负以及强调安全感,往往只是经验之谈,而非人性。

⑤大多数人,而不是少数人,在解决组织的困难和问题的同时,都能发挥较高的想象力、创造性和聪明才智。而且,在现代工业生活的条件下,一般人的智慧和潜能只是部分地得到了发挥。

根据以上假设,麦格雷戈提出相应的管理措施:

①管理者的重要任务是创造一个使人得以发挥才能的环境,激发出职工的潜力,并使职工在为组织目标奋斗时,也能达成自己的个人目标。此时,管理者已不是指挥者、协调者或者监督者,他主要起辅助者的作用,能给职工以支持和帮助。

②对人的激励主要是给予来自工作本身的内在激励,让他担当具有挑战性的工作,担负更多责任,促使其作出工作成绩,满足自我实现的需要。

③在管理制度上,给予工人更多的自主权,实行自我控制,让工人参与管理和决策,并共同分享权力。

麦格雷戈在《企业中的人性面》一书中把 Y 理论称为"个人目标和组织目标的结合",认为它能使组织成员在努力实现组织目标的同时,最好地实现个人目标。因此,管理的关键不在于采用"强硬"的或"温和"的方法,而在于管理思想上从 X 理论转变为 Y 理论。这两种理论的差别在于,是把人们当小孩看待还是把他们当成年人看待。X 理论已流传好几个世纪,不可能指望在短期内使所有企业转而采用 Y 理论,但是,麦格雷戈认为,某些与 Y 理论一致的创新思想在应用上取得了一定成果,值得借鉴,它们主要是:

①分权与授权。这是把人们从过紧的控制中解脱出来的一种办法。这种方法给了人们一定的自由来支配他们所从事的活动,自我承担责任,而更重要的是,满足他们的自我实现需要。有些企业以层次很少的扁平组织结构和极大的管理幅度来实现这种授权与分权,因为当经理管辖的下属人数很大的时候,继续按传统方式去指导和控制下属的业务已经不可能,只能实行分权与授权的目标管理。

②参与式和协商式的管理。在适当条件下,参与式和协商式管理可以鼓励员工为实现组织目标进行创造性劳动。在作出与他们的工作相关的决策时,给他们提供发言机会,并为满足他们的社会需要和自我实现需要创造条件。

③鼓励职工对工作成绩自我评价。按照 X 理论的做法,是由上级对下级的工作成绩作出评价。这种做法实际上把职工看成装配线上受检验的产品。通用电气公司试行了一种新的管理方法,要求职工为自己制定指标或目标,每半年或一年对工作成绩进行一次自我评定。在这种新的方法中,上级仍然起着重要的领导作用——事实上它对领导提出了更高的要求。但是对许多管理人员而言,他们宁愿担任这种新的角色而不愿意去充当审判者和监督者。最重要的是,这种方法给了职工以自我评价的机会,鼓励职工个人对制订计划和评价自己对组织目标的贡献承担更大责任。

麦格雷戈认为,Y 理论的前景非常美好,有助于人类实现"美好社会"。

(3)对 X-Y 理论的评价

管理离不开人,而人又千差万别,所以,管理的主要难度在于如何准确地把握人这个主要方面。X-Y 理论正是人们在管理实践中对人性认识的结晶。麦格雷戈提出了一些能够促进员工工作积极性的方法,如参与决策过程,提供有挑战性和责任感的工作,建立融洽的人际关系,等等。

对这个理论的批评主要是,Y 理论对人性的假设有其积极的一面,它为管理人员提供了对人的一种乐观主义的看法,这种看法是为争取员工的工作热情所必需的。但是,固然不能说所有的人天生就是懒惰而不愿意承担责任的,但现实生活中有些人确实就是如此,而且坚决不愿意改变。很显然,对于这些人,应用 Y 理论进行管理,只能是对牛弹琴。而且,要发掘和实现人的智慧与潜能,需要一定的合适的工作环境。这种环境在现实生活中不一定是常态。要创造出这样一种环境,对于组织和管理者来说,成本或许极其高昂。可以说,Y 理论并不能普遍适用。由于 X 理论与 Y 理论遥遥相对,水火不容,麦格雷戈在其人生的最后岁月对自己的学说极力完善,进化出 Z 理论,其中综合了组织规则与人事规则,包括终身雇佣制、非正式控制、一致同意的决定、缓慢提升等内容,在后来经典的日式企业管理中得到了很大程度的体现。

2)超 Y 理论

X-Y 理论的产生,在西方管理界引起反响。其后,有人根据这一理论,选择了工作效率高的亚克龙工厂和史托克顿研究室与工作效率低的哈特福工厂和卡梅研究室进行研究。研究结果表明:亚克龙工厂和卡梅研究室实施 X 理论,采取严密的组织,实施指令式的控制管理,结果因人员素质不同,效果并不一样。工人居多的亚克龙工厂效率高,而研究员居多的卡梅研究室效率则低。史托克顿研究室和哈特福工厂实施 Y 理论,实验结果则恰恰相反。这说明了 X 理论并非毫无用处,而 Y 理论也不一定是普适性的。

美国心理学家约翰·莫尔斯(J.J.Morse)和杰伊·洛希(J.W.Lorsch)对此进行了追踪,并选择了两个都是高效单位的亚克龙工厂和史托克顿研究所进行对比研究。亚克龙工厂和史托克顿研究所的组织特点各有不同,工作环境的差异也很大,但是这两个组织都有效地完成了各自的任务。究其原因,是因为这两个组织能根据各自任务和人员的特点,选择适合自身发展的组织形态。

组织与任务的良好适合又是如何同有效的工作产生联系的呢? 研究者继而进行了两个单位的个人胜任感的动力测试。参加测试的人面对 6 张模棱两可的图画,就"明天"将要做些什么、想些什么或感觉出什么写一篇有创造力和想象力的故事。结果表明,亚克龙工厂和史托克顿研究所的个人比在低效的哈德福工厂和卡梅研究所的竞争对手更有胜任感。这种胜任感可以帮助人们理解任务与组织特点之间的匹配,能激励工作人员在工作中作出有效的工作成绩。

在此基础上,莫尔斯和洛希提出"复杂人"的假设,并建立起一种新的管理理论,即超 Y 理论。其基本观点是:

①人们带着不同需要与动机加入组织,但人的主要目标是实现胜任感。

②由于人的胜任感有不同的满足方法,因此,必须采用不同的管理方式:有人适宜于 X 理论的管理方式,有人适宜于 Y 理论的管理方式。

③组织结构、管理层次、职工培训、工资水平及控制水平要随工作性质、工作目标及人员素质而定,灵活变化,才能提高效率。

2.3 管理理论丛林

管理理论的多元化在第二次世界大战后渐成趋势。所谓"管理理论丛林",正是现代管理领域百花齐放、百家争鸣的体现。

2.3.1 数量管理理论

数学学派又称管理科学学派,是泰勒的科学管理理论的继续发展。该理论实际上是在第二次世界大战期间与行为科学学派同时发展起来的。1939 年,曼彻斯特大学教授布莱克特为首的工作小组建立了新的数学分析和计算技术,并发明了运筹学。这些成果应用于管理工作就产生了数量管理理论。

该理论认为,数量管理的目的是以科学的原理、方法和工具制定用于决策的数学和统计模型,并把这些模型通过计算机用于管理,以使投入产出最大化,得到最佳经济效果。

2.3.2 决策理论学派

决策理论学派是在第二次世界大战以后的行为科学、系统理论、运筹学及计算机科学等基础上发展起来的理论体系,它的焦点主要集中于管理决策。赫伯特·西蒙(Hebert Alexander Simon,1916—2001 年)是主要代表人物。西蒙涉猎范围极广,包括心理学、管理学、经济学、计算机科学、人工智能等,曾获得 9 个博士学位,并因其决策理论获得 1978 年诺贝尔经济学奖,成为迄今为止唯一获得此奖的管理学家。瑞典皇家科学院赞扬他说:"就经济学最广泛的意义上来说,西蒙首先是一名经济学家,他的名字主要是与经济组织中的结构和决策这一相当新的经济研究领域联系在一起的"。

作为管理学当中的一个重要学派,西蒙的决策理论有以下主要观点:管理就是决策。决策贯穿管理所有环节。管理的各种职能,计划、组织、领导、控制,无一不是通过管理者的决策来实现的。

2.3.3 权变理论学派

20 世纪 70 年代以来,美国社会经济和政治的动荡程度大增。西方的石油危机对美国产生了极大影响,外部环境的剧烈变化给企业管理增加了不确定性。过往的管理理论主要侧重企业内部管理,大多追求普遍适用的、最合理的模式与原则,而这些理论在解决企业面临的瞬息万变的外部环境时无能为力。在此情况下,人们不再相信管理会有一种最好的行事方式,而是必须随机制宜地处理问题,也就是说,管理取决于所处环境状况。权变理论就应运而生了,"权变"即权宜应变,随机应变。

权变理论学派的代表人物有弗雷德·卢森斯、罗伯特·豪斯以及弗雷德·费德勒。卢森斯 1973 年发表了《权变管理理论:走出丛林的道路》一文,1976 年又出版了《管理导论:一种权变学说》,系统阐述了权变理论,提出用权变理论统一各种管理理论。所谓权变,实际是一种随环境变化灵活切换方法以实现管理有效性的学说。权变关系是独立的环境变数与从属的管理变数的函数关系。

权变理论为人们解决问题提供了一种动态的视野。它要求人们根据组织具体实际采取有针对性的方法,而不是试图找到一劳永逸的方法。但权变学派始终不能提出统一的概念、标准和模式,让人无所适从。

【案例分析】

助理工程师的辞职信

助理工程师黄大佑,从某名牌大学毕业后工作已 8 年,于 4 年前应聘到一家大型工厂工程部负责技术工作,工作负责,能力很强,很快成为厂里有口皆碑的"四大金刚"之一,名字仅排在一号种子——厂技术部主管陈工之后。然而,工资却同仓管人员不相上下,夫妻小孩三口居住在一间平房。对此,他心中时有不平。

厂长李明"人尽其才,物尽其用,货畅其流"的口号,在各种公开场合不知被他引述了多少遍,实际上他也是这样做的。4年前,黄大佑来报到时,门口用红纸写的"热烈欢迎黄大佑工程师到我厂工作"几个不凡的颜体大字,是李厂长亲自吩咐人秘部主任落实的,并且交代要把"助理工程师"的"助理"两字去掉。这确实使黄大佑当时春风不少,工作更卖劲。

两年前,厂里有指标申报工程师,黄大佑属于有条件申报之列,但名额却让给了一个没有文凭、工作平平的老同志。他想问一下厂长,谁知,他未去找厂长,厂长却先来找他了:"黄工,你年轻,机会有的是"。

去年,他想反映一下工资问题,这问题确实重要,来这里其中一个目的不就是想工资高一点、提高一下生活待遇吗?但是几次想开口,都没有勇气讲出来。因为厂长不仅在生产会上大夸他的成绩,而且,有几次外地人来取经,李厂长还当着客人的面赞扬他:"黄工是我们厂的技术骨干,是一个有创新能力的……"。

平时,哪怕厂长再忙,路上相见时,总会拍拍黄工的肩膀说两句,诸如"黄工,干得不错""黄工,你很有前途",这的确让黄大佑兴奋。"李厂长确实是一个伯乐",此言不假。前段时间,他还把一项开发新产品的重任交给他呢。然而……

最近,厂里新建好了一批职工宿舍,听说数量比较多,黄大佑决心要反映一下住房问题,谁知这次李厂长又先找他,还是像以前一样,笑着拍拍他的肩膀:"黄工,厂里有意培养你入党,我当你的介绍人。"他又不好开口了,结果家没有搬成。

深夜,黄大佑对着一张报纸招聘栏出神。第二天一早,李厂长办公桌的台面上压着一张小纸条:

李厂长:

您是一个懂得使用人才的好领导,我十分敬佩您,但我决定走了。

黄大佑于深夜

(资料来源:河南工业大学考研案例.网址:http://yz.kaoyan.com/haut/dagang/546828943536a.html)

讨论:

1.助理工程师黄大佑为什么辞职?试用本章所学管理理论进行分析。

2.如果你是李厂长,你认为应该怎样才能留住助理工程师黄大佑?

【思考题】

1.泰勒科学管理理论的主要观点是什么?有何局限性?

2.简述法约尔一般管理理论的主要内容及其评价。

3.简述韦伯官僚制理论的基本特点与影响。

4.简述梅奥人际关系理论的基本内容及其评价。

5.简述需要层次理论、成就需要理论、双因素理论,以及 X 理论、Y 理论、超 Y 理论的基本内容及其评价。

【本章小结】

1.本章主要介绍管理理论的基本发展脉络:古典管理理论——行为科学理论——现代

管理理论的丛林,从一元到多元,从静态到动态。

2.古典管理理论中,科学管理理论通过"最佳方法"提高效率,一般管理理论注重宏观视野下的管理职能,理想的官僚制强调分工、等级、规则及非人格化的组织。

3.梅奥等人的霍桑试验开创了人际关系学说。行为科学理论有诸多学说,典型的有需要层次理论、双因素理论、成就需要理论、X 理论与 Y 理论。它们的共同特征在于重视人的社会性及其需要。

4.现代管理理论的丛林包括但不限于管理科学理论、决策理论与权变理论。它们带给我们关于管理学的不同视角。

【扩展知识】

战略管理

相比泰勒制的微观视野,现代管理学越来越注重宏观视野和灵活性。作为管理学重要方向之一的战略管理(strategy management)的发展历程,就体现了这一点。

战略本是军事术语,用约米尼的话说,是"战争的艺术"。在企业管理领域,一般认为企业战略是指关于企业长远发展的谋略。换而言之,企业战略管理就是研究企业的内外环境现在如何,将来会如何变化,应当采取何种措施,以保证企业能长久生存下去,基业长青。战略管理理论的发展,大约经历了以下阶段:

第一阶段被称为经典战略管理理论。简单来说,经典战略管理理论聚焦于企业如何增强环境适应能力,提高市场占有率。阿尔弗雷德·钱德勒(Alfred D. Chandler)的文章《战略与结构——美国工商企业成长的若干篇章》中提出了结构跟随战略(Chandler's structure follows strategy),即环境—战略—结构,其主要思想是外部环境决定企业战略,企业战略决定企业组织结构。

第二阶段被称为竞争战略理论。以迈克尔·波特(Michael Porter)为集大成者的竞争战略理论,主要聚焦于两个问题:第一,选择优势产业进入。优势行业意味着更大的盈利机会。判断行业是否具有优势的标准是五力模型(Porter's five forces model),即从竞争者、潜在竞争者、替代品生产者、供应商及客户五个方面进行分析。第二,以基本战略确立在行业的竞争优势。主要的基本战略方式是产品奇异、特色优势与聚焦战略。相关知识,将在本门课程的计划一章进行详细探讨。

第三阶段是核心能力(core competence)理论。与前述理论相反,核心能力理论专注于企业内部的能力提升。它提倡企业拥有"为客户带来特殊利益的独有资源或技术",这就是企业在竞争中脱颖而出的核心竞争力。核心竞争力能给企业带来长远价值,能延伸至其他行业或领域,难以模仿。如本田的发动机技术是世界一流的,这使它可以从摩托车领域延伸至汽车领域。英特尔公司的核心竞争力在于不断推出更加强大的中央处理器。伯克希尔·哈撒韦公司的核心竞争力在于无与伦比的分析推理能力。

第四阶段是内外兼修的战略管理理论。前述一、二阶段的战略管理理论可称为由外而内的企业战略(outside-in corporate strategy),第三阶段可称为由内而外的企业战略(inside-out corporate strategy)。它们的缺憾在于要么忽视企业自身核心能力的培育,要么不顾企业外部环境的影响。内外兼修的企业战略认为,企业的竞争优势建立在企业内部能力与环境适应能力的结合上。这就意味着企业战略的全面性和灵活性。

【管理能力训练】

训练目的:

1.熟悉和掌握科学管理理论、需要层次理论、X 理论与 Y 理论、双因素理论、成就需要理论的基本观点及其对理论的评价。

2.学会收集整理资料,学会制作 PPT。

3.锻炼表达能力。

训练要求:

1.每位同学根据教材及上课内容,结合网上查阅资料,任选一个管理理论做简介。内容包括:该理论代表人生平简介、该理论主要内容、对该理论的评价以及该理论在实践中的运用等内容。

2.将所选取理论简介制作成 PPT,并在课堂上做 5 分钟左右的讲解。

第3章 决 策

决策活动普遍存在于人们生活及企业、政府部门等组织的日常及重大事务处理过程中。我国古人很早就使用了决策的概念、决策的方法。如《史记·高祖本纪》："夫运筹帷幄之中,决胜于千里之外",这里的"运筹"就是决策。在国外,决策即"decision making",这个词首先是美国管理学家巴纳德(C.Barnard)和斯特恩(E.Stein)等在其著书中采用的,用以说明组织管理的分权决定问题。后来美国著名的管理学家西蒙(H.A.Simon)进一步发展了组织理论,提出了"管理就是决策"的著名观点。决策在管理中的重要地位由此可见一斑。

3.1 决策概述

3.1.1 决策的概念

所谓决策,是指组织或个人为了实现某种目标而对未来一定时期内有关活动的方向、内容及方式的选择或调整过程。这个概念表明,决策主体既可以是组织整体也可以是个人;决策既可以是对活动的选择,也可以是对这种活动的调整;决策选择或调整的对象,既可以是活动的方式,也可以是活动的内容。

从定义可以看出,组织决策具有下述主要特点:

第一,目标性。任何组织决策都必须首先确定组织的活动目标。决策是理性活动的基础,行动是决策的延续,目标选择不准和无目标的决策是盲目的行动,很难成功。

第二,可行性。决策的目的是为了指导组织未来的活动,任何活动都需要利用一定资源,缺乏必要的人力、物力和技术条件,理论上非常完善的方案也只能是空中楼阁。因此,决策方案的拟订和选择,不仅要考查采取某种行动的必要性,而且要注意实施条件的限制。

第三,选择性。决策的实质是选择,没有选择就没有决策。事实上,为了实现相同的目标,组织总是可以从事多种不同的活动,这些活动在资源要求、可能结果以及风险程度上各不相同。因此,不仅有选择的可能性,而且有选择的必要性。

第四,满意性。选择活动方案的原则是满意原则而非最优原则。由于决策者在认识能力和时间、经营、信息来源、未来状况等方面的限制,不能要求最理想的状态,因而决策的准则只能是"令人满意的"或者"足够满意化"。

对于组织决策而言,其目的在于组织未来的发展更符合决策者的意愿和要求,决策正确与否关系到组织和事业的兴衰存亡。随着社会经济和科学技术的发展,决策已成为一门科学,掌握决策技术是管理人员必须具备的能力。

3.1.2　决策的依据和前提

决策离不开信息,信息的数量和质量直接影响决策水平。这要求管理者在决策之前以及决策过程中尽可能通过多渠道收集信息作为决策的依据。但这并不是说管理者要不计成本地收集各方面的信息来制定每一个决策。管理者在决定收集什么样的信息、收集多少信息以及从何处收集信息等问题时,要进行成本—收益分析。只有当收集的信息所带来的收益超过因此而付出的成本时,才应该收集信息。

因此,适量的信息是决策的依据:信息量过大对组织而言可能不经济,而信息过少则使管理者无从决策或导致决策效果不好。信息可以来源于市场调查与预测。

所谓市场调查,就是根据组织所面临的市场问题,运用科学的方法,有针对性地收集有关市场信息,为研究市场规律、预测市场未来变化趋势、进行经营决策提供依据。主要方法有观察法、访问法、实验法和问卷调查法等。

如果要了解未来,就需要在调查的基础上,借助于对过去和现在已知情况的探讨、预料、估计、分析、判断和推测未来的情况,即预测。

3.1.3　决策的类型

根据不同的角度对决策过程进行分类,有利于决策者把握各类决策的特点,根据决策问题的特征,按不同的决策种类,采用不同的方法进行有效决策。

1) 长期决策与短期决策

长期决策是指有关组织今后发展方向的长远性、全局性的重大决策,又称长期战略决策。如:投资方向的选择、人力资源的开发和组织规模的确定等。

短期决策是为实现长期战略目标而采取的短期策略手段,又称短期战术决策。如:企业日常营销、物资采购以及生产中资源配置等问题的决策都属于短期决策。

2) 战略决策与战术决策

战略决策是事关企业未来的生存与发展的大政方针方面的决策。它多是复杂的、不确定性的决策,涉及组织与外部环境的关系,常常依赖于决策者的直觉、经验和判断能力。

属于战略决策的例子如企业使命目标的确定,企业发展战略与竞争战略,收购与兼并,产品转向,组织结构改革等。战略决策要抓住问题的关键,而不是注重细枝末节强调面面俱到。

与战略决策相对应的战术决策,通常包括管理决策和业务决策,均属于执行战略决策过程的具体决策。其中,管理决策是对企业人、财、物等有限资源进行调动或改变其结构的决策,涉及信息流、组织结构、设施等。例如:营销计划与营销策略组合、产品开发方案、职工招收与工资水平、机器设备的更新等。业务决策则主要是解决企业日常生产作业或业务活动问题的一种决策,与改善内部状况及效率有关,如生产进度安排、库存控制、广告设计等。

战略决策和战术决策是相互依存和相互补充的,战术决策是实现战略决策的必需步骤和环节,没有战术决策,再好的战略决策也只是空想。反之,战略决策是战术决策的前提,没有战略决策,战术决策也就失去了意义,因而对组织的存在与发展也是无益的。

3) 程序化决策与非程序化决策

程序化决策是指那些例行的、按照一定的频率或间隔重复进行的决策。程序化决策处理的主要是常规性、重复性的问题。处理这些问题的特点,就是要预先建立相应的制度、规则、程序等,当问题再次发生时,只需根据已有的规定加以处理即可。现实中有许多问题都是经常重复出现的,如日常任务安排、常用物资的采购等。

程序化决策虽然在一定程度上限制了决策者的自由,使得个人对于"做什么和如何做"有较少自由选择权,但却可以为决策者节约宝贵的时间和精力,使他们可以把更多的时间和精力投入到其他更重要的活动中去。

非程序化决策是指那些非例行的、很少重复出现的决策。这类决策主要处理的是那些非常规性的问题。例如,重大的投资问题、组织变革问题、开发新产品或打入新市场的问题等。非程序化决策时往往缺乏足够的信息资料,无先例可循,无固定模式,常常需要管理人员倾注全部精力,进行创造性思维。一般来说,由组织的最高层所作的决策大多是非程序性的。这类决策问题无先例可循,可以依靠决策者的经验、直觉、判断以及将问题分解为若干具体小问题逐一解决。

程序化决策与非程序化决策的划分不是绝对的,两者之间并没有严格的界限,在特定的条件下,两者还可以相互转化。

例如,一项关于定价的程序化决策,可能会因为原料与产品供应情况、生产需求情况、竞争对手定价策略等方面的变化而转化为非程序化决策。

随着现代决策技术的发展,很多以前被认为是完全的非程序化决策问题已经具有了程序化决策的因素,程序化决策的领域日益扩大。一方面,运筹学等数学工具被广泛地运用到以前被认为依靠判断力的决策中来;另一方面,计算机的广泛应用,又进一步扩展了程序化决策的范围。

4) 初始决策与追踪决策

初始决策是指组织对从事某种活动或从事该种活动的方案所进行的初次选择;追踪决策则是在初始决策的基础上对组织活动方向、内容或方式进行重新调整。初始决策是在对组织内外环境的某种认识的基础上初次作出的选择,而追踪决策则是由于组织环境发生了变化,或者是由于组织对环境特点的认识发生了变化而引起的。组织中的大部分决策都属于追踪决策。

与初始决策相比,追踪决策具有如下特征:

①回溯分析。追踪决策是一个扬弃的过程,对初始决策的"合理内核"还应保留,而不是全盘否定。因此,回溯分析还应挖掘初始决策中的合理因素,以其作为调整或改变其不合理因素的基础。

②非零起点。初始决策已经实施,因而受到了某种程度的改造、干扰与影响。也就是说,随着初始决策的实施,组织已经消耗了一定的人、财、物资源,环境状态因此而产生了变化。

③双重优化。初始决策是在各种备选方案中初次择优,而追踪决策则是在初次择优的基础上再次优化,因此属于双重优化。

5) 集体决策与个人决策

集体决策是指多个人一起作出的决策,个人决策则是指个人作出的决策。相对于个人决策,集体决策有以下优点:

①能更大范围地汇总信息;

②能拟订更多的备选方案;

③能得到更多的认同;

④能更好地沟通;

⑤能作出更好的决策。

但集体决策也有缺点,如花费较多的时间、产生"从众现象"(group think)以及责任不明等。因此,必须采用科学有效的方法,如群体决策方法中的头脑风暴法、名义群体法、德尔菲法和电子会议法等。

6) 确定型决策、风险型决策与不确定型决策

确定型决策是指在稳定(可控)条件下进行的决策。在确定型决策中,决策者确切知道自然状态的发生,每个方案只有一个确定的结果,最终选择哪个方案取决于对各个方案结果的直接比较。

风险型决策也称随机决策,在这类决策中,自然状态不止一种,决策者不能知道哪种自然状态会发生,但能知道有多少种自然状态以及每种自然状态发生的概率。

不确定型决策是指在不稳定条件下进行的决策。在不确定型决策中,决策者可能不知道有多少种自然状态,即便知道,也不能知道每种自然状态发生的概率。

3.2 决策的原则与基本程序

3.2.1 决策的原则

决策是一门科学，如何做好准确的决策分析至关重要。"理性决策论"也叫科学决策论，20 世纪 30 年代兴起的古典经济理论学派理论，把决策者作为完全理性的人，以"绝对的理性"为指导，按最优化准则行事。对此，美国决策理论大师西蒙提出了批判意见，提出了有限理性论和满意原则：由于信息、时间、认识能力等方面的限制，人的理性有限，现实中不可能找到最优方案，所以由于知识和处理能力有限，人们总是随遇而安，即遵循满意原则。

所谓"满意原则"就是选择能够满足合理目标要求的决策。它包括以下内容：

①决策目标追求的不是使企业及其期望值达到理想的要求，而是使它们能够得到切实的改善，实力得到增强。

②决策备选方案不是越多越好、越复杂越好，而是要达到能够满足分析对比和实现决策目标的要求，能够较充分利用外部环境提供的机会，并能较好地利用内部资源。

③决策方案选择不是要避免一切风险，而是对可实现决策目标的方案进行权衡，做到"两利相权取其大""两弊相权取其小"。

3.2.2 决策的程序

管理者们制定的决策并不一定会实现他们想要解决问题的目的，尝试建立决策程序模型，可以帮助管理者提高决策质量。决策的程序模型见图 3.1。

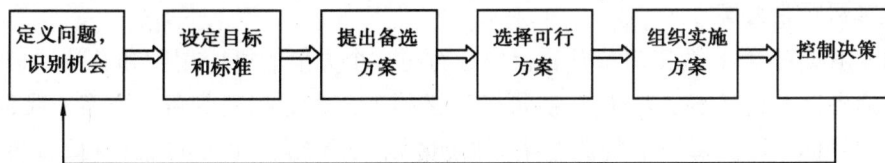

定义问题，识别机会 → 设定目标和标准 → 提出备选方案 → 选择可行方案 → 组织实施方案 → 控制决策

图 3.1 决策程序模型示意图

1) 定义问题，识别机会

发现问题是决策的起点。当目标没有实现的时候，问题就产生了，例如当目标要求利润率达到 15%，而实际利润率只达到 14% 时，就产生了问题。有的时候它也可能表现为一个机会。对于任何遇到问题或者发现机会的管理者来说，第一个决策就是是否采取行动，因为有的问题是不能解决的，有的问题是不值得花费时间和精力去解决，大部分的机会没有办法抓住。因此，决策模型第一步要求决策者能定义问题，选择合适的参与标准，界定问题的起因。

首先管理者需要界定决策的类型，程序化决策需要管理者运用规则或政策来作决策，而非程序化决策中,决策者应该采用决策模型,决策的结构性越差,风险性和不确定性越高,那我们就要花越多的时间来完成决策过程。我们还需要考虑决策条件是确定性、风险性还是非确定性。当在不确定性条件下作决策时,很难确定如何有效使用资源来解决问题,因此,需要更多的信息来降低风险和不确定性。

当存在问题时,管理者必须决定由谁来参与解决问题。当前的管理趋势是提高员工的参与度,因此,管理者必须在决策之初就要根据决策质量和重要性等方面的要求来确定是群体决策还是个人决策,并据此来采取不同的决策技术。

在对问题进行分类后,决策者就需要更准确的定义它,这需要管理者的概念技能,列出问题存在的、可以观察到并且能描述的事件(症状),分析并且找出这些事件的根源。

2) 设立目标和标准

确定目标是决策的前提,在选择解决问题的方案时,管理者必须要明确选择的标准。标准就是在制定实现目标的决策时被选方案必须达到的水平。多重标准有助于决策的优化。这里存在两个标准:"必须"和"想要","必须"标准是接受方案必须满足的,而"想要"标准是希望被选方案达到的但不是必需的。

3) 提出备选方案

在定义完问题,设定了目标和标准之后,就应拟订能够达到目标的各种备选方案。备选方案是指可供进一步选择的可能方案。备选方案不可能是一个,但也不可能太多。因此,备选方案是带有概括性、典型性和代表性的几个可能的方案。

寻求解决问题的限制性因素是一个复杂的创造性过程。在这一阶段,决策者必须开拓思维,充分发挥自由想象力。在非程序化决策中,寻找限制性因素是拟订备选方案的重要要素,必须要采取适当的决策技术来增加备选方案的创新性和创造性。对于新一代的管理者来说,运用新的信息和技术来生成方案也是重要的决策能力。

4) 选择可行性方案

备选方案拟订以后,决策者应从自己内心对每一个方案的可应用性和有效性进行检验。如果所有的备选方案都不令人满意,决策者还必须进一步寻找新的备选方案。决策者必须根据决策的目标来评价每一个备选方案。评价标准是看哪一个方案最有利于达到决策目标。评价的依据有三:经验、实验、分析与研究。可分为两大类评价(或决策)方法:主观决策方法和计量决策方法。

对各种备选方案进行总体权衡后,由组织决策者挑选一个最好的方案。所谓最佳方案,并不是"十全十美"的方案,而是以"满意"为准则。人们做任何事情,都不可能做到完美无缺,对于决策者而言,同样不能以最理想方案作为目标,而只能以足够好地达到组织目标的方案作为准则,即在若干备选方案中选择一个合理的方案。合理方案只能在决策时能够提出来的若干可行方案中进行比较和优选。而决策的可行方案,是在人们现有的认识能力制约下提出来的。由于组织水平以及对决策人员能力训练方式的不同,加上人们对客观事物的认识是一个不断深化的过程,所以,对于任何目标,都很难提出全部的可行方案。决策者只能得到一个适宜或满意的方案,而不可能得到最优方案。

5) 组织实施方案

选择出最佳方案,决策过程还没有结束。决策者还必须使方案付诸实施。决策者必须设计所选方案的实施方法。一些决策者擅长于发现、确定备选方案和选择最佳方案,但却不善于将他们的想法付诸实施。一个优秀的决策者必须具备这两种能力:既要能作出决策,又要有能力化决策为有效的行动。你将在下一章学到更多如何做计划来确保决策实施的细节。

有些方案能很快被付诸实施,例如关于纪律的执行。公司政策的启用需要花费一些时间。在执行阶段,决策者必须对存在的一些抵制情绪有所预见,尤其是来自受决策影响的员工的抵制。决策者必须准备辅助计划来应付和处理这类意外情形。一个可能成功地实施决策的有效方法是参与,此外,决策者在实施方案时必须行使领导权力。

6) 控制决策

决策者最后的职责是对决策执行过程进行必要的、适时的检查、监督和促进。决策者应按照决策方案以及实施计划的要求和标准,对决策方案的执行进展情况进行检查,以便于及时发现新问题、新情况,发现执行情况与预计情况之间是否存在偏差,并找出原因,保证和促进决策方案的顺利实施。

决策是一种技术,而且和所有的技术一样,它也是可以提高的。决策者可以通过实践以及反复的决策实践来提高决策水平。为了提高决策质量,一些信息的反馈是必要的。比如对以前决策的效果的检查,就可以提供所需要的一些反馈。通过检查,决策者可以从中知道决策的错误是什么,出现在什么地方以及如何改善。

3.3　决策的理论

在我国及世界上许多国家的历史上都涌现出许多杰出的政治家、思想家、军事家等,他们有着许多著名的决策范例,并且也留下了许多涉及决策思想的著作。《孙子兵法》《资治通鉴》《史记》以及古希腊许多哲学家的著作等都记载了人类在政治、经济、军事等领域的各种决策活动,其决策思想和决策方法至今对人们仍有一定的启发和指导性。但由于早期人类社会活动的范围比较狭小,生产力水平低下,因此,决策的影响在深度和广度上都有限、人们主要凭借日积月累的经验、智慧和个人才能进行决策,缺乏科学理论方法的指导,因此,这种传统意义上的经验决策已很难适应于现代化社会大生产和现代科学技术的飞速发展。

在近代,由于世界政治、经济、军事和科学技术等领域发生了巨大变化,科学技术和生产的突飞猛进及社会的愈益复杂化、竞争的日趋激烈迫切要求决策向科学化的方向发展,正是这种客观的需求吸引了大批的管理学者和其他学科的科学家去探索决策活动的规律性,研究科学决策的理论与方法。使决策问题得到了充分重视和深入研究,促进了决策分析理论的形成与发展。

3.3.1 完全理性决策理论

古典决策理论又称规范决策理论,是基于"经济人"假设提出来的,代表人物有英国经济学家边沁、美国科学管理学家泰勒等。他们认为,应该从经济的角度来看待决策问题,即决策的目的在于为组织获取最大的经济利益。

古典决策理论的主要内容是:

①决策者必须全面掌握有关决策环境的信息情报。

②决策者要充分了解有关备选方案的情况。

③决策者应建立一个合理的自上而下的执行命令的组织体系。

④决策者进行决策的目的始终都是在于使本组织获取最大的经济利益。

古典决策理论假设,作为决策者的管理者是完全理性的,决策环境条件的稳定与否是可以被改变的,在决策者充分了解有关信息情报的情况下,是完全可以作出完成组织目标的最佳决策的。

古典决策理论只是假设人在完全理性下决策,而不是在实际决策中的状态。因此,在管理实践活动中,逐渐被其他行为决策理论所取代。

3.3.2 连续有效决策理论

连续有效决策理论的发展始于20世纪50年代。西蒙在《管理行为》一书中指出,理性的和经济的标准都无法确切地说明管理的决策过程,进而提出"有限理性"标准和"满意度"原则。其他学者对决策者行为作了进一步的研究,他们在研究中也发现,影响决策者进行决策的不仅有经济因素,还有其个人的行为表现,如态度、情感、经验和动机等。

行为决策理论的主要内容是:

①人的理性介于完全理性和非理性之间,即人是有限理性的,这是因为在高度不确定和极具复杂的现实决策环境中,人的知识、想象力和计算力是有限的。

②决策者在识别和发现问题中容易受知觉上的偏差的影响,而在对未来的状况作出判断时,直觉的运用往往多于逻辑分析方法的运用。所谓知觉上的偏差,是指由于认知能力的有限,决策者仅把问题的部分信息当作认知对象。

③由于受决策时间和可利用资源的限制,决策者即使充分了解和掌握有关决策环境的信息情报,也只能做到尽量了解各种备选方案的情况,而不可能做到全部了解,决策者选择的理性是相对的。

④在风险型决策中,与经济利益的考虑相比,决策者对待风险的态度起着更为重要的作用。决策者往往厌恶风险,倾向于接受风险较小的方案,尽管风险较大的方案可能带来较为可观的收益。

⑤决策者出于动机、能力、成本等多方面的原因,在决策中往往只求满意的结果,而不愿费力寻求最佳方案。导致这一现象的原因有多种:连续有效决策理论抨击了把决策视为定量方法和固定步骤的片面性,主张把决策视为一种文化现象。例如,威廉·大内在其对美日两国企业在决策方面的差异所进行的比较研究中发现,东西方文化的差异是导致这种决策

差异的一种不容忽视的原因,从而开创了决策的跨文化比较研究。

3.3.3 现实渐进决策论

除了西蒙的"有限理性"模式,林德布洛姆的"渐进决策"模式也对"完全理性"模式提出了挑战。林德布洛姆认为,决策者不可能拥有人类的全部智慧和有关决策的全部信息,决策的时间、费用又有限,故决策者只能采用应付局面的办法,在"有偏袒的相互调整中"作出决策。决策过程应是一个渐进过程,而不应大起大落(当然,这种渐进过程积累到一定程度也会形成一次变革),否则会危及组织内的稳定,给组织带来结构、心理倾向和习惯等的震荡和资金困难。该模式要求决策程序简化,决策实用、可行并符合利益集团的要求,力求解决现实问题。

此外,也有很多学者从决策者的心理状况来研究,如奥地利心理学家 S.弗洛伊德和意大利社会学家 V.帕累托等,他们认为决策的基点既不是人的理性,也不是人所面临的现实,而是人的情欲。他们认为人的行为在很大程度上受潜意识的支配,许多决策行为往往表现出不自觉、不理性的情欲,表现为决策者在处理问题时常常感情用事,从而作出不明智的安排。

近年来,决策科学的研究和分析在国内外受到越来越多的关注,而且有关这方面的研究成果被普遍地应用在各个行业的管理实践中。决策科学则呈现出复杂化、动态化、多学科知识交融化的发展趋势。

3.4 决策的方法

现代决策方法可划分为"软""硬"两种方法。所谓"软"方法是指主观性较强的定性决策方法;"硬"方法是指应用数学模型和公式等进行的定量决策方法。

3.4.1 定性决策方法

定性决策法又称主观决策法,是指在决策中主要依靠决策者或有关专家的智慧来进行决策的方法,这是一种"软技术"。管理决策者运用社会科学的原理并依据个人的经验和判断能力,采取一些有效的组织形式,充分发挥各自丰富的经验、知识和能力,从对决策对象的本质特征的研究入手,掌握事物的内在联系及其运行规律,对企业的经营管理决策目标、决策方案的拟订以及方案的选择和实施作出判断。这种方法适用于受社会、经济、政治等非计量因素影响较大、所含因素错综复杂、涉及社会心理因素较多以及难以用准确数量表示的综合性问题。这种"软技术"方法是企业决策采用的主要方法,它弥补了"硬"方法对于人的因素、社会因素等难以奏效的缺陷。"硬""软"两类技术相互配合,取长补短,才能使决策更为有效。

1) 头脑风暴法

头脑风暴法(brain storming)简称 BS 法,是由美国创造学和创造工程之父亚历克斯·奥斯本（Alex Faickney Osborn,1888—1966 年）提出的创造方法之一,它是搜集人们对某一特定问题看法的一种方法。这种方法通常是将有兴趣于解决某问题的人集合在一起,在完全不受约束的条件下,敞开思路,畅所欲言。

该决策方法的实施需要遵循一些原则,被称为"奥斯本会议四原则",包括:

①对别人的建议不作任何评价,将相互讨论限制在最低限度内。

②建议越多越好,在这个阶段,参与者不要考虑自己建议的质量,想到什么就应该说出来。

③鼓励每个人独立思考,广开思路,想法越新颖奇异越好。

④可以补充和完善已有的建议以使它更具有说服力。

头脑风暴法的目的在于创造一种畅所欲言、自由思考的氛围,诱发创造性思维的共振和连锁反应,产生更多的创造性思维。这种方法的时间安排应在 1~2 小时,参加者 5~10 人为宜。

2）德尔菲法

德尔菲法（Delphi technique）是由美国兰德公司 1940 年开创的一种利用问题领域内的专家预测未来的方法,我国又称专家预测法。它实际上是一种函询调查法。此方法的中心内容是将预测的问题和必要的背景材料编制成一种调查表,用通信的方式寄给专家,利用专家的智慧、知识和经验进行信息交流,经过多次综合、归纳、整理和反馈,逐步取得较为一致的意见,使预测的问题得到较为满意的解决。

德尔菲法的基本步骤可概述为:

①确定调查目的,拟订调查提纲。首先必须确定目标,拟订出要求专家回答问题的详细提纲,并同时向专家提供有关背景材料,包括预测目的、期限、调查表填写方法及其他希望要求等说明。

②选择一批熟悉本问题的专家,一般至少为 20 人左右,包括理论和实践等各方面的专家。

③以通信方式向各位选定专家发出调查表,征询意见。

④对返回的意见进行归纳综合、定量统计分析后再寄给有关专家,每个成员收到一本问卷结果的复制件。

⑤看过结果后,再次请成员提出他们的方案。第一轮的结果常常是激发出新的方案或改变某些人的原有观点。

⑥重复④、⑤两步直到取得大体一致的意见。

德尔菲法具有匿名性、反馈性和收敛性特点。其优点在于可以避免群体决策的一些可能缺点,声音最大或地位最高的人没有机会控制群体意志,因为每个人的观点都会被收集。另外,管理者可以保证在征集意见以便作出决策时,没有忽视重要观点。当然,德尔菲法也有自身的缺点,主要表现在:专家选择没有明确的标准,预测结果缺乏严格的科学分析,最后趋于一致的意见,仍带有随大流的倾向。

3）电子会议法

电子会议法（electronic-meetings）是一种将群体预测与计算机技术相结合的预测方法。

在使用这种方法时,先将群体成员集中起来,每人面前有一个与中心计算机相连接的终端。群体成员将自己有关决策问题的方案输入计算机终端,然后再将它投影在大型屏幕上。

电子会议的主要优点是匿名、诚实和快速。决策参与者都不透露姓名地打出自己所要表达的任何信息,一敲键盘即显示在屏幕上,使所有人都能看到。它使人们充分地表达他们的想法而不用担心受到惩罚,它消除了闲聊和讨论走题,且不必担心打断别人的"讲话"。电子会议决策可比传统的面对面的会议决策速度快一半以上。例如:菲尔普斯·道奇矿业公司采用此方法将原来需要几天的年计划会议缩短到12小时。

但是,在运用这种预测方法时,由于是匿名,因而无法对提出好的决策建议的人进行奖励;这种"人—机"对话的方式在某种程度上限制了沟通的形式与内容。

3.4.2 定量决策方法

定量决策方法,就是把与决策有关的变量与变量之间、变量与目标之间的关系,用数学方法表示,然后通过数学计算求得所需数据,以便决策者从中选优的一种决策方法。对决策问题进行定量分析,可以提高常规决策的时效性和决策的准确性。运用定量决策方法进行决策也是决策方法科学化的重要标志。通常,按照决策所面对问题的确定性不同,定量决策方法可以分为确定性决策方法、风险性决策方法和不确定性决策方法三种。

1) 确定型决策方法

确定型的决策问题,即只存在一种确定的自然状态,其决策过程的结果完全由决策者所采取的行动决定。确定型决策看起来似乎很简单,在实际决策中并不都是这样。决策人面临的备选方案可能很多,从中选出最优方案就很不容易。这里主要介绍两种比较常见的确定型决策方法:

(1)盈亏平衡分析法

盈亏平衡分析又称保本点分析或本量利分析法,是根据产品的业务量(产量或销量)、成本、利润之间的相互制约关系的综合分析,用来预测利润,控制成本,判断经营状况的一种数学分析方法。在应用盈亏平衡分析法时,关键是找出企业不盈不亏时的产量(称为保本产量或盈亏平衡产量,此时企业的总收入等于总成本),而找出保本产量的方法有图解法和代数法两种。

图解法是用图形来考察产量、成本和利润的关系的方法(图3.2)。在应用图解法时,通常假设产品价格和单位变动成本都不随产量的变化而变化,因此,销售收入曲线、总变动成本曲线和总成本曲线都是直线。盈亏平衡图的绘制方法是:以横轴表示产销量 Q,以纵轴表示销售收入 TR 和生产成本 TC,在直角坐标系上先绘出固定成本线 F,再绘出销售收入线 $TR=pQ$ 和生产总成本线 $TC=F+vQ$;销售收入线与生产总成本线相交于 A 点,即盈亏平衡点,在此点销售收入等于生产总成本;以 A 点作垂直于横轴的直线并与之相交于 Q_0 点,此点即为以产销量表示的盈亏平衡点;以 A 点作垂直于纵轴的直线并与之相交于 B 点,此点即为以销售收入表示的盈亏平衡点。

代数法是用代数式来表示产量、成本和利润之间关系的方法。

假设 p 代表单位产品价格,Q 代表产量或销售量,F 代表总固定成本,v 代表单位变动成

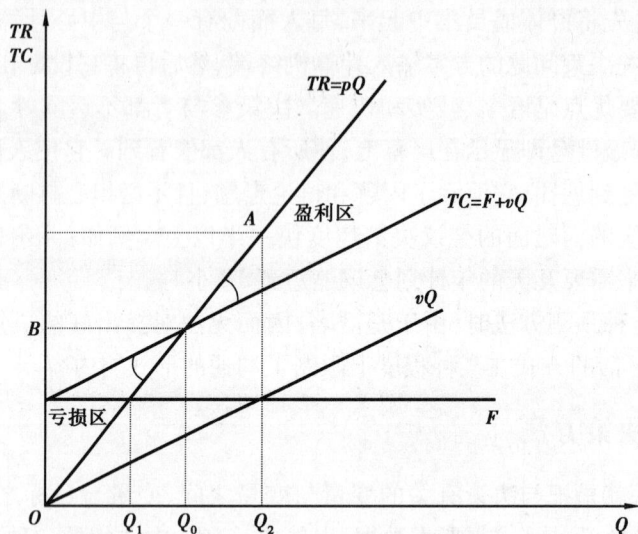

图 3.2　量本利图解法示意图

本,π 代表总利润,c 代表单位产品贡献$(c=p-v)$。

①求保本产量:

企业不盈不亏时:$pQ=F+vQ$

因此,保本产量为:$Q=\dfrac{F}{p-v}=\dfrac{F}{c}$

②求保目标利润的产量:

设目标利润为 π,则 $pQ=F+vQ+\pi$

因此,保目标利润 π 的产量为:$Q=\dfrac{F+\pi}{p-v}=\dfrac{F+\pi}{c}$

③求利润:

$$\pi=pQ-F-vQ$$

④求安全边际和安全边际率:

$$安全边际 = 方案带来的产量 - 保本产量$$

$$安全边际率 = \dfrac{安全边际}{方案带来的产量}$$

【例3.1】　某项目的设计生产能力为年产4万吨A产品,单位产品价格12 000元,年总固定成本15 600万元,产品可变成本为6 800元/吨。问题:①该项目的年产量要达到多少才不至于亏损;②欲使该项目年利润达到4 160万元,其产量又为多少,是否可行?

解　①根据公式

$$Q=\dfrac{F}{p-v}=\dfrac{F}{c}=\dfrac{15\ 600}{12\ 000-6\ 800}=3(万吨)$$

则保本产量为3万吨。

②根据公式

$$Q = \frac{F + \pi}{p - v} = \frac{F + \pi}{c} = \frac{15\,600 + 4\,160}{12\,000 - 6\,800} = 3.8(\text{万吨})$$

则该项目年利润若达到 4 160 万元,其产量为 3.8 万吨;由于小于设计生产能力,因此可行。

(2)线性规划法

线性规划是用来确定决策问题最佳解的一种分析方法,它是解决最大化问题和最小化问题的一种数学工具。当决策者可采用的行动方案受约束条件限制时,它对解决问题特别有效。由于大多数管理问题属于这类性质,线性规划成为经营者进行管理决策的一种有用的分析工具。

运用线性规划建立数学模型的步骤是:

①确定影响目标大小的变量。

②列出目标函数方程。

③找出实现目标的约束条件。

④找出使目标函数达到最优的可行解,即为该线性规划的最优解。

【例 3.2】 某企业生产两种产品,桌子和椅子,它们都要经过制造和装配两道工序。有关资料如表 3.1 所示。假设市场状况良好,企业生产出来的产品都能卖出去,试问何种产品组合使企业利润最大?

表 3.1 某企业的有关生产资料

	桌子	椅子	工时可利用时间/h
在制造工序上的时间	2	4	48
在装配工序上的时间	4	2	60
单位产品利润/元	8	6	—

这是一个典型的线性规划问题。

第一步,确定影响目标大小的变量。在本例中,目标是利润(G),影响利润的变量是桌子数量 T 和椅子数量 C。

第二步,列出目标函数方程:$G = 8T + 6C$。

第三步,找出约束条件。在本例中,两种产品在一道工序上的总时间不能超过该道工序的可利用时间,即

制造工序:$2T + 4C \leqslant 48$;

装配工序:$4T + 2C \leqslant 60$。

除此之外,还有两个约束条件,即非负约束:$T \geqslant 0$,$C \geqslant 0$。

从而线性规划问题成为:如何选取 T 和 C,使 G 在上述 4 个约束条件下达到最大。

第四步,求出最优解,也即最优产品组合。上述线性规划问题的最优解为 $T_{max} = 12$ 和 $C_{max} = 6$,即生产 12 张桌子和 6 把椅子使企业的利润最大。

2) 风险性决策方法

风险型决策方法是指决策者对未来的确切情况和决策可能产生的后果均无法肯定,决策被执行后将面临多种情况、多种后果或可能,但决策者可以判断未来状态发生的概率。因此,决策者的决策常以期望损益值大小作为方案优劣的判断准则,即损益期望值法。所谓"损"就是亏损,"益"就是盈利,损益值就是企业(或项目)盈利或者亏损的数额。损益期望值是指某一行动方案在各种自然状态下所可能期望得到的平均损益值,通常用符号 E 来表示,它等于每一自然状态概率与相应的损益值的乘积之和。其计算的基本公式为:

$$E(A_i) = \sum_{j=1}^{m} V_{ij}P_j$$

式中　A_i——第 i 个方案;

$E(A_i)$——A_i 方案的损益期望值;

V_{ij}——A_i 方案在第 j 种自然状态下的损益值;

P_j——第 j 种自然状态出现的概率;

m——自然状态种数。

该公式的意思为每个备选方案的损益期望值等于它在不同自然状态下的损益值与概率乘积的和。

【例3.3】　某投资者以100万元购买了一个商铺10年的经营权,投资者需要对此商铺的用途进行决策,如果直接将此商铺转租,每年收益5万元;如果自己经营,根据对同类物业的调查显示,每年的净现金流可能为:22万元、18万元和-5万元,概率分别为0.2,0.6和0.2;在这种情况下,投资者是否愿意自己经营?

解　根据题中条件,可列出表3.2。

表3.2　各方案在不同状态下的损益值

自然状态下的概率		0.2	0.6	0.2
方案	转租(A_1)	5万元	5万元	5万元
	自营(A_2)	22万元	18万元	-5万元

计算各方案的损益期望值:

转租方案(A_1)的期望值 $E(A_1) = 5×0.2+5×0.6+5×0.2 = 5$

自营方案(A_2)的期望值 $E(A2) = 22×0.2+18×0.6+(-5)×0.2 = 14.2$

选择方案:因为自营方案的期望值(14.2万元)大于转租方案的期望值(5万元),所以选择自营方案为最优方案。

对于复杂的风险型决策,除了采用损益期望值法外,还经常采用决策树法。决策树法是把每一决策方案各种状态的相互关系用树形图表示出来,并且注明对应的概率及其报酬值,从而选择出最优决策方案。决策树一般由方块结点、圆形结点、方案枝、概率枝等组成,方块结点称为决策结点,由结点引出若干条细支,每条细支代表一个方案,称为方案枝;圆形结点称为状态结点,由状态结点引出若干条细支,表示不同的自然状态,称为概率枝。每条概率枝代表一种自然状态。在每条细枝上标明客观状态的内容和其出现概率。在概率枝的末梢标明该方案在该自然状态下所达到的结果(收益值或损失值)。这样树形图由左向右,由简到繁展开,组成一个树状网络图。需要注意的是:在多级决策中,期望值计算先从最小的分枝决策开始,即从右至左逐级决定取舍,直到决策能选定为止。

【例3.4】 某企业现在生产某产品,管理层对下年度是否要追加投资,扩大产能有不同意见。根据市场预测分析,明年该产品面临畅销、一般和滞销三种市场状态,其对应的概率分别为0.5,0.3和0.2。为了保证企业正常经营,管理层提供了多种决策方案:(1)立即新建生产线;(2)维持现状,若明年产品畅销,企业可以进一步选择:①外包;②紧急新建生产线。各种方案的损益值如表3.3所示:

表3.3 各方案在不同市场状态下的损益值　　　　单位:万元

项 目	畅销(0.5)	一般(0.3)	滞销(0.2)
(1)新建生产线	300	−60	−100
(2)维持现状		15	0
2.1 外包	180		
2.2 紧急新建生产线	120		

解 这个问题属于多级决策类型,如图3.3所示。

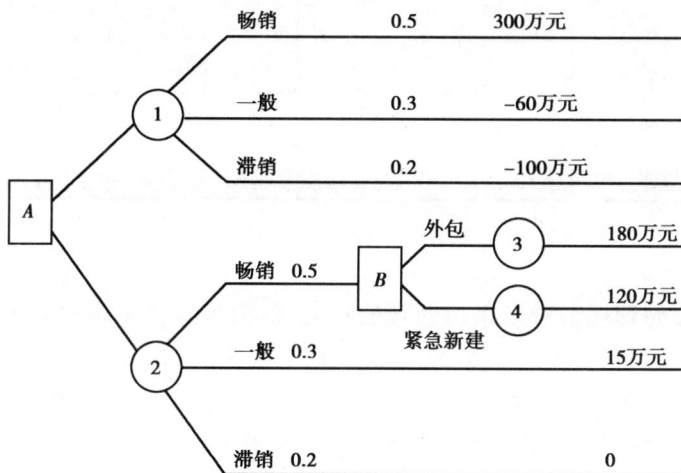

图3.3 用决策树解决多阶段决策问题

①从右至左看,最先遇到的决策点是B。取从该决策点出发的方案枝中的最大值,作为该决策点的值。

决策节点B的值$=\max(180,120)=180$

②遇到状态点,依据各种状态的概率计算期望收益。

状态点1的期望收益$E_1=0.5\times300+0.3\times(-60)+0.2\times(-100)=112$

状态点2的期望收益$E_2=0.5\times180+0.3\times15=94.5$

③往左推移,在决策点 A 处,比较两个方案枝相连的两个状态点上的期望收益,取其中最大的作为采用方案。

决策节点 A 的值=max(112,94.5)=112

因此,最后得到的决策方案是:立即新建生产线,该方案的期望收益是112万元。

决策树法在决策的定量分析中应用相当广泛,有许多优点:第一,可以明确地比较各种方案的优劣;第二,可以对某一方案有关的状态一目了然;第三,可以表明每个方案实现目标的概率;第四,可以计算出每一方案预期的收益和损失;第五,可以用于某一个问题的多级决策分析。

3) 非确定型决策方法

在比较和选择获得方案时,如果管理者不知道未来情况有多少种,或虽知道有多少种,但不知道每种情况发生的概率,则须采用不确定型决策方法。常用的不确定型决策方法有小中取大法、大中取大法和最小最大后悔值法等。下面通过举例来介绍这些方法。

【例 3.5】 某公司打算生产某产品。据市场预测,产品销路有三种情况:销路好、销路一般和销路差。生产该产品有三种方案:A 方案为改进生产线;B 方案为新建生产线;C 方案为与其他企业协作。据估计,各方案在不同情况下的收益如表 3.4 所示。问企业应选择哪个方案?

表 3.4　各种方案在不同情况下的收益　　单位:万元

收益 \ 方案	销路好	销路一般	销路差
A 改进生产线	180	120	-40
B 新建生产线	240	100	-80
C 与其他企业协作	100	70	16

(1)小中取大法

采用这种方法的管理者对未来持悲观的看法,认为未来会出现最差的自然状态,因此不论采取哪种方案,都只能获取方案的最小收益。采用小中取大法进行决策时,首先计算各方案在不同自然状态下的收益,并找出各方案所带来的最小收益,即在最差自然状态下的收益,然后进行比较,选择在最差自然状态下收益最大或损失最小的方案作为所选择的方案。

在例 3.5 中,A 方案的最小收益为-40 万元,B 方案的最小收益为-80 万元,C 方案的最小收益为 16 万元。经过比较,C 方案的最小收益最大,所以选择 C 方案。

(2)大中取大法

采用这种方法的管理者对未来持乐观的看法,认为未来会出现最好的自然状态,因此不论采取哪种方案,都能获取该方案的最大收益。采用大中取大法进行决策时,首先计算各方案在不同自然状态下的收益,并找出各方案所带来的最大收益,即在最好自然状态下的收益,然后进行比较,选择在最好自然状态下收益最大的方案作为所选择的方案。

在例3.5中,A方案的最大收益为180万元,B方案的最大收益为240万元,C方案的最大收益为100万元。经过比较,B方案的最大收益最大,所以选择B方案。

(3)最小最大后悔值法

管理者在选择了某种方案后,如果将来发生的自然状态表明其他方案的收益更大,那么他(或她)会为自己的选择而后悔。最小最大后悔值法就是使后悔值最小的方法。采用这种方法进行决策时,首先计算各方案在各自然状态下的后悔值(某方案在某自然状态下的后悔值=该自然状态下的最大收益-该方案在该自然状态下的收益),并找出各方案的最大后悔值,然后进行比较,选择最大后悔值最小的方案作为所要的方案。

在例3.5中,各方案在各种市场情况下的后悔值如表3.5所示,最右边一列给出各方案的最大后悔值,其中方案A对应的后悔值最小,所以选择改进生产线方案。

表3.5 各种方案在不同情况下的后悔值　　　　单位:万元

方案 ＼ 收益	销路好	销路一般	销路差	最大后悔值
A 改进生产线	60	0	56	60
B 新建生产线	0	20	96	96
C 与其他企业协作	140	50	0	140

不确定型问题的决策,常常由于采用的决策准则不同,最终得到的决策方案也是不一样的。因此,为了提高决策的可靠性,还应尽量掌握各种自然状态发生的概率,从而将不确定型的决策问题转化为风险型的决策问题。

【案例分析】

收购沃尔沃为什么是吉利?

2010年3月28日,中国发展最快的汽车制造商之一浙江吉利控股集团有限公司宣布已与福特汽车签署最终股权收购协议,获得沃尔沃轿车公司100%的股权以及相关资产(包括知识产权)。

与沃尔沃相比,吉利不过是一家历史刚20年、造车才13年,以生产低端汽车为主的企业,而沃尔沃却是一家有着80多年的历史,净资产超过15亿美元,品牌价值接近百亿美元,全球雇员达19 000多人的跨国汽车公司。而吉利却能成功收购沃尔沃,其原因是什么呢?

首先,政府支持成最大推力。在吉利对沃尔沃的收购中,我们应当注意到,吉利不是一个人在战斗,其背后有国内银行、地方政府乃至中央政府部门的大力支持。商务部明确表示支持吉利收购沃尔沃。

其次,吉利准备充分。2008年福特宣布考虑出售沃尔沃并在随后发出出售邀约,尽管传言北汽和几家世界级汽车企业都参与了收购,但已经做了充足准备的吉利集团显然占据了先机。

早在2007年,吉利就在为并购沃尔沃进行人才储备。2007年BP财务审计师张芃加入吉利操作并购沃尔沃项目。同时任职于BP政府公关、企业并购部门的袁小林也加入到吉利。进入2009年,并购沃尔沃进入了关键时刻,此时的谈判也涉及更多运营问题。李书福又先后招揽了华泰汽车总裁童志远和菲亚特中国区CEO沈晖。

另外,资金准备也非常充分。吉利收购沃尔沃100%的股权用了18亿美元,再加上后续运营等资金,总计是27亿美元。而吉利2009年销售业绩只有165亿,利润不过十几亿元,如此庞大的资金对于吉利而言不是一个小数目。

事实上,此次收购获得了来自于国有银行以及地方政府甚至中央政府的大力支持。目前中国银行浙江分行与伦敦分行牵头的财团承诺为吉利提供5年期贷款,金额近10亿美元,吉利还与中国进出口银行签署了贷款协议。北京、成都等争夺沃尔沃国产项目的地方政府,预计也将为李书福提供至少5亿美元资金。此外,吉利自身在香港上市,拥有较强的造血功能。2009年9月23日,吉利旗下的香港上市公司——吉利汽车获得了高盛3.3亿美元的资金。瑞典和比利时政府也为吉利在当地的低息贷款提供担保。同时由于高盛的介入和收购沃尔沃的前景被资本市场所看好,吉利H股已由2009年8月28日的1.81港元/股上涨至2010年4月1日的4.15港元/股,融资空间进一步打开。

再次,吉利获得了工会的支持。在劳资关系的问题上,中国企业海外并购面临巨大挑战。上汽就曾因劳资关系的问题,被双龙汽车的工会弄得焦头烂额。吉利明确表示,不会关闭沃尔沃轿车在哥德堡和比利时的工厂,并且沃尔沃轿车将仍然由目前的管理团队领导。沃尔沃目前在哥德堡和比利时的两家工厂会长期保存。这在一定程度上拉近了吉利与沃尔沃汽车工会的关系。吉利经历一波三折终于赢得沃尔沃工会的信任。

不过,近些年来,中国企业海外并购案例已有不少,但是成功的案例却并不多。收购协议的成功签署只是开始,之后的经营成功才是更难的考验。此次吉利收购沃尔沃是一个好的开始,但今后能否消化此次收购所付出的成本和代价,还有待进一步观察。吉利还面临诸多巨大的挑战。

(案例来源:邱红光、尚秀霞.收购沃尔沃:为什么是吉利?［OL］,凤凰网财经论坛.)

讨论:

1.你觉得要做一个成功的决策,需要考虑哪些因素?

2.结合现状,你认为吉利收购沃尔沃是否为正确决策,为什么?

【思考题】

1.何谓决策,何谓追踪决策,追踪决策有哪些特点?

2.组织决策为什么要根据满意原则来评价和选择方案?

3.如何理解决策软方法与硬方法之间的关系?

4.盈亏平衡分析法的基本原理是什么?

5.如何确定一个方案的损益期望值?

6.怎样理解非确定型决策中的决策准则?

【本章小结】

1.决策是为了解决现实中出现的问题,实现某个特定的目标,在充分搜集并详细分析了信息后,提出解决问题和实现目标的各种可行方案,依据评定准则和标准,选定方案并实施,作为解决问题、达到目标的方法和途径。简单地说,决策就是针对问题和目标,分析问题、解决问题的一个管理过程。

2.受到种种因素限制,决策主要遵循满意原则;常见的决策模型有六个步骤,即发现问题或识别问题、确定决策目标和标准、拟订备选方案、选择方案、方案的实施和控制决策。

3.决策的方法有很多种,常用的定性决策方法有头脑风暴法和德尔菲法等;定量的决策方法包括确定型、风险型及不确定型决策方法。

【扩展知识】

大数据资产化与决策智能化

近年来,全球数据的增长速度之快前所未有,数据类型也变得越来越多。一方面,海量的多样化数据对信息的有效存储、快速检索提出了挑战,另一方面,其中蕴藏的巨大商业价值也引发了对数据处理、分析的巨大需求。

对于大数据的概念,至今没有一个被业界广泛采纳的明确定义。根据大数据概念的内涵,并结合业界对大数据特性的普遍认同,可以作这样的理解:大数据是指需要通过快速获取、处理、分析以从中提取价值的海量、多样化的交易数据、交互数据与传感数据。

其中,海量和多样化是对大数据的数据量与数据类型的界定;快速是对大数据获取、处理、分析速度的要求;价值是对大数据获取、处理、分析的意义和目的;交易数据、交互数据与传感数据是大数据的来源,交易数据来自于企业 ERP 系统、各种 POS 终端,以及网上支付系统等业务系统;交互数据来自于移动通信记录以及社交媒体等;传感数据来自于 GPS 设备、RFID 设备、视频监控设备等。

对大数据的利用将成为企业提高核心竞争力、抢占市场先机的关键。大数据将推动各个行业的信息技术应用产生两大重要的趋势:

一是数据资产化,信息部门将从成本中心转向利润中心。在大数据时代,数据渗透各个行业,渐渐成为企业战略资产。拥有数据的规模、活性,以及收集、运用数据的能力,将决定企业的核心竞争力。

二是决策智能化,企业战略将从业务驱动转向数据驱动。智能化决策是企业未来发展的方向。过去很多企业对自身经营发展的分析只停留在数据和信息的简单汇总层面,缺乏对客户、业务、营销、竞争等方面的深入分析。在大数据时代,企业通过挖掘大量内部和外部数据中所蕴含的信息,可以预测市场需求,进行智能化决策分析,从而制定更加行之有效的战略。

那么对于行业用户,应当怎样制定大数据应对策略以充分利用大数据所蕴含的巨大商业价值呢?以下两方面建议可供参考:

一方面,应当通过云平台实现数据大集中,形成企业数据资产。对于大型集团企业,各级子公司和分公司的 ERP 系统每天都在生成大量的交易数据和业务数据。分散在各个业务系统中的数据无法形成集中的资源池、不能互联互通,将严重影响对大数据的统一管理与价值挖掘。实现数据集中是大数据利用的第一步。

另一方面,应当深度分析挖掘大数据的价值,推动企业智能决策。行业用户应当重视对大数据价值的深入分析与挖掘,推动企业决策机制从业务驱动向数据驱动转变,提高企业竞争力。根据预测,大数据挖掘和应用可以创造出超万亿美元的价值,数据将成为企业的利润之源,掌握了数据也就掌握了竞争力。企业必须更加注重数据的收集、整理、提取与分析。

未来3~5年,那些真正理解大数据并能利用大数据进行价值挖掘的企业,与对大数据价值挖掘重视程度不够的企业之间的差距进一步拉大。真正能够利用好大数据,并将其价值转化成生产力的企业将具备强劲的竞争优势,从而成为行业领导者。

(资料来源:吴李知.大数据资产化与决策智能化[EB/OL].http://www.hbrchina.org/2013-12-13/113686359.html.)

【管理能力训练】

训练一:头脑风暴决策方法

训练目的:

1.体验头脑风暴法的运用。

2.训练学生集体决策能力。

3.训练学生口头表达能力。

训练步骤:

1.将学员分为 5~10 人一组,并任选一个物品(如回形针、圆珠笔、铅笔、手机、茶杯等),在 30~60 分钟内,让每组学员通过头脑风暴决策方法,说出这个物品可能有的功用。每组确定一个记录人,将本小组选定的物品以及头脑风暴过程中对该物品的功用做原始记录。

2.每个小组通过讨论,将本小组头脑风暴的结果,即对所选定物品可能具有的功用进行归类整理,选出 1 个最能体现该物品新型功用的系列。

3.每个小组推选一个成员分享讨论成果。内容包括:所选物品、头脑风暴后该物品有多少功用、归类整理后确定的最能体现该物品新型功用以及选择该物品系列的原因。

训练二:如何决定小店的经营种类

每个团队由 5~8 人组成,假设你和你的团队成员试图决定在你们所在学校或公司附近开一家个性小店,启动经费为 10 万元。困扰你们的问题是:学校或公司附近已经开设了各种各样的小店。你们所面对的问题是决定小店的经营种类。

训练步骤：

1.各团队集体花5~10分钟时间，讨论形成最可能成功的小店类型。每位成员都要尽可能地富有创新性和创造力，对任何提议都不能加以批评。

2.指定一位成员把所提出的各种方案写下来。

3.再用10~15分钟时间讨论各个方案的优点与不足。作为团队，确定一个使所有成员意见一致的最可能成功的方案。

4.在作出决策后，对头脑风暴法的优点与不足进行讨论，确定是否有产生阻碍的现象。

5.向其他团队分享你们的观点。

第4章 计 划

杰克·韦尔奇曾经说过"与其让别人来掌握命运,不如自己来主宰"。良好的计划正是帮助企业掌控自己命运的良器。计划是决策的组织落实过程。计划通常将组织在一定时期内的活动任务分解给组织的每个部门、环节和个人,从而为管理活动和个人工作提供依据,为决策目标的实现提供组织保证。

4.1 计划概述

4.1.1 计划的含义与内容

对于什么是"计划",可以从不同的词性角度进行理解。当"计划"做动词时,指的是在收集信息、科学预测的基础上对未来某一活动预先作出的安排,包括确定行动的时间、方法、步骤等,一般称之为"计划工作"。当"计划"做名词时,指的是计划工作的结果文件,即为了实现既定目标所制订的行动方案。

无论是名词还是动词意义上的计划,其内容都可用"5W2H"来表示。

①Why——为什么干这件事?(目的);

②What——做什么?(对象);

③Where——在什么地方做?(地点);

④When——什么时间做？（时间）；

⑤Who——谁去做？（人员）；

⑥How——怎样做？采取哪些有效措施？（方法）；

⑦How much——花费多少成本、资源？（代价）。

计划与决策都是管理学中的重要概念。而关于计划与决策的关系问题，管理学界也有不同观点。亨利·西斯克（H.L.Sisk）认为，"计划工作在管理职能中处于首位，决策是这个过程中的一项活动"。而以西蒙为代表的决策学派则认为，管理就是决策，计划是决策的一部分。

在实际工作中，决策与计划既相互区别、又相互联系，这两项工作需要解决的问题不同，决策是关于组织活动的方向、内容及方式的选择，而计划则对组织内部不同部门和不同成员在该时期内从事活动的具体内容和要求。但我们往往不能把决策与计划截然分离，因为决策是计划的前提，计划是决策的逻辑延续；决策为计划的任务安排提供了依据，计划则为决策所选择的目标活动的实施提供了组织保障；在执行过程中，两者相互渗透，时间上相互衔接。

4.1.2　计划的性质与作用

1）计划的性质

计划工作的基本性质可以概括为以下五个方面：

（1）目的性

每一个计划及其派生计划都是旨在促使企业或各类组织的总目标和一定时期目标的实现。计划工作是最明白地显示出管理的基本特征的主要职能活动。

（2）首位性

计划工作相对于其他管理职能处于首位。把计划工作摆在首位的原因，不仅因为从管理过程的角度来看，计划工作先于其他管理职能，而且因为在某些场合，计划工作是付诸实施的唯一管理职能。计划工作的结果可能得出一个决策，即无需进行随后的组织工作、领导工作及控制工作等。例如，对于一个是否建立新工厂的计划研究工作，如果得出的结论是新工厂在经济上是不划算的，那也就没有筹建、组织、领导和控制一个新厂的问题了。

计划工作具有首位性的原因，还在于计划工作影响和贯穿于组织工作、人员配备、领导工作和控制工作中。

（3）普遍性

虽然计划工作的特点和范围随管理层次的不同而不同，但它却是所有管理者的一个共同职能。所有的主管人员，无论是总经理还是班组长都要从事计划工作，只不过是粗细、时间、范围等不同而已。如果管理人员在开展工作时不做任何计划，他也就丧失了管理者的基本特征。

（4）效率性

计划工作的任务，不仅是要确保实现目标，而且是要从众多方案中选择最优的资源配置方案，以求得合理利用资源和提高效率。效率这个概念的一般含义是指投入和产出之间的比率,但在这个概念中,不仅包括人们通常理解的按资金、工时或成本表示的投入产出比率,如资金利润率、劳动产生率和成本利润率等,还包括组织成本、个人和群体的动机与程度这一类主观的评价标准。计划的效率性用通俗的语言来表达,就是既要"做正确的事"又要"正确地做事"。

（5）创造性

计划工作总是针对需要解决的新问题和可能发生的新变化、新机会而作出决定,因此,它是一个创造性的管理过程。计划有点类似于一项产品或一项工程的设计,它是对管理活动的设计。正如一种新产品的成功在于创新一样,成功的计划也依赖于创新。

2）计划的作用

美国学者 R.豪斯和他的同事曾就这一问题进行了专门研究。他们调查了 92 家企业,其中 17 家有正式的长期计划,其余的要么仅有非正式的长期计划,要么没有长期计划。他们给出了衡量企业经营好坏的主要指标:销售额、股票价格、每张股票的收益、缴税后的纯报酬等。通过比较发现,有正式的长期计划的公司几乎在每个方面都优于没有长期计划的公司。

计划的重要性渗透于整个组织经营的各个方面,贯穿于经营的全过程,其作用体现在以下几个方面:①消除不确定性带来的不良影响;②使整个组织的经营更为有效;③引起组织成员对目标的关注;④便于管理人员对组织进行控制。

4.1.3　计划的类型

依照不同的标准,可将计划分为不同的类型,各种类型的计划不是彼此割裂的,而是由分别适用于不同条件下的计划组成的一个计划体系。

1）按计划的期限划分

可分成短期、中期和长期计划。一般来讲期限在 1 年以内的称为短期计划,而期限在 5 年以上的即为长期计划,介于两者之间的称为中期计划。当然这个划分标准并非绝对,在某些情况下,它还受计划的其他方面因素的影响。

2）按计划范围的广度划分

可分成战略计划和战术计划。应用于整体组织,为组织设立总体目标以寻求组织在环境中的地位的计划,称为战略计划。因为一个组织的总体目标和地位通常是不轻易改变的,所以这种计划的周期一般都较长,通常为长期计划。规定总体目标如何实现的细节计划称为战术计划,也称作业计划。这种计划的周期通常较短,它与战略计划的最大差别在于:战略计划的一个重要任务是设立目标,而战术计划则是假设目标已经存在,而提供一种实现目标的方案。

3）按计划的明确性程度划分

可分为指导性计划和具体计划。指导性计划只规定一些重大方针,而不局限于明确的特定的目标,或特定的活动方案上。这种计划可为组织指明方向,统一认识,但并不提供实际的操作指南;具体计划则恰恰相反,要求必须具有明确的、可衡量目标以及一套可操作的行动方案。组织通常根据面临的环境的不确定性和可预见性程度的不同,选择制订这两种不同类型的计划。

4) 按制订计划的组织层划分

可分成高层管理计划、中层管理计划和基层管理计划。高层管理计划一般以整个组织为单位,着眼于组织整体的、长远的安排,一般属于战略计划;中层管理计划一般着眼于组织内部的各个组成部分的定位及相互关系的确定,它既可能包含部门的分目标等战略性质的内容,也可能有各部门的工作方案等作业性的内容;基层管理计划则着眼于每个岗位、每个员工、每个工作时间单位的工作安排和协调,属于作业性的内容。

5) 按组织的职能划分

可分成生产计划、营销计划、财务计划等。从组织的横向层面看,组织内有着不同的职能分工,每种职能都需要形成特定的计划。如企业要从事生产、营销、财务、人事等方面的活动,就要相应地制订生产计划、营销计划、财务计划等。

4.1.4 计划工作的程序

所谓程序,是指它规定了如何处理那些重复发生的例行问题的标准方法。它指导如何采取行动,而不是指导如何去思考问题,其实质是对所要进行的活动规定时间顺序。而计划工作本身是一种重复发生的例常性工作,任何计划工作的程序都经过以下几个步骤来完成,如图4.1所示。

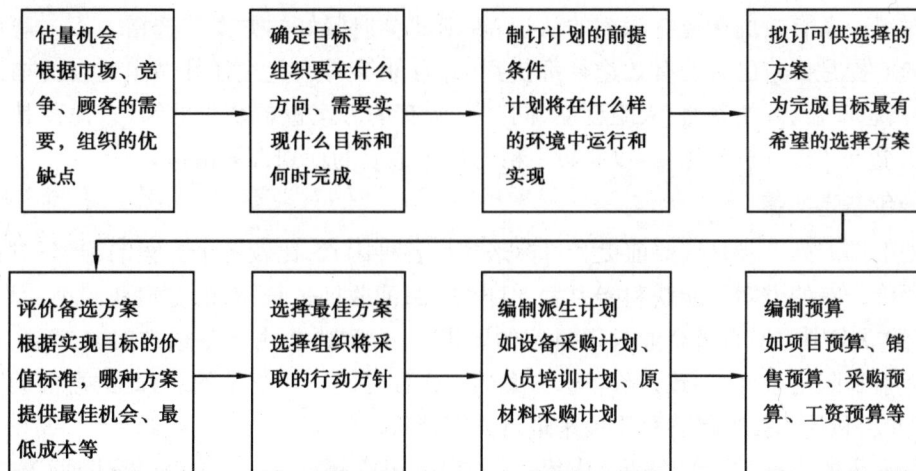

图 4.1 计划工作的程序

1) 估量机会

对机会的估量,要在实际的计划工作开始之前就着手进行,它虽然不是计划的一个组成部分,但却是计划工作的一个真正起点。其内容包括:①对未来可能出现变化和预示的机会进行初步分析,形成判断;②根据自己的长处和短处搞清自己所处的地位;③了解自己利用机会的能力;④列举主要的不肯定因素,分析其发生的可能性和影响程度;⑤在反复斟酌的基础上,下定决心,扬长避短。

2) 确定目标

在估量机会的基础上,计划工作首先需要为组织以及各组成部分确立目标。目标要说明预期的成果,指明将要做的工作有哪些、重点应放在哪里、将必须完成哪些任务等,并告知计划工作的策略、政策、程序、规则、预算和方案、所要完成的是些什么任务。

确定目标包括的主要内容是:指导资源最合理地分配;充分发挥全体员工的积极性和潜力;促进组织内部团结一致,对外享有良好的声誉;达到组织经营活动的最佳效果。

3) 制订计划的前提条件

计划工作的第三步是确定一些关键性的计划前提条件,并使设计人员对此取得共识。所谓计划工作的前提条件,就是计划工作的假设条件,换言之,即计划实施时的预期环境。负责计划工作的人员对计划前提了解得越细越透彻,并能始终如一地运用它,则计划工作也将做得越协调。

按照组织的内外环境,可以将计划工作的前提条件分为外部前提条件和内部前提条件;还可以按可控程度,将计划工作前提条件分为不可控的、部分可控的和可控的三种前提条件。计划的未来环境非常复杂,涉及的因素很多,通过预测掌握一些重要的前提条件,给计划工作提供依据或参考。

4) 拟订可供选择的方案

计划工作的第四步是调查和设想可供选择的行动方案。一般而言,组织达到其目标的途径不止一条,即存在着多种方案可供选择,但人们通常只能选择其中的一个方案实施,这就需要对每一条有效的途径有深刻的认识,否则就会遗漏好的方案或选错方案。避免犯此类错误的前提是要将已有的有效途径都找到,并且能够对这些途径都做出透彻的描述。为此,必须集思广益、开拓思路、大胆创新,同时对所有的方案进行初步的筛选,保留其中有效的方案供重点评价分析和比较,以便集中精力作出最后的计划方案抉择。

5) 评价备选方案

计划工作的第五步是按照前提和目标来权衡各种因素,比较各个方案的利弊,对各个方案进行评价。有的方案可能获利能力大,但投资大,回收期也长;有的方案获利小,但风险也小;而有的方案则更适合于企业长远目标的要求。一般来说,由于备选方案多,而且有大量的可变因素和限定条件,导致评价备选方案的工作往往是非常复杂的,为此常需借助于运筹学、数学方法和计算技术等各种手段来进行方案评价。

评价方案的依据主要包括两个内容:一是根据组织目标而确定的一系列对实施方案的评价项目和标准;二是根据各评价项目和标准对组织目标的贡献程度确定的评价项目及标准之间的相对重要性,即权数。因而,评价的前期工作有许多事要做,前期准备工作的质量直接影响对备选方案的评价结果。

6) 选择最佳方案

计划工作的第六步是选择方案。这是在前五步工作的基础上做出的关键一步,也是决策的实质性阶段——抉择阶段。管理人员或者依据自己的经验,或者通过对备选方案进行实验,或者对方案进行分析研究而作出选择。但是,可能遇到的情况是,在对各种备选方案进行分析和评价的过程中,有时可能会发现同时有两个或两个以上的方案是可取的,在这种情况下,管理人员也许会决定同时采取几个方案,而不是某一个。

7)编制派生计划

派生计划即辅助计划,也就是总计划下的分计划。总计划要靠派生计划来保证,派生计划是总计划的基础。

在选定一个基本的计划方案后,还必须围绕基本计划来制订一系列派生计划来辅助基本计划的实施。例如,某大企业在做出新建一个分厂的决策后,这个决策就成为制订一系列派生计划的前提,各种派生计划都要围绕它来拟订。如人员的招聘和培训计划、材料和设备的采购计划、广告宣传计划、资金筹措计划等。总之,完成派生计划是实施组织整体计划的基础,是计划工作程序的重要部分。

8)编制预算

计划的最后一个步骤就是要将计划转化为预算,使之数字化。预算是用数字的形式表示的组织在未来某一确定期间内的计划,是计划的数量说明,是用数字形式对预期结果的一种表示。这种结果可能是财务方面的,如收入、支出和资本预算等;也可以是非财务方面的,如材料、工时、产量等方面的预算。预算是汇总各类计划的工具,同时也是衡量计划执行情况的重要标准,因此预算又常常被看作是一种重要的控制手段。

4.2 组织战略规划

4.2.1 战略与战略类型

战略(strategy)一词最早是军事方面的概念,意思是"将军指挥军队的艺术"。在企业经营中,我们把战略定义为:通过有效地组合组织内部资源,以在动态的环境中确定组织的发展方向和经营范围,从而获取竞争优势,满足市场需求,实现股东利益最大化目标。当一个公司成功地制定和执行价值创造的战略时,能够获得战略竞争力。

一般来说,组织的战略可以分为三个层次:公司层战略(corporate strategy)、事业层战略(business strategy)和职能层战略(functional strategy),如图4.2所示。

1)公司层战略

公司层战略也叫总体战略,主要是研究企业要去哪儿和公司应该经营哪些事业使自身长期获利的问题,是公司的战略总纲领和最高行动纲领,代表公司的未来发展方向。公司层战略要注重把握公司内、外部环境的变化,同时努力将企业内部各个部间的资源进行有效的战略配置,寻求公司的整体发展。因此,公司层战略以价值为取向,选择"做正确的事情"。

公司层面的战略主要有增长战略、稳定战略、收缩战略和为实现这些战略的诸如转变、组合等战略。

```
                    ┌─────────────┐
                    │ 公司层战略    │
                    └──────┬──────┘
         ┌─────────────────┼─────────────────┐
   ┌─────┴─────┐     ┌─────┴─────┐     ┌─────┴─────┐
   │ 事业层战略  │     │ 事业层战略  │     │ 事业层战略  │
   └─────┬─────┘     └───────────┘     └───────────┘
    ┌────┴────┬──────────┬──────────┐
┌───┴──┐  ┌──┴──┐   ┌───┴──┐   ┌───┴───┐
│ 生产  │  │ 财务 │   │ 销售  │   │人力资源│
└──────┘  └─────┘   └──────┘   └───────┘
```

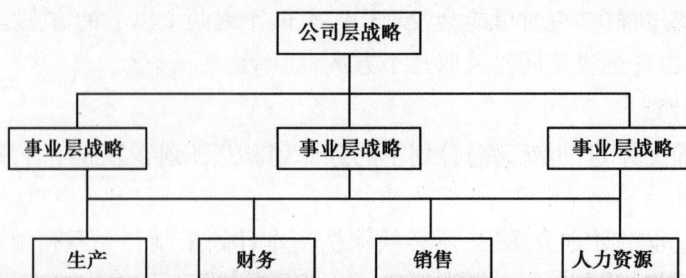

图 4.2　战略层次

（资料来源：罗宾斯.管理学［M］.北京：中国人民大学出版社，2008.）

（1）增长战略

增长战略即提高组织经营层次的战略，如提高销售额，增加雇员或扩大市场份额等。常见的增长战略主要有三种：集中战略、一体化战略和多元化战略。

集中战略就是企业集中于一个产品，或一个产业、一个市场、一种技术方面的积极扩张。此种增长战略最简单的经营方式就是以扩大现有事业线经营的地理区域，从而占领更多的市场份额，实现增长目的。如沃尔玛、家乐福等超市和麦当劳、肯德基之类快餐经营行业就是通过持续不断地在世界各地开设新的连锁店来扩张。另外，增加某一产业、某一细分市场的产品种类，或利用同一技术开发同系列产品都属于集中性扩张，如海尔从电冰箱扩张到电视、空调、洗衣机等家用电器领域；本田公司集中于引擎和牵引动力系统技术，形成了轿车、摩托车、割草机和发动机等若干个经营领域。

一体化战略即垂直一体化战略，是对现有的事业线向前或向后地扩展，以增大经营规模。当企业向前进入接近最终消费者领域时，它就是在执行前向一体化。如家电生产企业建立自我品牌的专卖店就是这种战略的体现。后向一体化则是指企业向后进入原材料（或零配件）生产的领域。如造纸企业进入速生林种植的领域就是后向一体化战略的实现。

多元化战略就是企业从当前的事业线扩展到其他有关联或无关联的产业与部门。多元化战略或是为了降低主营业务的风险，或是为了捕捉新的机会。如联想生产计算机、打印机、手机、数码设备可以视为相关性分散与多元化。

当然，企业实现增长战略的途径还很多，如合并、收购、接收、合资和战略联盟等。

（2）稳定战略

稳定战略是指企业试图维持现有状况，或者逐步慢慢地成长。此战略的特征是已经制定的战略很少发生变化，比如持续地向同类型的顾客提供同样的产品或服务、维持市场份额、保持组织一贯的投资报酬率等。通常制定稳定战略的公司，是那些对公司现状和绩效感到十分满意并且认为产业环境不太会发生变化的公司。

（3）转变收缩战略

转变战略就是试图很快扭转某个正在面临衰退中的业务。收缩战略则是指资产的清除和脱手。之所以把两个战略放在一起，是因为多数的转变战略包含着一些节流性的做法。转变战略通常会借着降低资产、降低成本或综合这些做法来改进现金流。如著名的 IBM 在 1992 年公司遇到重大挫折后，就曾先后关闭较大数量的生产企业，裁减大约 10 余万职工，经过两年半的艰难经营,在1995年第二季度实现盈利,就是一个十分典型的转变收缩战略的体现。

（4）混合战略

企业可能针对不同的事业单元,分别采用增长、稳定以及转变和收缩等战略,这种同时实行两种或两种以上战略的形式称之为组合战略。如1992年,通用汽车公司在遇到困难时,在其国内汽车制造业务领域实行转变和节流战略,而对它的电子数据方面的业务则实行增长战略,这也体现了大型企业能有张有弛、游刃有余的优势。

2）事业层战略

组织中的事业层是指经营单位层,是公司内其产品和服务有别于其他部分的一个单位。每个事业层的经营单位一般有着自己独立的产品和细分市场。它的战略主要针对不断变化的环境,在各自的经营领域有效地竞争。为了保证竞争优势,各经营单位不仅要有效地控制资源的分配和使用,还要协调各职能层的战略,使之成为一个统一的整体。

战略管理专家迈克尔·波特(Michael Porter)提出了三个有效的事业层竞争战略,包含:成本领先战略、差别化战略和集中战略。

（1）成本领先战略

成本领先战略要求坚决地建立起高效规模的生产设施,在经验的基础上全力以赴降低成本,抓紧成本与管理费用的控制,以及最大限度地减小研究开发、服务、推销、广告等方面的成本费用。为了达到这些目标,就要在管理方面对成本给予高度的重视。尽管质量、服务以及其他方面也不容忽视,但贯穿于整个战略之中的是使成本低于竞争对手。如果一个企业的成本较低,意味着当别的企业在竞争过程中已失去利润时,该企业依然可以获得利润。

（2）差别化战略

差别化战略是将产品或公司提供的服务差别化,树立起一些全产业范围中具有独特性的东西。实现差别化战略可以有许多方式:设计名牌形象、技术上的独特、性能特点、顾客服务、商业网络及其他方面的独特性。最理想的情况是公司在几个方面都有其差别化特点。

（3）集中化战略

所谓集中化战略是指将企业的经营活动集中于某一特定的购买群体、产品线的某一部分或某一地域性市场,通过为这个小市场的购买者提供比竞争对手更好、更有效的服务来建立竞争优势的一种战略。集中化战略同低成本战略、差异化战略和最优成本供应商战略的区别在于,集中化战略的注意力在于集中整体市场的一个狭窄部分,其他战略则以广大市场为目标。

企业可以通过差异化战略服务于某一细分市场,又可以通过低成本战略实现这一目标,因而集中化战略有两种具体的形式:一种是成本集中化战略,即在细分市场中寻求低成本优势;一种是差异集中化战略,即在细分市场中寻求差异化优势。

3）职能战略

职能战略又称职能部门战略,是为了贯彻、实施和支持总体战略与事业层战略而在特定的职能管理领域制定的战略。职能战略一般可分为营销战略、人力资源战略、财务战略、生产战略、研发战略等。

以上三大类战略中,公司层战略(总体战略)是涉及组织的全局发展的、整体性的、长期的战略计划,对组织的长期发展产生深远影响。而事业层战略(经营单位战略)则着眼于组织整体中的有关事业部或子公司,影响着某一类具体的产品和市场,是局部性的战略决策,只能在一定程度上影响总体战略的实现。所以,总体战略主要由组织的最高层参与决策、制定和组织实施;而事业层战略的制定者主要是具体的事业部或子公司的决策层;职能战略则是由职能部门的管理人员在总部的授权下制定出来的。

对于跨行业、多元化经营的大型组织来说,三个战略层次十分清晰,共同构成了组织的战略体系。三个层次战略的制定与实施过程实际上是各管理层充分协商、密切配合的结果。对于中小型组织而言,它们的战略层次往往不明显,它们往往只相当于大型组织的一个战略经营单位,所以经营战略对它们来说十分重要。

4.2.2　战略规划过程

目前,企业战略问题已经成为实现和引导企业潜力、实现企业目标、决定企业成败的关键和核心。企业战略的构建是在决策的基础上,从企业的使命出发,根据企业外部环境的分析与自身资源环境分析,将自身资源与环境发展相匹配的过程。战略规划的过程包括:①设定使命;②分析环境;③建立目标;④制定战略;⑤执行战略并监控其实施过程。

1)设定使命

设定使命是战略规划过程的第一步,但是在对环境进行分析后管理者要重新检查使命,看是否需要修改。设定使命是战略规划其他步骤的基础。使命(mission)常常也被称为宗旨或目的,它反映了一个组织之所以存在的理由或价值,回答的是"我是谁"这一根本性的问题。任何组织的存在都有其特定的使命。如一所大学的使命是为了培养人才和研究学问,一家医院的使命是为了救死扶伤,而一个企业的使命则是向社会提供有经济价值的商品或劳务。任何一个组织或企业只有明确了自己的使命,才能够致力于"做正确的事"。组织的使命创造了一个视角,让人们知道公司的优势在哪里以及原因何在,它包含了组织想要全力实现的目标。随着时代的发展,越来越多的优秀企业已经不再将使命等同于"股东财富最大化",而更多地强调如何创造独特的社会价值。

2)环境分析

分析环境是战略过程的一个关键步骤,通过对企业所处的内外部竞争环境进行分析,发现企业的核心竞争力,明确企业的发展方向、途径和手段。战略环境分析的目的是展望企业的未来,这是制定战略的基础,战略是根据环境制定的,是为了使企业的发展目标与环境变化和企业能力实现动态的平衡。

组织的环境在很大程度上定义了管理者的选择范围。公司战略必须和公司的能力以及公司的外部环境相协调,成功的战略一定是与环境相吻合,抓住了环境中的有利因素的战略。

3)建立目标

在建立使命和完成环境分析后,管理者要建立起由使命产生的目标,从而解决由环境分析所确定的战略观点和问题。

目标不同于目的,它阐述的是需要在目标期内完成的单一的、明确的和可测量的项目。在这一步中,要将目的转化成有效的目标。

有效的目标标准包括四个"必须"标准:每一个目标必须对应一个最后结果;对希望达到的绩效水平必须要有准确的界定;对目标实现的程度能够进行常规的观察和测量;目标实现有一个特定的时间。

除了四个"必须"标准外,还有三个"想要"标准:有难度但是可以完成;与目标达成相关的团体能够参与设定目标;目标具有接受性和承诺。

4)制定战略

战略的制定是建立在战略分析的基础上,管理者选择根据目标和愿景在公司层面、事业层面和组织的职能层面分别建立每一层的战略,按照目标工作的制定程序,创新性地开发和评估各备选计划,然后选择出那些能够充分发挥组织的优势和利用环境机会的战略。

5)战略实施和控制

战略过程的前面四步涉及计划,最后一步则是保证三个层次的使命和目标都能实现的保障。很多创业者有着良好的规划,但在实施中往往会遇到问题,因此,必须采取有效的行动来实施战略,并对其实施过程进行有效控制。

4.2.3 战略规划工具

战略规划对于一个企业来说非常重要,它解决的是企业在未来如何取得竞争力,如何生存的问题。本节简要介绍几种相对成熟的战略规划工具。

1)五力模型分析

对于不同的行业,它们的业务组成、竞争环境和成长潜力差别很大。迈克尔·波特(Michael Porter)提出,行业竞争由五项竞争力组成,在分析行业竞争形势时必须要考虑到。这五种竞争力如图 4.3 所示。

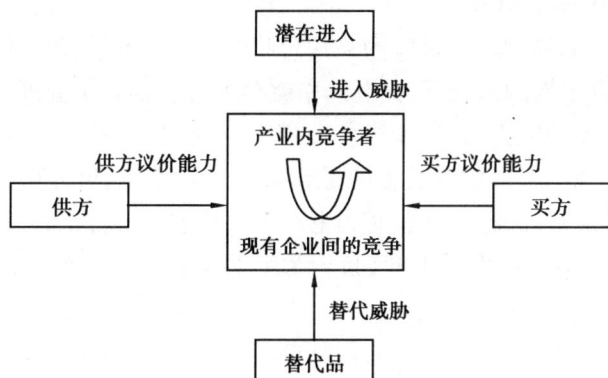

图 4.3 五力竞争模型

(1)行业内现有竞争者的竞争

任何企业,在制定战略和开展经营活动时,首先必须面对现有竞争者。同行竞争的激烈程度是由竞争各方的布局结构和所属产业的发展水平决定的。竞争各方的情况包括企业自身的固定成本和库存成本、产品差异化程度、产业的市场容量和市场增长速率、竞争对手的复杂程度、退出壁垒的高低等。这些因素通常相互作用,共同决定着竞争的激烈程度。如果企业之间没有"龙头老大"式的行业垄断者,势均力敌,而且产品的差异化程度小,该产业市场已经趋于饱和而没有多大增容空间,退出壁垒较高(如生产线的专用性,过剩产能转移困难等),那么这就很可能会导致更加激烈的竞争。当然,这些因素中也存在着此消彼长的相互抵消。判断现有竞争者的竞争强度,需要对上述各种因素进行详细而具体的全面分析,而不是仅仅比较市场份额、利润率和增长速率几个简单的数据。

(2)替代品的威胁

两个处于不同行业中的企业,可能会由于所生产的产品是互为替代品,从而在它们之间产生相互竞争行为,这种源自于替代品的竞争会以各种形式影响行业中现有企业的竞争战略。首先,现有企业产品售价以及获利潜力的提高,将由于存在着能被用户方便接受的替代品而受到限制;第二,由于替代品生产者的侵入,使得现有企业必须提高产品质量、或者通过降低成本来降低售价、或者使其产品具有特色,否则其销量与利润增长的目标就有可能受挫;第三,源自替代品生产者的竞争强度,受产品买主转换成本高低的影响。总之,替代品价格越低、质量越好、用户转换成本越低,其所能产生的竞争压力就越强;而这种来自替代品生产者的竞争压力的强度,可以具体通过考察替代品销售增长率、替代品厂家生产能力与盈利扩张情况来加以描述。

(3)新进入者的威胁

新进入者在给行业带来新生产能力、新资源的同时,将希望在已被现有企业瓜分完毕的市场中赢得一席之地,这就有可能会与现有企业发生原材料与市场份额的竞争,最终导致行业中现有企业盈利水平降低,严重的话,还有可能危及这些企业的生存。竞争性进入威胁的严重程度取决于两方面的因素,一是进入壁垒的高低;二是现有在位企业的报复手段。

(4)供应商的讨价还价能力

大多数时候,公司的利润跟原材料的采购价格具有很大的关系。如果公司能够以较低价格采购,在其他条件不变的情况下,其利润率就会上升。供方主要通过其提高投入要素价格与降低单位价值质量的能力,来影响行业中现有企业的盈利能力与产品竞争力。供方力量的强弱主要取决于他们所提供给买主的是什么投入要素,当供方所提供的投入要素其价值构成了买主产品总成本的较大比例、对买主产品生产过程非常重要、或者严重影响买主产品的质量时,供方对于买主的潜在讨价还价力量就大大增强。

(5)购买者的讨价还价能力

购买者主要通过其压价与要求提供较高的产品或服务质量的能力,来影响行业中现有企业的盈利能力。一般来说,满足如下条件的购买者可能具有较强的讨价还价力量:购买者的总数较少,而每个购买者的购买量较大,占了卖方销售量的很大比例;卖方行业由大量相对来说规模较小的企业所组成;购买者所购买的基本上是一种标准化产品,同时向多个卖主购买产品在经济上也完全可行;购买者有能力实现后向一体化,而卖主不可能前向一体化。

2）SWOT 分析

SWOT 分析法又称为态势分析法,它是由旧金山大学的管理学教授海因茨·韦里克于20 世纪 80 年代初提出来的,SWOT 四个英文字母分别代表:优势(strength)、劣势(weakness)、机会(opportunity)、威胁(threat),是公司环境分析的重要工具。

SWOT 分析,就是将与研究对象密切相关的各种主要内部优势、劣势和外部的机会和威胁等,通过调查列举出来,并依照矩阵形式排列,然后用系统分析的思想,把各种因素相互匹配起来加以分析,从中得出一系列相应的结论,而结论通常带有一定的决策性。进行 SWOT 分析,通常可按以下步骤进行:

（1）分析环境因素

运用各种调查研究方法,分析出公司所处的各种环境因素,即外部环境因素和内部能力因素。外部环境因素包括机会因素和威胁因素,它们是外部环境对公司的发展直接有影响的有利和不利因素,属于客观因素,内部环境因素包括优势因素和弱点因素,它们是公司在其发展中自身存在的积极和消极因素,属主动因素。在调查分析这些因素时,不仅要考虑到历史与现状,而且更要考虑未来发展问题。

（2）构造 SWOT 矩阵

将调查得出的各种因素根据轻重缓急或影响程度等排序方式,构造 SWOT 矩阵(表4.1)。在此过程中,将那些对公司发展有直接的、重要的、大量的、迫切的、久远的影响因素优先排列出来,而将那些间接的、次要的、少许的、不急的、短暂的影响因素排列在后面。

表 4.1 SWOT 分析矩阵

外部分析＼内部分析	优势 S 1. 2. 列出优势 3.	劣势 W 1. 2. 列出劣势 3.
机会 O 1. 2. 列出机会 3.	SO 战略 1. 2. 发挥优势,利用机会 3.	WO 战略 1. 2. 克服劣势,利用机会 3.
威胁 T 1. 2. 列出威胁 3.	ST 战略 1. 2. 利用优势,回避威胁 3.	WT 战略 1. 2. 减少劣势,回避威胁 3.

（3）制订行动计划

在完成环境因素分析和 SWOT 矩阵的构造后,便可以制订出相应的行动计划。制订计划的基本思路是:发挥优势因素,克服弱点因素,利用机会因素,化解威胁因素;考虑过去,立足当前,着眼未来。运用系统分析的综合分析方法,将排列与考虑的各种环境因素相互匹配起来加以组合,得出一系列公司未来发展的可选择对策。

①如何发挥优势来减少劣势或如何防止劣势会削弱优势(SW 分析)。

②如何利用机会来减少威胁(OT 分析)。

③如何发挥优势来利用机会(SO 分析)。

④如何利用机会来减少劣势或如何防止劣势妨碍机会(WO 分析)。

⑤如何利用优势来减少威胁或如何防止威胁削弱劣势(ST 分析)。

⑥如何克服劣势避开威胁或如何防止威胁加大劣势(WT 分析)。

3)BCG 矩阵

BCG 矩阵,是波士顿咨询公司(Boston Consulting Group)提出的,又称经营单位组合分析法,是一种常用的公司业务组合分析工具。在公司层层面的战略制定过程中,多元化经营的企业需要确定公司要进入哪些业务线以及如何进行资源配置,BCG 矩阵能够指导管理者对多种业务进行组合分析。

BCG 矩阵分析主要通过三方面来衡量每个部门的情况,即某类业务的销售量、市场的发展情况和该业务在运作中是吸收现金还是产出现金。分析的目标就是平衡消耗现金和产出现金的各个部门。BCG 矩阵的示意图如图 4.4 所示,其中横轴代表市场占有率,纵轴表示预计的市场销售增长率,四个方框所代表的业务类型分别为金牛、明星、幼童和瘦狗。

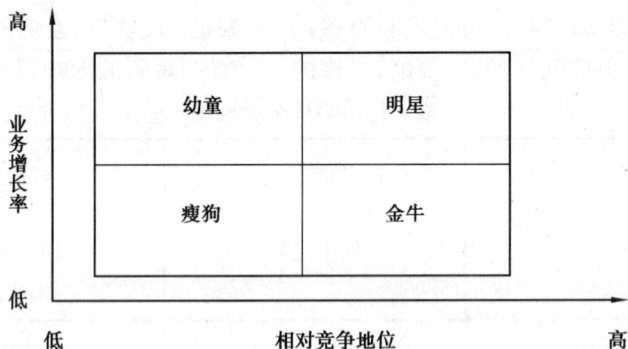

图 4.4　BCG 矩阵分析图

(1)金牛型

金牛(cash cows)方框是低增长和高市场份额区域。处于这一区域的业务可以获得利润,缓慢发展的市场不需要投资去保持企业或产品在市场中的现有的地位,所以能挤出大量的现金流,但是其未来的增长前景可能是有限的。

(2)明星型

明星(stars)是高增长和高市场份额的区域。处于此区域的业务刚开始崭露头角,成长率很高,占有率也不错。但现金流也许是正的也许是负的,这取决于该业务所需要的投资量的大小。

(3)幼童型

幼童(problem child)也称问号型(question marks),是高增长与低市场份额的区域。处于此区域的业务多属投机性,带有较大的风险。一开始的时候,市场占有率往往很低,需要从其他地方拿钱过来投资,其未来的发展方向不是明确的,有可能培养成为明星,也可能沦为瘦狗或夭折。

(4)瘦狗型

瘦狗(dogs)身处低度成长的市场,报酬率很低,市场占有率也不高。若是它们不再有利可图的话,就会被企业所淘汰。

公司业务组合分析为管理当局提供了如何在这些业务中配置现金和资源的方法。一般而言,管理当局应该从金牛身上挤出尽可能多的"奶"来,把金牛的新投资额限制在最必要的水平上,而利用金牛产生的大量现金投资于明星业务和幼童业务,来促使其发展。来自于瘦狗业务的现金资源也可能流向明星和幼童。明星和幼童的数量应该和现金流之间取得平衡,幼童由于具有很大的风险,应该限制这种业务的数量。瘦狗则应该逐渐的放弃。

只有单一业务的公司可能无法执行公司业务组合分析,但是,它却可用BCG矩阵来进行产品组合分析。

4.3 计划方法与技术

把战略性计划转化为战术性计划,是将长期计划转变为中期、短期计划的过程。没有战术性计划对战略性计划进行落实,制订战略性计划就没有意义。这个转变过程要求计划在不同时期内和不同职能空间上协调一致,保证计划全面且均衡地得以实施和完成。实践中,计划组织实施行之有效的方法主要有目标管理法、滚动计划法和网络计划技术等。

4.3.1 目标管理

"目标管理"的概念是管理专家彼得·德鲁克(Peter Drucker)1954年在其名著《管理实践》中最先提出的,其后他又提出"目标管理和自我控制"的主张。德鲁克认为,并不是有了工作才有目标,而是相反,有了目标才能确定每个人的工作。所以"企业的使命和任务,必须转化为目标",如果一个领域没有目标,这个领域的工作必然被忽视。因此,管理者应该通过目标对下级进行管理,当组织最高层管理者确定了组织目标后,必须对其进行有效分解,转变成各个部门以及各个人的分目标,管理者根据分目标的完成情况对下级进行考核、评价和奖惩。

由于各个组织活动的性质不同,目标管理的步骤可以不完全一样,但一般来说,可以分为以下四步。

1)建立一套完整的目标体系

实行目标管理,首先要建立一套完整的目标体系。这项工作总是从企业的最高主管部门开始的,然后由上而下地逐级确定目标。上下级的目标之间通常是一种"目的—手段"的关系;某一级的目标,需要用一定的手段来实现,这些手段就成为下一级的次目标,按级顺推下去,直到作业层的作业目标,从而构成一种锁链式的目标体系。

制订目标的工作如同所有其他计划工作一样,非常需要事先拟订和宣传前提条件。这是一些指导方针,如果指导方针不明确,就不可能希望下级主管人员会制订出合理的目标来。此外,制订目标应当采取协商的方式,应当鼓励下级主管人员根据基本方针拟订自己的目标,然后由上级批准。

2) 明确责任

目标体系应与组织结构相吻合,从而使每个部门都有明确的目标,每个目标都有人明确负责。然而,组织结构往往不是按组织在一定时期的目标而建立的,因此,在按逻辑展开目标和按组织结构展开目标之间,时常会存在差异。其表现是,有时从逻辑上看,一个重要的分目标却找不到对此负全面责任的管理部门,而组织中的有些部门却很难为其确定重要的目标。这种情况的反复出现,可能最终导致对组织结构的调整。从这个意义上说,目标管理还有助于搞清组织结构的作用。

3) 组织实施

目标既定,主管人员就应放手把权力交给下级成员,而自己去抓重点的综合性管理。完成目标主要靠执行者的自我控制。如果在明确了目标之后,作为上级主管人员还像从前那样事必躬亲,便违背了目标管理的主旨,不能获得目标管理的效果。当然,这并不是说,上级在确定目标后就可以撒手不管了。上级的管理应主要表现在指导、协助,提出问题,提供情报以及创造良好的工作环境方面。

4) 检查和评价

对各级目标的完成情况,要事先规定出期限,定期进行检查。检查的方法可灵活地采用自检、互检和责成专门的部门进行检查。检查的依据就是事先确定的目标。对于最终结果,应当根据目标进行评价,并根据评价结果进行奖罚。经过评价,使得目标管理进入下一轮循环过程。

4.3.2 滚动计划法

滚动计划法是一种定期修订未来计划的方法。这种方法根据计划的执行情况和环境变化情况定期修订未来的计划,并逐期向前推移,使短期计划、中期计划有机地结合起来。滚动计划法适用于任何类型的计划。

滚动计划法的具体操作方法是:①在制订计划时,按近细远粗的原则同时制订未来若干期的计划;②计划期的第一阶段结束时,根据该阶段计划执行情况和内外部环境变化情况,对原计划进行修改,并将整个计划向前滚动一个阶段;③以后根据同样的原则逐期滚动。如图 4.5 所示为五年期的滚动计划。

采用滚动计划法有利于在外界环境不断变化的情况下,使计划更加符合实际,更好地保证计划的指导作用,从而提高计划工作的质量;同时也有利于保证长期计划、中期计划和短期计划互相衔接,使各期计划基本保持一致。最后,它还使得组织的计划工作富有弹性,从而有利于提高组织的应变能力。

滚动计划法虽然编制工作量较大,但是可以利用计算机来减轻一些工作。随着计算机技术的发展,计划的制订或修改变得简便容易,大大提高了滚动计划法的推广应用。

本期五年计划(2014—2018年)				
2014	2015	2016	2017	2018
很细致	较细致	一般	较粗略	很粗略

2014年实际完成情况

计划与实际之间的差异

计划修正因素		
差异分析	环境变化	措施调整

修订计划

本期五年计划(2015—2019年)				
2015	2016	2017	2018	2019
很细致	较细致	一般	较粗略	很粗略

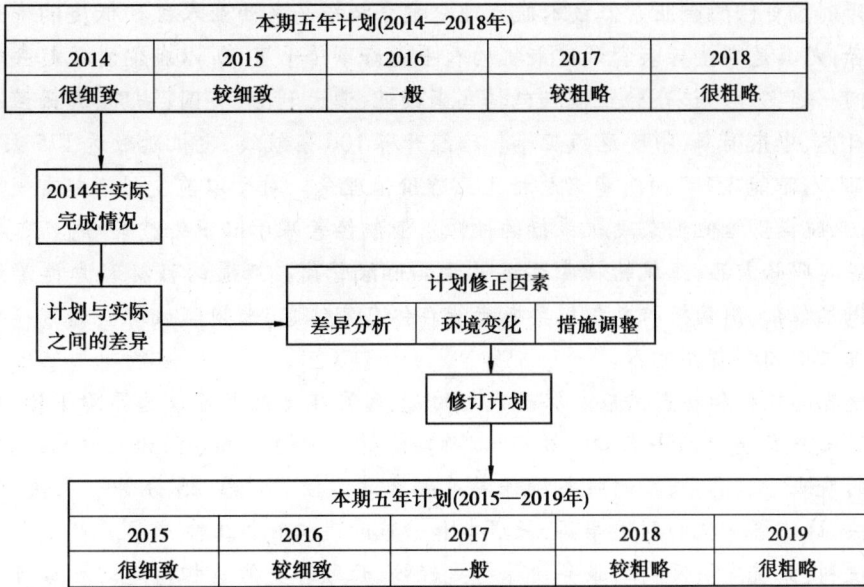

图 4.5 滚动计划法示意图

4.3.3 网络计划技术

网络计划技术是 20 世纪 50 年代以来出现的一类计划控制方法,其基本原理是:把一项工作或项目分成各种作业,然后根据作业顺序进行排列,利用所形成的网络对整个工作或项目进行统筹规划和控制,以便用最短的时间和最少的人力、物力、财力的消耗去完成既定的目标或任务。

对于简单的项目进度问题,根据一张网络图就可以确定出关键路线或关键作业,即对整个工期造成影响的那些作业。然后可以依据分析结果,重新调整和平衡人力、物力、财力等资源的分配,最终得到一个多快好省的方案。而一个实际的项目可能包含成千上万项作业,可能牵涉数千家单位,这种场合下采用网络分析技术进行统筹规划将会显示出巨大的优越性。一般来说,网络分析方法特别适用于项目性的作业,如大型设备的制造、各种工程建设等。

【案例分析】

1.亚航如何继续保持成功

亚洲航空公司是马来西亚的一家廉价航空公司,是亚洲地区第一家低成本航空公司,也是马来西亚第二家国际航空公司。亚洲航空公司拥有泰国亚洲航空和印尼亚洲航空两家合资公司。

正如董事长拿督巴哈曼所说:"亚洲航空这一家廉价航空公司自 2002 年 1 月正式投入运营,我们的目标就是让人人都能负担得起机票,让人人都能乘飞机旅行,并以四条航线和两架飞机开创了自己的企业。低成本航空理念被介绍给马来西亚人民。低廉的费用给许多人带来佳音,尤其是那些从未尝试过乘机的人士。好事传千里,所以我们发现越来越多的新面孔与我们一起飞行。"迄今为止航点包括马来西亚、澳大利亚、英国、法国、新西兰、中国、印度、韩国、日本、中东国家、印度尼西亚等。已经开辟106条航线,飞机总数达175架。

标语"人人都能飞行"向消费者总括了品牌价值理念。对于以前支付不起常规飞行航班的人来说,亚航提供给他们乘飞机旅行的憧憬。亚航经营基于以下关键策略:

只提供起码必需品:亚航的收费远远低于其他经营商。亚航的目标客户群是经常旅行的乘客积攒里程数,用其换取免费机票或者能在休息室休息,来换取比那些通常提供等量相同服务的飞机低80%费用的人。

没有免费的饮料和餐点供应。取而代之的是,客户在飞机上可以选择购买食物和饮料。"特色点心"是一排美味的小点心和饮料,以确实能够支付的价格专门为亚航的乘客所准备。

频繁的航班:亚航高频率的服务确保满足顾客的方便。航线25分钟一次快速周转,在区域内更快,这使得飞机的利用率高,低成本和一流的飞机和员工生产率。

顾客便利:亚航提供便利的服务使旅行更轻松,让顾客更能负担得起。顾客可以通过电话、网络、代理商、机场和现场售票处等多种渠道方便地订购机票。

简单的支付渠道:与"易订、易付、易飞"提议一致,亚航积极与业务开展地的本土金融机构开展合作,构建方便的线上线下多种支付渠道。

提高顾客服务:亚航一直在寻求改进服务和为顾客节约费用的渠道。亚航是亚洲第一家8种语言均可访问的多语言版本网站——英语、汉语、巴哈萨语、马来西亚语、日语、坦米尔语、泰语和印尼语。

成本控制:亚航认为,关于竞争,成本才是最大的竞争对手。主要靠短程航班,飞机利用率高,飞机上饮料和点心销售,与其他公司合伙开拓市场,尽可能着陆二线机场,乘务员快速清洁飞机,飞机在机场快速周转,这些方式维持低成本获取利润。

乘务员多重任务:相对于其他航空公司的飞机乘务员,亚航乘务员有额外的任务(例如清洁飞机),不过他们可以在航班飞行中销售餐饮来挣得佣金。有时候,飞行员帮助清洁飞机!托尼·费尔南德斯带头做榜样,他偶尔会帮助乘客提供饮料服务和核对乘客。亚航的文化是不同的,并且正是这种"能做"的态度是成功的关键因素之一。

重视乘客安全:针对乘客对安全的担心给予足够重视。低成本运营使得乘客担心安全问题,亚航强烈意识到乘客的这些忧虑,并尽力满足当前和潜在乘客的要求。

亚航的成本优惠策略在某种程度上是以飞机的安全为代价的,亚航的24架波音737-300完全符合国际航空安全条件,享有国际声誉的马来西亚民航部对其进行管理。2002年7月,亚航和通用电气的飞机引擎部门达成了一项价值2千万美元的协议,随后与沃尔沃航空达成3百万美元的飞机引擎和机件协议。亚航最近与ST宇航签署700万美元的协议,涉及支持提供工程零部件7年。

(资料来源:泰柏勒.亚洲明星品牌[M].北京:清华大学出版社,2009.部分数据引自亚航官网.)

讨论:

1.亚航的使命怎样帮助它取得了成功?

2.亚航通过哪些战略帮助它获得了竞争优势?

2.王厂长的目标管理

王建担任这家工厂的厂长已一年多。他刚看了今年工厂实现目标的情况统计资料,大大出乎他的意料。他记得就任厂长后的第一件事就是亲自制订了工厂的一系列计划目标——在一年内要把购买原材料的费用降低10%~15%,把用于支付工人的超时工作费用从原来的11万元减少到6万元,要把废料运输费用降低3%。他把这些具体目标告诉了下属有关方面的负责人。

然而,原材料的浪费比去年更为严重,原材料的浪费率竟占了总额的16%;职工超时工作费用也只降到了9万元,远没有达到原定的目标;运输费用也根本没有降低。他把这些情况告诉了负责生产的副厂长,并严肃地批评了这位副厂长。但副厂长争辩说:"我曾对工人强调过要注意减少浪费的问题,我原以为工人也会按我的要求去做的。"人事经理也附和着说:"我已经为削减超时费用尽了最大努力,只对那些必须支付的款项才支付。"而负责运输方面的负责人则说:"我对运输费用没降下来并不感到意外,我已经想尽了一切办法。明年我估计运输费用可能要上升3%~4%。"

在分别和有关方面的负责人交谈之后,王建又把他们召集起来宣布新的要求。他说:"生产部门一定要把购买原材料的费用降低10%,人事部门一定要把超时费用降到7万元;即使是运输费用提高,也不能超过今年的标准。这就是我们明年的目标。我到明年年底再看你们的结果。"

讨论:

1.王厂长的管理是目标管理吗? 为什么?

2.他明年的目标能完成吗? 如果你是王厂长,你认为怎样才能完成明年的目标?

【思考题】

1.为什么说计划与决策是相互区别、又相互联系的?

2.如何用SWOT分析法来分析自己的专业发展?

3.目标管理是否应该在每个企业、每个部门推行?

4.计划在管理工作中的作用是什么?

【本章小结】

1.计划是将企业决策目标所需进行的活动在时间和空间上进行分解。

2.计划编制的程序是:确定目标、制订计划的前提条件、拟订可供选择的方案、评价备选方案、选择最佳方案、编制派生计划、编制预算。

3.战略是组织最重要的计划,战略规划过程包括:设定使命、分析环境、建立目标、制定战略、执行战略并监控其实施过程。

4.SWOT分析法是分析环境的重要工具。组织战略分为三个层次:公司层战略、事业层战略和职能层战略,成功的战略应该形成一个完整配合的系统。

5.目标管理以及滚动计划法的运用将为计划的执行和调整提供有力的保证。

【扩展知识】

目标设定的 SMART 原则

目标管理从被提出的那天开始就一直被管理人士所使用。事实证明,目标管理不仅适用于组织管理,也是自我管理的重要工具。确定目标知易行难,在目标设定的过程中,SMART 原则被广泛地运用于项目管理和自我管理之中:

◆S—SPECIFIC 目标必须是精确、具体的

设定目标时不仅要将目标以肯定的语气写下来,更要明确抽象的目标概念,根据目标规划具体可达成的方法和步骤。即目标要尽量制订得具体,才不至于使目标沦为空中楼阁。

举例来说,假如你希望能够在公司里出类拔萃,那么你就要找出你想象中出类拔萃的人的相应位置和状态。比如"想做销售部部长",那么这将只是一个大致方向,具体实施还需要相当明确且能规划的目标。比如"今年我决定做到销售部经理",或者"力争获得个人销售冠军"。再比如,你想在 35 岁的时候拥有自己的律师事务所,为了有效达到目标,你应该采取什么样的起点和步骤? 是从大城市入手,还是以小城市为主? 为确保成功,在众多法律领域中主攻哪个方面? 你想在哪个律师事务所、与谁一起搭档多长时间? 一旦获得这些问题的答案,你就迈出确定目标的第一步了。

◆M—MEASURABLE 目标必须是可以衡量的

面对目标,如果你不想让自己的努力白白丧失,那么在设计目标时,一定要坚持贯彻可衡量性。目标的可衡量性对于你最终能否实现目标非常重要。一方面,通过这个可衡量的标准,你可以透析自己的行为,据此客观地了解奋斗趋势的走向,从而降低失败的几率,减少失败的风险。另一方面,更是为未来的自我设立了考核标准,有利于你更加明确、高效地工作。毕竟面对不可衡量的目标,你是无法进行自我考核的。

比如,为了达到"销售部经理"的目标,你不能笼统地说"从现在起我要努力工作",而应当说"在半年之内,我要把销售业绩翻两番",或者"两个月之内,我要突破 50 万元的销售大关"。

◆A—ATTAINABLE 目标必须具有可行性

设定更高的目标固然可以促进一个人前进的动力,而且目标设定在指导和激励方面的作用也是众所周知的,但是我们需要倍加小心——单纯设定目标而却忽略它的可行性是很危险的。"好高骛远的目标只会让人迷失方向,让人充满挫败感,影响奋斗的信心。"

有资料表明:"目标的实现与心理回报密不可分,后者包括积极的自我评价和更高的自我满意度"。但同时,人们也会"因为承认无法达到目标而产生心理成本""人们无法达到目标后,心理因素会诱发不自信因素""特别是没有实现既定目标的人比根本就没有设定目标的人更容易产生不自信"。在制订目标过程中,"你想做什么、你能做什么"和"外界能给你什么"是两个关键性要素。当然,我们不能片面地看待目标的可行性,一味地画地自限,不敢

跨越。客观地讲,在制订目标时,既要考虑限制条件,又要努力突破它们的局限。因为,目标的可行性不是限制,而是解放。

◆R—RELEVANT 目标必须和其他目标具有相关性

在团队求胜的今天,任何人的个人目标都不能脱离组织、团队的目标,不能孤立于整体目标之外。在一个公司内部,你所制订的每一个目标都要具备上下关联性,从而通过达成公司的整体目标而实现自己的个人目标。其实,不仅仅是整体与个人,个人与个人本身的逐个目标也必须具备关联性。

◆T—TIME BASED 目标必须具有明确的时限性

有人曾说过这样一句话:有实现时限的才可能叫目标,没有时限的只能称之为梦想。没有时间表的目标,只是主观的期望,唯有具备完成期限的目标,才有付诸实施的可能。而要发挥最大的目标达成力,在完成期限前必须同时设定"四个时间段"。准确地说要将自身的努力融入到四个时间层面:

第一时间段:每日到每周;

第二时间段:每月到每季;

第三时间段:每年;

第四时间段:一年以上。

通过这四个时间段的检视,你可以将自身的努力准确输入所确定的目标中,从而提高整体预测能力,达到更高的整合度。为保证目标的达成率,在第二和第三时间段中,可以留有适当的时间空隙。假如你通过前面两个时间段检视,发现进度落后,可以利用这个时间余地调整目标,从而不至于等到目标完成期限将至,才发现进度落后太多,却因没有时间弥补,不得不放弃目标。正如前面所讲过的,任何目标的完成与否都会影响你的自信,如果设定的目标总是无法完成,这只会让你充满挫折感,以至于到最后根本不想设定目标。

(资料来源:王学峰.卓有成效的八大自我管理工具[M].北京:机械工业出版社,2011.)

【管理能力训练】

训练一:为你所在的学生社团或寝室制订一个目标管理方案

训练要求:

1.应进行必要的调查研究,正确地确定目标项目与标准。

2.方案必须充分体现目标管理的特点与要求,具有可操作性。

3.方案应具备完整的结构,语言通顺流畅、简明清晰。

训练二:

根据目标管理或滚动计划法,结合自己职业生涯发展,模拟制订大学期间的学习计划。

第 5 章　组织设计

知识目标

1.了解组织的概念与分类；
2.熟悉组织设计的理论和依据；
3.掌握组织设计的原则、任务与内容（部门划分的方法、层级设计和权责分配）；
4.掌握组织结构的基本形式；
5.了解当前组织设计的新趋势。

能力目标

1.理解组织结构设计在现实中的运用；
2.能结合实际情况，提出组织结构设计的设想。

企业管理中的一个主要问题是组织设计。尤其是随着组织规模的扩大和活动的复杂化、高级化，组织中所包含的不同性质的活动种类越来越多，所涉及的领域越来越广，各种工作量也越来越大。为了提高工作效率，必须将组织中的各种要素连接起来，这就要求对整个组织的全部工作进行细致地分析，按照一定的原则对各类工作进行处理，建立起组织的部门结构、职权结构和规章制度，即进行组织设计。此外，业已形成的组织结构也不是一成不变的，它必须根据组织内外环境的变化而作出相应的调整和变革，以增强组织的适应性。

5.1　组织概述

组织的作用与功能都是组织的基本结构决定的，金刚石与石墨、部队与老百姓的不同主要是结构不同，因而造成作用与功能大不相同。组织及其结构的重要性由此可见。

5.1.1　组织的含义

组织的希腊文原义是指和谐、协调；英文组织的词根为"organ"，其意义是具有功能并自成体系的系统结构；汉语中组织的原始意义是"纺织"，即将丝麻织成布帛。目前，组织一词使用得比较广泛,一般主要从两个角度理解其含义。

1) 组织的一般含义

从一般意义上看,组织是为了达到某些特定目标,在分工合作的基础上构成的人的集合。组织作为人的集合不是简单的毫无关联的个人的加总,它是人们为了实现一定的目的,有意识地协同劳动而产生的群体。要理解组织的含义,需要抓住以下几点:

①组织是一个人为的系统;

②组织必须有特定目标;

③组织必须有分工与协作;

④组织必须有不同层次的权利与责任制度。

2) 组织的管理学含义

在管理学中,组织被看作是反映一些职位和一些个人之间关系的网络式结构,它可以从静态与动态两个方面来理解:

静态方面,指组织结构,即反映人、职位、任务以及它们之间的特定关系的网络。

动态方面,指维持与变革组织结构,以完成组织目标的过程。因此,组织被作为管理的一种基本职能。

5.1.2 组织的分类

1) 按组织的性质划分

(1) 经济组织

经济组织是人类社会最基本、最普遍的社会组织,意义重大。如生产组织、商业组织、银行组织、运输组织和服务性组织。

(2) 政治组织

政治组织是在阶级出现之后所形成的带有政治纲领与目的的组织,包括政党和国家政权组织。政党都代表本阶级的利益和意志,国家政权都是国家管理社会的重要机器。

(3) 文化组织

文化组织是以满足人们的文化需求为目的,以文化活动为其基本内容的社会团体。如学校、图书馆、电影院、艺术团体、科学研究机构等。

(4) 群众组织

群众组织是代表群众利益,由广大群众参加的非政权性质的社会团体。如工会、共青团、妇女联合会、科学技术协会等。

(5) 宗教组织

宗教组织是以某种宗教信仰为宗旨而形成的组织。

2) 按组织的形成方式划分

(1) 正式组织

正式组织是为了有效实现组织目标而规定组织成员之间的职责范围和相互关系的一种结构。有以下特点:

第一,正式组织不是自发形成的,反映一定的管理思想和信仰;

第二,正式组织有明确的目标,并为组织目标的实现而有效的工作;

第三,正式组织有明确的效率、逻辑标准,组织成员都为提高效率而共同努力;

第四,正式组织具有强制性,即以明确的规章制度来约束组织成员的行为。

(2)非正式组织

非正式组织是人们在共同的工作或活动中,由于抱有共同的社会感情、兴趣爱好、共同利益为基础而自发形成的组织。有以下特点:

第一,自发性,是为了满足成员的各种心理需求而自发形成的;

第二,内聚性,相同的利益使成员之间的内聚性强;

第三,不稳定性,环境发生变化,非正式组织就容易发生变动;

第四,领袖人物作用较大,领袖人物是自然形成的,具有较大的权威性,在非正式组织中能发挥较大作用。

正式组织与非正式组织的区别突出表现在是否程序化上,即是否程序化设立、是否程序化解散、是否程序化运行等方面。显然,正式组织更多地体现为程序化特征,非正式组织更多地体现非程序化特征。程序化往往意味着刚性较为严重。所以,在正式组织中,应尽可能地灌输部分灵活性,使之能更好地适应环境和培养创新。非正式组织基本上是由人们在一定的互相联系中自发形成的个体和社会关系的网络,表明非正式组织能够提供某些正式组织所不能提供的效用。依此类推,只要正式组织(包括家庭)不能提供或不能在低成本前提下提供人们的全部效用,非正式组织就有其存在的可能性和现实性。在此,可以借用两位美国管理学家所描绘的示意图(图5.1)来理解两者的区别与联系。

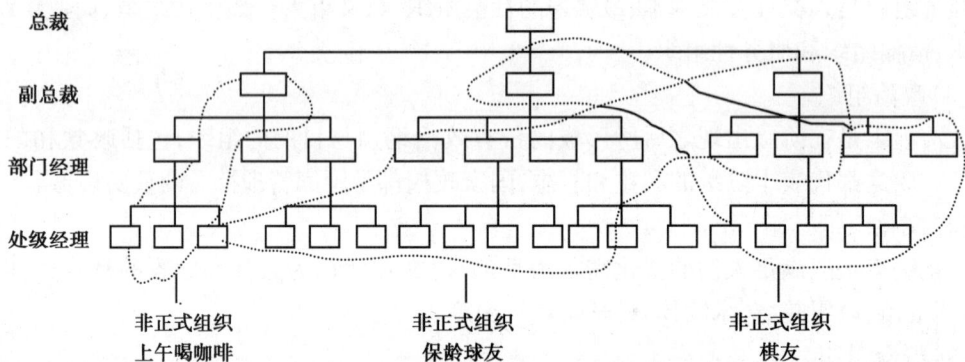

图 5.1　正式组织与非正式组织示意图

正式组织与非正式组织都是客观存在的事实。由于非正式组织具有双刃剑的作用,有人(如松下幸之助)认为,正式组织应该重视和充分利用非正式组织,使非正式组织目标转移到与正式组织目标保持很大程度上的一致性;有人则认为,在正式组织之内,对非正式组织应该禁止,使之不影响正式组织目标的实现。应该说,时至今日,尽管有多种不同观点,但在对非正式组织的态度上,至少在允许及承认其存在的方面,基本上达成一致性的认识。所以管理人员应重视非正式组织的存在,避免与之对抗,尽量利用非正式组织对正式组织的有利影响,避免其不利影响。

3）按组织的形态划分

（1）实体组织

组织的最初形态就是表示一种有形的实体组织,从实体角度看,组织是为了实现某一共同目标,经由分工与合作,及不同层次的权力和责任制度而构成的人群集合系统。作为一个有形的实体组织必须具有明确的目标、科学的分工与协作和不同层次的权力责任制度。

（2）无形组织

它是一个有别于作为有形实体组织（如工商组织、事业单位、政府部门等机构或组织）存在的"组织"概念,是指在特定环境中为了有效地实现共同目标和任务,确定组织成员、任务及各项活动之间的关系,对资源进行合理配置的过程;正是借助于组织活动、过程和文化等所具有的协同或协调作用,各类组织机构内部才有可能形成一个"力量协作系统",使个体的力量得以会聚、融合和放大,从而体现组织的作用。

（3）虚拟组织

随着社会的发展特别是网络的普及,目前出现了一种新的组织类型,即虚拟组织。虚拟组织与以往的实体组织相比有以下特点:一是组织结构虚拟化。虚拟组织一般不再具有法人资格,组织形式网络化,因此,管理的幅度大大扩展;二是构成人员虚拟化。虚拟组织的人员的归属不再具有唯一性和确定性,组织人员具有高度的可流动性;三是办公场所虚拟化。虚拟组织一般不再有固定的办公场所,员工可以依据自己的条件自行安排办公场所;四是核心能力虚拟化。虚拟组织的核心能力不再像传统企业那样取决于企业内部的各种既定条件,而主要取决于通过网络组织形式对于组织外部各种条件的组织和利用而形成的网络核心能力。因此,相对于实体组织,其核心能力具有高速度、低成本等特性。

4）按组织原理划分

（1）机械型组织

机械型组织也称官僚行政组织,其特点是高度复杂化、高度正规化和高度集权化,它属于综合使用传统组织原理而产生的一种组织形式,与传统意义上的金字塔形实体组织具有较大的相似性。

（2）有机型组织

有机型组织也称适应性组织,具有低复杂化、低正规化和分权化等特性,是综合运用现代组织原理设计的一种组织形式。

5.2 组织设计的理论、依据与原则

企业的组织结构是企业全体职工为实现企业目标,在管理工作中进行分工协作,在职务范围、责任、权利方面所形成的结构体系。其内涵可以从三个方面来理解:

①组织结构的本质是职工的分工合作关系。

②组织结构的核心内容是权责关系的划分。

③组织结构设计的出发点与依据是企业目标。

组织设计也称组织结构设计,就是要把为达到组织目标而必须从事的各项工作和活动进行分类组合以确定适合的组织结构类型,划分出若干部门,根据管理幅度原理,划分出若干管理层次,并把监督每类工作或活动所必需的职权授予各层次、各部门的主管人员,以及规定上下左右的协调关系。简言之,组织设计是对组织的结构要素以及整个组织结构要素间关系的综合,其目的是实施战略与规划和实现组织目标。

组织设计本身具有两个性质,一是组织设计不是一劳永逸的事情,因为随着环境和人员等要素的变化,绝大多数的组织几乎总是处于变革的过程之中的,因此,组织结构也需要适时适当地做出调整;二是越大型的组织,其结构设计就越为复杂,其中包括许多细微的差别和变化。

5.2.1　组织设计的一般理论

组织设计理论是指有关组织结构与组织的系统设想。在管理的历史长河中,最具有代表性的组织设计理论有:古典组织理论、行为组织理论和系统组织理论。

1)古典组织理论

古典组织理论由德国马克斯·韦伯(Max Webber)在20世纪初提出。他提出了一种理想的组织模式——官僚组织,从而发展了权威的结构与关系理论,即权力结构理论。它强调以工作为中心,依靠权力来维系组织内部之间的关系。韦伯认为,官僚组织是基于合法性的正规的权威体系。但人们往往将官僚组织与"繁文缛节"、僵化和推卸责任联系在一起。政府官僚主义是一个常见的贬义词。

官僚组织理论侧重于组织结构的设计,其组织结构具有明晰的劳动分工,正式的规则和法规,按等级组织职位,并具有明确的命令链。直到20世纪中叶,这种官僚组织模式一直是组织设计的主导模式。

最典型的现代官僚组织要数政府和大学。在这样的组织中,规则、制度和标准化程序都是必不可少的。大型的工会组织往往也是官僚组织。官僚组织的主要优势之一是它的某些构成要素确实有助于提高效率(例如依赖规则和聘用专家),官僚主义还有助于防止任人唯亲(人人都必须遵守规则)和建立透明的程序及办事原则。然而,不幸的是,官僚组织也有严重的缺陷,其中一项主要的缺陷是官僚组织模式往往导致失去灵活性和僵化,一旦规则建立起来就很难进行变通。此外,官僚主义还往往导致忽视人性与社会性。

2)行为组织理论

组织设计的另一种通用理论是行为组织理论,它是伴随着管理思想中人际关系学派的发展而成长起来的。这一理论认为,组织是由人组成的,有效的组织模式应注重组织中的人际关系,给予组织成员较多的行动自由和发挥潜在能力的机会。以美国著名的行为学家利克特(Rensis Likert)为代表,他通过对几家大型组织的群体与个体行为的研究,以确定效率差异的原因。利克特用八项重要指标来定义组织的特征:领导、激励、沟通、互动、决策、目标设定、控制和绩效目标。他发现,采用官僚组织模式的组织的效率不如采用更具行为导向的组织模式,这同当时正在兴起的人际关系学派的观点是一致的。换句话说,更注重开发工作小组和更关心人际过程的组织效率更高。

官僚组织模式从静态的角度出发,以效率为目标来组织内部结构,而行为组织模式从动态的角度出发,以建立良好的人际关系为目标来构建符合人际关系原则的组织。二者最大的区别在于对组织中人的地位的看法不同。前者认为,组织设计最重要的是要建立一个分工明确、非人格化的组织结构;后者则强调组织设计必须考虑到人的因素,人与人之间的关系以及人的能力的发挥,以期实现其共同的目标。相对于官僚组织模式,行为组织模式也有其优势和劣势。其优势在于重视组织员工的价值,强调人的行为,为组织设计提供了更具人性化的方法。然而,这一理论强调存在组织设计的最佳方案,但事实上却并不存在这样的方案。对一个组织适用的方法可能不适用于另一个组织,即使同一个组织,在不同时期也需要采用不同的组织形式。因此,通用的组织模式已经在很大程度上被更新的考虑权变因素的理论所取代。

3) 系统组织理论

在20世纪70年代以前,组织设计基本上是在上述两种模式中进行选择。随后,以切斯特·巴纳德(Chester I.Barnard,1886—1961年)为代表的系统组织理论则认为,不论是行为组织模式还是官僚组织模式都不一定是适用于任何组织的最佳模式。组织是一个开放的系统,要根据组织所处的内外部环境进行系统设计。巴纳德在漫长的工作经历中积累了丰富的经营管理经验,并深入分析现代管理的特点,写出了许多重要著作。其中最有名的是1938年出版的《经理人员的职能》,被誉为美国现代管理科学的经典著作。该书连同他10年后出版的《组织与管理》是其系统组织理论的代表作,是其毕生从事企业管理工作的经验总结。他将社会学概念应用于分析经理人员的职能和工作过程,并把研究重点放在组织结构的逻辑分析上,提出了一套协作和组织的理论。他认为,社会的各级组织包括军事的、宗教的、学术的、企业的等多种类型的组织都是一个协作的系统,它们都是社会这个大协作系统的某个部分和方面。这些协作组织是正式组织,都包含三个要素:协作的意愿、共同的目标和信息联系。所有的正式组织中都存在非正式组织,正式组织是保持秩序和一贯性所不可缺少的,而非正式组织是提供活力所必需的。两者是协作中相互作用、相互依存的两个方面,所有的协作行为都是物的因素、生物的因素、人的心理因素和社会因素这些不同因素的综合体。

巴纳德在组织管理理论方面的开创性研究,奠定了现代组织理论的基础,后来的许多学者如德鲁克、孔茨、明茨伯格、西蒙、利克特等人都极大地受益于巴纳德,并在不同方向上有所发展。

5.2.2 组织设计的依据

1) 战略(strategy)

战略是关于组织长远目标、发展方向及相应的行动方案,资源配置的设想与筹划,是组织获得长久竞争优势的基础。有学者通过对上百家大公司的实证研究后认为:公司战略的变化先行于并导致了组织结构的变化。

首先,组织战略的选择决定了其业务活动的特点,直接影响到管理职务的设置和部门的划分;其次,战略重点的调整会引起工作重点的转移,影响到各部门在组织中重要程度的变化,从而要求组织内的部门与管理职务间的关系也相应调整。比如,选择了专一化战略的组织会有一个较为简单、精干的组织结构;而一个将战略重点转向海外市场的公司,不只是新增一个国际业务部,还会要求其他部门的相应改变和提供支持。

2) 环境(environment)

任何组织都存在于一定的社会环境之中,而且必须通过与环境的交换才能生存与发展。但外部环境是组织无法控制的,组织只能调整自身结构来适应不同的环境。

一般来说,所处环境的不同会影响到组织结构的整体特征。那些等级关系严格、规章制度详细刻板、职责分工明确、工作程序固定的"机械式"组织结构在变化缓慢、相对稳定的环境中有很高的运作效率。而在竞争激烈、存在多种不确定因素的动荡环境中,那些更强调合作与横向沟通、等级结构和权责界限相对模糊、具有更多灵活性的"有机式"组织结构更有利于快速地对环境变化作出反应。表5.1描述了机械式组织和有机式组织的结构区别。

表5.1 机械式组织与有机式组织的结构区别

机械式组织结构	有机式组织结构
工作被分为窄小的、专门的任务	工作按一般任务划分
任务按专业化分工完成,除非等级制中的管理人员发生变化	根据承担任务的员工之间的相互交流,任务不断地按照需要进行调整
控制结构、职权结构和沟通结构是等级制的	控制结构、职权结构和沟通结构是网络化的
决策由某一个专业化层级作出	决策由具有相关知识和专业技能的个人作出
沟通主要是管理者和下属之间的垂直沟通	沟通在上下级之间、同级之间分别为垂直沟通和水平沟通
沟通的内容大多是由上级管理者发出的指令和作出的决策	沟通的内容大部分是信息和建议
强调对组织的忠诚度和对领导的绝对服从	强调对组织目标承担责任和拥有专业技能

(资料来源:Burns,Stalker.The Management of Innovation[M].London:Tavistock,1961:119-122.)

此外,不同的环境会影响到组织内部的机构设置和部门间的关系。比如,在我国旧的计划经济体制下,生产要素的调配和产品的销售都是由国家计划统一安排的,企业的任务就是按计划组织生产。再如,在垄断程度较高的行业,或者是在产品供不应求的卖方市场环境中,企业主要关心的是如何生产尽可能多的产品,相应的组织结构中,生产部门居于中心地位,销售工作难度不大,人员也较少,销售部门处于附属地位。而在市场经济体制下,尤其是在同行业竞争激烈、商品供过于求的买方市场环境中,营销成为企业经营管理中的关键环节,计划、采购、生产制造和新产品开发都要以营销为基础,不但营销部门的工作包含了更复杂的内容,人员和机构都增加,而且与其他部门的联系也更加紧密了。同时,研究与开发、质量控制等部门也变得重要起来。

3)技术(technology)

技术是将投入(物料或信息)转化为产出(产品或服务)的过程。绝大多数组织运用多种技术,其中最重要的被称为核心技术(core technology)。技术对组织结构的影响从两个层面上展开。

第一个层面是组织用于自身管理活动的办公设备和管理手段的技术水平的高低,将直接影响到组织中的职务设置、结构特点和对管理人员的素质要求。拥有先进的自动化办公设备和完善的管理信息系统的组织,在大大减少一般管理职务的同时,也会改变组织中的部门结构。如某大型跨国公司建立的计算机财务系统使其会计职务由数百个减至不到10个。美国最大的非耐用消费品批发商麦金西公司联系着2 500家供货商,面向14 000家杂货店和医院提供5万种商品,通过运用先进的信息扫描装置和计算机技术处理订货数据,公司只用50个配销中心就可以保证杂货销售商在24小时内收到它所需要的货物。沃尔玛公司更是运用自己的通讯卫星在总部的信息中心处理它的全球事务。

第二个层面是组织在向社会提供产品和服务的过程中所采用的生产设备和技术的先进程度对组织结构的影响,这在作为经营性组织的企业中更为明显和直接。如激光照排技术及其设备彻底改变了图书出版企业的生产过程与作业组合。金融电子化技术在解放了大量手工劳动的同时拓展了许多新的服务领域,从而在组织结构中增加了新的业务部门。那些为社会提供高技术含量产品和服务的企业,会需要与传统企业完全不同的组织结构,强大的研究与开发部门和信息中心成为企业的心脏。

总之,科学技术的飞速进步及其商业化应用对组织结构的影响是极其深刻的,必须予以高度重视,只有与组织的技术状况相适应的结构才有助于提高组织的绩效。

4)组织规模(size)

组织规模的大小是影响其结构设计的基本因素。除了影响等级层次的多少外,也影响对组织结构类型的选择。有很多衡量组织规模的方法,但是销售量和员工数量是最为常用的两个要素。规模小的组织一般专业化(水平劳动分工)程度低、标准化程度低、集权程度高。而规模大的组织一般专业化程度高、标准化程度高、分权程度高。因此,随着组织规模的扩大,组织结构自然也要有相应的改变。

一个少于500人的小企业多半会优先考虑按职能划分部门,形成一种权力比较集中的简单型结构。而一个有数千名职工、经营着多种产品系列的大型企业,则需要考虑数个具有相对独立性的分支机构,并增加协调分支机构运作的专门职位。大型组织由于结构变得复杂,通常倾向于比小型组织更细化的分工和更多、更严密的规则条例,以加强标准化,便于统一管理。但这种关系并非是严格线形的,组织扩充到一定程度后,规模对于结构的影响将逐渐减弱。

此外,当组织处于不同的发展阶段,其主要活动内容和运作特点不同,也要求不同的组织结构与之相适应;组织所处地区的社会文化背景及自身组织文化的特点都是在组织结构选择时要考虑的因素。

5.2.3 组织设计的基本原则

1) 统一指挥原则

统一指挥原则(unity of command principal)是指一个员工只有一个直接的管理者。这一原则要求在上下级之间形成一条清晰的指挥链,不能"一仆二主",防止形成多头指挥,使人无所适从。

人们早在上千年前就认识到具有多个上级管理者所带来的困境。《圣经》中说:"没有人可以服侍两个主人。"最简单的例子是,当两个管理者同时告诉同一个员工让他在同一时间去做不同的事情时,问题就产生了。这就会使员工处于一种绝不能胜任的境地,出现如图5.2中漫画所示的情形。不论员工听从哪一个主管的指挥,另外一个主管都会不高兴。解决这个问题的关键,是运用统一指挥原则。上级意见有分歧时一定要统一后再向下发布指令,在组织结构设计和管理权限划分上都要遵循统一指挥原则。

图 5.2 多头领导的困惑

2) 分工协作原则

分工协作原则是社会化大生产的客观要求。专业化分工是管理过程的专业化要求,就是要把企业活动的特点和参与企业活动的员工的特点结合起来,把每位员工都安排在适当的领域中积累知识、发现技能从而不断地提高工作效率。协作是管理的系统化要求。分工只是强调了各部门的工作和要求,但组织是一个整体,组织活动的完成不是组织内部各部门、每个成员自己都开展活动,而是整体性的活动,因此在分工的基础上,还需要加强组织内部各部门的协作,分工和协作二者是相辅相成的。

从某种意义上来说,企业组织设计就是对管理人员的管理劳动进行分工,构建协调机制:部门设计是根据相关性或相似性的标准,对不同部门的管理人员的管理劳动进行横向分工;层级设计则是根据相对集权或相对分权的原则,把与资源配置方向或方式选择相关的权利在不同层级的管理机构或岗位间进行纵向的安排。这表明,组织设计必须遵守分工协作的原则。

3) 权责对等原则

权力是指在规定的职位上所具有的指挥与行事的能力,而责任是指接受职位、职务时所应尽的义务。所谓权责对等原则也就是权责一致原则,是指在一个组织中的管理者所拥有的权力应当与其所承担的责任相适应的准则。要根据责任的大小分配权力,责任和权力应是对等的。如果责任大于权力,则负不了责任;如果权力大于责任,则可能会导致乱用权力。

权责对等原则的内涵应包括如下几方面:

(1) 管理者拥有的权力与其承担的责任应该对等

所谓"对等"就是相互一致。不能拥有权力,而不履行其职责;也不能只要求管理者承担责任而不予以授权。

(2) 向管理者授权是为其履行职责所提供的必要条件

合理授权是贯彻权责对等原则的一个重要方面,必须根据管理者所承担的责任大小授足其相应权力。管理者完成任务的好坏,不仅取决于主观努力和其具有的素质,而且与上级的合理授权有密切的关系。

(3) 正确地选人、用人

上级必须委派恰当的人去担任某个职务和某项工作,人和职位一定要相称。应根据管理者的素质和过去的表现,尤其是责任感的强弱,授予他适合的某个管理职位和权力。

(4) 严格监督、检查

上级对管理者运用权力和履行职责的情况必须有严格的监督、检查,以便掌握管理者在任职期间的真实情况。管理者渎职,上级应当承担两方面的责任:一是选人用人不当;二是监督检查不力。监督、检查应该主要由授权者履行。

4) 有效管理幅度原则

管理幅度(span of management),也称为控制幅度(span of control),是指一个管理者能够直接有效地管理下属的人数,是一个数量的概念。任何组织都需要解决主管人员直接指挥与监督的下属的数量问题,但在同样获得成功的组织中,管理者直接管理的下属的数量是不同的。因此,管理幅度没有一个固定的标准,它的有效性要受许多因素的影响,这些因素主要有:

(1) 工作能力

主管和下属的工作能力强,管理幅度可以大一些;主管和下属的工作能力弱些,则管理幅度相对设计小一些。

(2) 工作内容和性质

①主管所处的管理层次。高层主管决策工作量大,用于指挥、协调下属的时间较少,管理幅度应小些;中层和基层主管决策工作量小,用于指挥、协调下属的时间相对较长,管理幅度适当大些。②下属工作的相似性。下属从事的工作内容和性质相近,则对每个人工作的指导和建议也大体相同。在这种情况下,主管的管理幅度可以大一些。③计划的完善程度。计划制订得完善,目标和要求明确,下属容易理解,这样主管就不需要花费较长时间对下属进行过多地指导,管理幅度可以大一些;反之,如果计划制订得不完善,下属不能很好地理解,那么对下属指导、解释的工作量就会相应增加,这样有效管理幅度就小。④非管理性事

务的多少。主管作为组织不同层次的代表,往往必须占用一定的时间去进行一些非管理性事务,这种现象对管理幅度也会产生消极影响。

(3)工作条件

主要考虑有无配备助手、管理手段先进与否和工作地点是否相近等因素。如果主管配备有助手帮助、管理手段先进、下属工作地点距离较近,则管理幅度就要大些。如果主管没有配备助手,主管要亲历亲为,管理手段落后,下属工作地点距离较远,则管理幅度就要小些。

(4)组织内外环境

组织环境稳定与否会影响到组织活动的内容和政策的调整频度与幅度。环境不稳,主管就需要用较多时间和精力关注环境变化,考虑应变措施。用于指导下属的时间和精力就会减少,主管直接有效地指挥下属的数量就会受到限制。环境稳定,主管用于关注环境变化,考虑应变措施的时间和精力就少,用于指导下属的时间和精力就会增加,主管直接有效地指挥下属的数量就会相应增加。

5)弹性经济原则

弹性经济原则是指一个组织的结构应该既具有一定的弹性,以保持其灵活性,还要追求经济性,做到精简高效。

弹性结构是指一个组织的部门结构、人员职责和工作职务都是可以变动的,以适应组织内外部环境的变化。任何组织都是一个开放的社会子系统,在其活动过程中,都与外部环境发生一定的相互联系和相互影响。一般地说,组织要开展实现目标的有效活动,就要求必须维持一种相对平衡的状态,组织越稳定,效率也将越高。组织结构的大小调整和各部门责权范围的每次重新划分,都会给组织的正常运行带来有害的影响。因此,组织结构不宜频繁调整,应保持相对稳定。但是,组织本身和组织赖以生存的大环境是在不断变化的,当出现组织结构呈现僵化状态,无法适应组织内外环境变化的需要,以至于有可能危及组织生存和发展之前,组织能够适当的调整和变革,及时适应环境的变化,就能够给组织带来活力。

经济原则又叫高效精干原则,就是要用较少的层次、较少的人员、较少的时间达到管理的效果。一是要树立精简的观念,即机构与人员都要精简。二是要克服"帕金森现象"出现。帕金森是英国的一个经济学家,他认为,各个部门、各个组织机构用人总有两个浅显的道理:其一,凡是当官的人,遇到工作太忙需要增加人手时,往往是给自己增加下属,而不愿意找一个和自己势均力敌的对手;其二,官多了,他们之间自然而然地会制造许多工作,全都有活干,久而久之,组织就会出现机构臃肿,人浮于事。

5.3 组织设计的任务与内容

组织设计就是根据组织目标及工作的需要确定各个部门及其成员的职责范围,明确组织结构,其目的就是要通过创建柔性灵活的组织,动态地反映内外环境变化的要求,保证组织工作的顺利进行,以便实现组织目标。

组织设计的基本任务是分析和设计组织内各职能部门的职能和职权,设计清晰的组织结构,确定组织中的横向部门划分和纵向层次设计,并建立起响应的责权体系。根据组织设计要达到的目的,组织设计的基本内容包括工作设计、部门划分、层次设计、责权分配等四个方面。

5.3.1 工作设计

工作设计就是规定组织内各个成员的工作范围,明确其工作内容和工作责权,以便使其了解组织对他们工作职位的具体要求。

工作设计可以通过编制职位说明书的具体形式来实现。职位说明书用文字或者表格具体说明每一个工作职位的工作任务、职责与权限,尤其是与其他部门、其他职务的关系。其基本内容包括工作描述和任职说明。工作描述一般用来表达工作内容、任务、职责、环境等;任职者说明则用来表达任职者所需的资格要求,如技能、学历、训练、经验、体能等。表 5.2所示为某机械设备有限公司办公室秘书的职位说明书。

表 5.2 某机械设备有限公司办公室秘书职位说明书

一、职位基础资料

1.职位名称	公司办公室秘书	2.直接上级	总经理
3.所属部门	公司办公室	4.职位级别	
5.辖员人数		6.定员人数	1
7.备 注			

二、职位职责

1.职责摘要

协助公司办公室主任做好办公室工作。

2.职责说明

(1)负责通知和安排公司各类会议,负责会议记录、撰写会议纪要、存档有关建议、提案、方案,必要时对会议内容进行传达。
(2)负责公文、函电、邮件、报刊的收发、分类、编号、登记、分转、函复、催办、立卷、归档,负责文件的打印、复印、下发、上报等。
(3)按公司管理制度和审批权限办理文档的查阅、转发、外借等事项。
(4)负责管理办公室办公设备。
(5)严守公司机密,妥善保管文本、电子文本、声像信息。
(6)协助办公室主任起草、修订文件。
(7)协助办公室主任组织公司活动。
(8)处理公司日常事务性工作。
(9)完成办公室主任临时委派的其他工作。

三、工作联系

1.上向联系:公司办公室主任
2.横向联系:各部门、各车间
3.下向联系:

四、工作设备

电脑、电话、打印机

五、职位资格

1.年龄/性别/身体状况:25~40 岁/不限/健康
2.教育程度:中专以上
3.职位经历: ①地区:不限 ②行业:重型机械行业、制造业 ③年限:1 年以上 ④专业:文秘 ⑤职位:中、小型以上机械行业、制造企业办公室主任
4.特别资格要求

  随着组织规模的不断扩大,工作专门化成为工作设计的一个主要趋势,这就意味着原来由一个人完成的工作,可能细分为由多个人分工完成其中的一部分。工作专业化由于易于提高人们的工作熟练程度、减少变更工作所需的准备调整时间和便于使用专业化的装备,其直接结果是大幅度地提高劳动生产率;与此同时,过细的工作专业化也使人逐渐减少工作热情,进而产生厌烦情绪。因此,工作设计在考虑工作专业化时必须适度,既能发挥专业分工的优势,又尽可能避免其不足。在实践中,通常通过定期轮换工作岗位、扩大工作范围、丰富工作内容和增强工作特色等方法,来不断提高工作专门化程度。

5.3.2　组织的横向设计——部门划分

  在选择和设计好整个组织活动过程的各种工作岗位的基础上,就需要将这些工作岗位构成相应的工作单位和部门。部门设计就是根据组织职能相似、活动相似和关系紧密的原则,按各个工作岗位的特征对它们进行分类,然后将相应职务的人员聚集在一个部门内,从而构成组织的各个内部机构,以便进行有效管理。这个过程也称之为组织的部门化。

  部门是指组织中主管人员为完成规定的任务有权管辖的一个特殊的领域。部门设计主要是解决组织的横向结构问题,目的在于确定组织中各项任务的分配与责任的归属,以求分工合理、职责分明,有效地达到组织的目标。

  1)部门划分的原则

  要想有效、合理地集合组织资源,安排好组织内全部的业务活动,必须提供一些基本的

指导原则,使组织的部门划分能够具备科学性和可操作性。部门划分的具体的原则有:

(1)因事设职和因人设职相结合的原则

为了保证组织目标的实现,必须将组织活动落实到每一个具体的部门和岗位上去,确保"事事有人做"。另外,组织中的每一项活动终归要由人去完成,组织部门设计就必须考虑人员的配置情况,使得"人尽其能""人尽其用"。特别是,当组织需要根据外部环境的变化进一步调整和设计组织部门结构时,必须贯彻因事设职和因人设职相结合的原则,及时调整与组织环境不相适应的部门和人员,使组织内的人力资源能够得到有效的整合和优化。

(2)分工与协作相结合的原则

分工与协作是社会化大生产的必然结果,古典管理理论强调分工是效率的基础。在组织的部门设计中,必须对每一个部门、每一个岗位进行必要的工作分析和关系分析,并按照分工与协作的要求进行业务活动的组合。部门设计者可以依据技能相似性的归类方法集合相关的业务活动,以提高专业分工的细化水平。但是,过分强调专业化分工也会造成管理机构增多、部门之间难以协调等问题,这反而会使管理效率下降。这时,可以依据关系紧密性的归类方法,按照业务流程管理的逻辑顺序来集合业务活动,以达到紧凑、连续、利于协作的工作效果。

(3)精简高效的部门设计原则

部门精简高效是每一个部门设计者所追求的理想效果,作为一项基本原则应当贯彻在部门设计的每一个阶段和每一项活动过程中。按照这一原则,部门设计应当体现局部利益服从组织整体利益的思想,并将单个部门效率目标与组织整体效率目标有机地结合起来。另外,部门设计应在保证组织目标能够实现的前提条件下,力求人员配置和部门设置精简合理,不仅要做到"事事有人做",而且要"人人有事做",工作任务充裕饱满,部门活动紧密有序。

此外,按照组织设计的弹性原则,组织中的部门应可随业务的需要而增减。当外部环境发生变化时,可根据需要灵活设立临时部门或工作组来解决临时出现的问题。

2)部门划分的基本方式

组织划分部门的方法有多种,常见的划分方法如表 5.3 所示。下面对主要的划分方法进行简单介绍。

表 5.3　常见的部门划分方式

划分依据	举　　例
按照职能划分	绝大多数的中小型组织
按照产品划分	汽车厂有轿车事业部、卡车事业部、特种车事业部等
按照顾客划分	银行有大客户部、零售部,还有一些大学有函授部等
按照地域划分	组织活动存在于不同区域的企业,例如某公司的北方部、南方部、东方部等
按照过程划分	例如企业中的一些新产品开发部门、公关小组等
按照时间划分	炼钢厂、化肥厂等连续性操作的组织
按照人数划分	古代的军队,100 个人有一个百夫长,1 000 个人有一个千夫长等

（1）职能部门化

职能部门是一种传统而基本的组织形式。它是以同类性质业务为划分基础的,在组织中广为采用,如图5.3所示。此种划分优点在于责权统一,便于专业化,但往往会因责权过分集中,而出现决定迟缓和本位主义现象。

```
                          总经理
     ┌───────┬───────┬──────┼──────┬───────┬───────┐
    供应     生产     销售    财务    人事    研发     行政
```

图 5.3　职能部门化示意图

按部门职能专业化的原则,通常可把部门划分为三种类别:

第一类是生产部门。如商业和服务业领域通常分为营业部、服务部、客房部、餐厅部等;制造业通常分为车间、技术部、营销部等。

第二类是控制部门。如办公室、人事部、财务部等。

第三类是支持部门。如总务、后勤、保安、服务业的工程部、制造业的维修部等,在一些组织中财务部、人事部、办公室承担部分此类职能。

（2）顾客部门化

顾客部门化就是根据目标顾客的不同利益需求来划分组织的业务活动,如图5.4所示。这种划分虽能使产品或服务更切合顾客的实际要求,但同时却牺牲了技术专业化的效果。

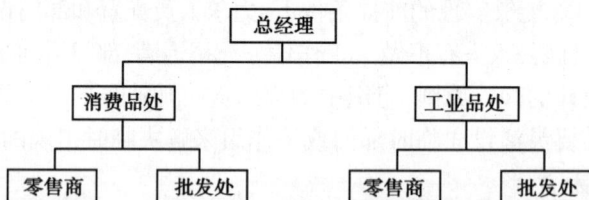

```
                    总经理
           ┌──────────┴──────────┐
         消费品处                工业品处
       ┌────┴────┐           ┌────┴────┐
     零售商    批发处        零售商    批发处
```

图 5.4　顾客部门化示意图

（3）地理位置部门化

地理位置部门化就是按照地理位置的分散程度划分企业的业务活动,继而设置管理部门管理其业务活动,如图5.5所示。这种划分最大的优点是对所负责地区有充分的了解,各项具体业务的开展更切合当地的实际需要。但是容易产生各自为政的弊病,忽视了公司的整体目标。

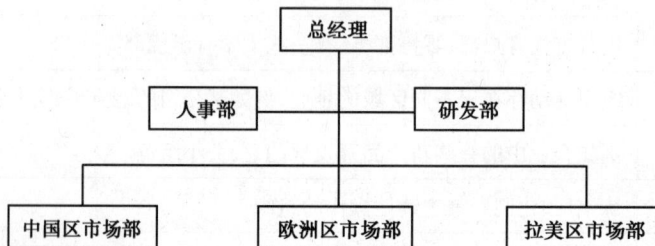

```
                        总经理
           ┌──────────────┴──────────────┐
         人事部                          研发部
     ┌───────────────┼───────────────┐
  中国区市场部      欧洲区市场部      拉美区市场部
```

图 5.5　地理位置部门化示意图

（4）产品部门化

产品部门化是按照产品或服务的要求对企业的活动进行分组,如图5.6所示。其优点在于:①目标单一,力量集中,可使产品质量和生产效益效率不断提高;②分工明确,易于协调和采用机械化;③单位独立,管理便利,易于绩效评估。

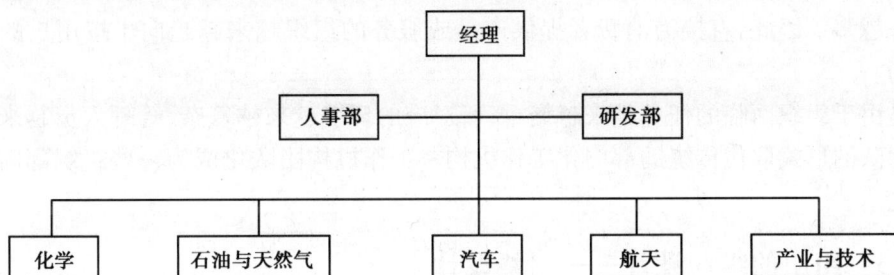

图5.6　产品部门化示意图

（5）生产过程部门化

生产过程部门化是根据流程划分的,多见于加工流程型的生产组织,如图5.7所示。这种划分所形成的部门,专业程度高,生产效率也高,常用于组织大量大批产品的加工制造。

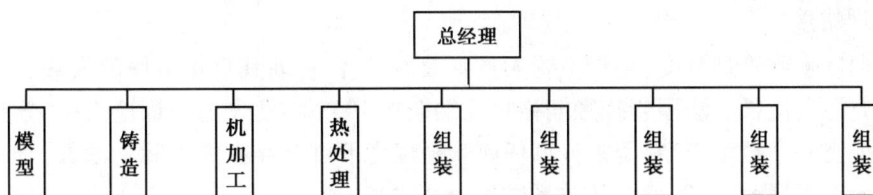

图5.7　生产过程部门化示意图

（6）混合划分

混合划分方法是综合以上各种划分方法而成的一种划分方法,如图5.8所示。它一般被用于大规模的企业组织中,至少运用以上两种划分方法,或者运用以上全部的划分方法。

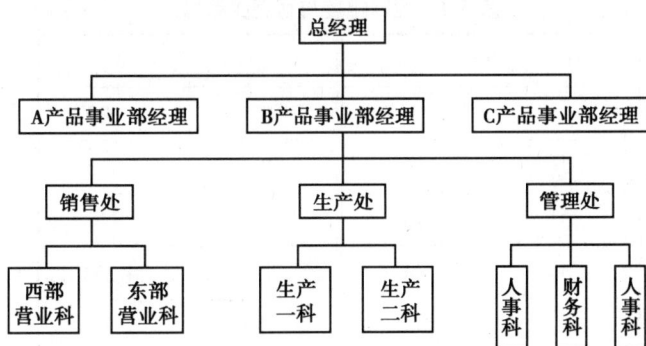

图5.8　混合部门化示意图

一个组织究竟采用何种方式划分部门,应视具体情况而定,而且这些划分方式往往是结合采用的,如职能或参谋机构一般都按职能划分;生产部门可按工艺或产品划分;销售部门则可根据实际需要按地区或客户划分。

3）部门划分的发展趋势

虽然社会化程度不断提高,组织规模不断扩大,绝大多数大型组织在不同的组织层次上采用不同的部门划分方式,目前,部门划分适应组织发展出现两个趋势:

一是为了在市场竞争中占据有利位置,组织在进行部门划分时,对消费者的需要变化考虑得越来越多。因此,直接为消费者提供产品或服务的组织越来越趋向于按用户的特点来设计部门。

二是由于组织面临的任务越来越繁重,所对应的环境越来越复杂,管理人员越来越多地以工作团队的形式取代传统的部门化工作机构。工作机构团队化成为一些组织部门划分的一种新趋向。

5.3.3 组织的纵向设计——层级设计

在岗位设计和划分部门的基础上,必须根据组织内外部能够获取的人力资源状况,对各个职务和部门进行综合平衡,同时要根据每项工作的性质和内容,确定管理层次和管理幅度,使组织形成一个严密有序的系统。简单地讲,组织的纵向结构设计,就是确定管理幅度,划分管理层次。

1）管理幅度

管理幅度也称管理宽度,是指主管人员有效地监督、管理其直接下属的人数。对于管理幅度的研究源远流长。法国管理顾问格拉丘纳斯在1933年发表的一篇论文中,分析了上下级关系后提出一个数学模型,用来计算任何管理幅度下可能存在的人际关系数。他指出:一位领导有 n 个下属时,可能存在的关系数值由公式(1)决定:

$$c = n \cdot [2^{n-1} + (n-1)] \tag{1}$$

式中 c——可能存在的人际关系数;

n——管理幅度。

当 n 从 $1 \sim 13$,得到如下表5.4的结果。

表 5.4 控制幅度与协调关系数

n	c	n	c
1	1	8	1 080
2	6	9	2 376
3	18	10	5 210
4	44	11	11 374
5	100	12	24 708
6	222	13	53 404
7	490		

格拉丘纳斯由此推理出如下结论:下级数目按算术级数增加时,其直接领导者需要协调

的关系数目则按几何级数增加。因此,管理幅度是有限度的,不能随意扩大。

确定管理幅度最有效的方法是随机制宜,即依据所处的条件而定。通常影响管理幅度的因素有很多方面,除了与企业的规模、产品过程本身的复杂性及特点有关外,还包括下列一些因素:

①人的因素。如员工的知识结构、技能、经验、培训等情况,管理人员的知识面越广,能力越强,相应管理幅度可以增加。

②管理技术的应用。传统的沟通方式及处理方式造成管理幅度不能太大,当应用了管理技术,如信息技术(IT)后,通过改变信息传递的方式从而促使管理幅度的改变。

③内部管理体系。组织是否有明确的目标、职责计划及相应的运作程序对管理幅度也会产生影响,当内部有一个良好运作的管理体系时,员工按所要求的明确的规则完成工作从而减少管理人员,提高管理幅度。

④职权的授予。上级给下级授权越多,越能减少上下级交往的频率及时间,管理幅度可以增加。

近年来,随着组织内员工素质的不断提高,以及内部管理体系的不断完善,特别是信息技术的普遍运用,组织的管理层次越来越少,组织越来越精简,越来越扁平化,如美国管理协会对100家公司所做的一项调查研究显示,大型公司(超过5 000人)总经理管理幅度为1至14人不等,平均为9人,中型公司(500~5 000人)总经理管理幅度为3至17人,平均为7人。现代西方企业的实践表明,未来最成功的企业将属于扁平形组织,管理幅度将加大,除特大型和超复杂型企业外,一般企业适宜的管理层次为3~5级。如曾拥有14万员工的伊斯曼·柯达公司将其管理层由12层压缩到4层,丰田公司从主席到一线主管之间只有5层。

2) 管理层次

管理层次是指一个组织设立的行政等级数目。一个组织集中着众多的员工,作为组织主管,不可能面对每一个员工直接进行指挥和管理,这就需要设置管理层次,逐级地进行指挥和管理。

(1)管理层次的划分

一个组织中,其管理层次的多少,一般是根据组织工作量的大小和组织规模的大小来确定的。工作量较大且组织规模较大的组织,其管理层次可多些,反之,管理层次就比较少。一般来说,管理层次可分为上层、中层和下层三个层次。对于上层来讲,其主要职能是从整体利益出发,对组织实行统一指挥和综合管理,制订组织目标、大政方针和实施目标的计划。中层的主要职能是为了达到组织总的目标,制订并实施各部门具体的管理目标,拟订和选择计划的实施方案、步骤和程序,按部门分配资源,协调各部门之间的关系,评价生产经营成果和制定纠正偏离目标的措施等。下层的主要职能是按照规定的计划和程序,协调基层组织的各项工作和实施生产作业。

(2)管理层次的确定

管理层次的多少与管理幅度密切相关。管理幅度、管理层次与组织规模存在着相互制约的关系:

$$组织规模 = 管理幅度 \times 管理层次$$

也就是说,当组织规模一定时,管理幅度与管理层次成反比关系。管理幅度越宽,层次越少,其管理组织结构的形式呈扁平形。相反,管理幅度越窄,管理层次就越多,其管理组织结构的形式呈锥形。以一家具有4 096名作业人员的企业为例,如果按管理幅度分别为4和8对其进行组织设计(这里假设各层次的管理幅度相同),那么其相应的管理层次为6和4,所需的管理人员数为1 365和585名。如图5.9所示。

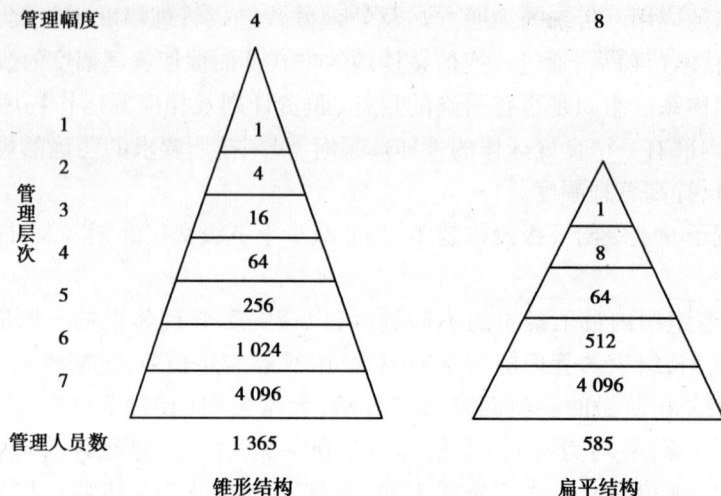

图5.9 锥形结构与扁平结构对比图

在一般情况下,扁平形组织结构,由于上下联系渠道缩短,可以减少管理人员和管理费用;有利于信息沟通,并可减少信息误传,有利于提高管理指挥效率;由于扩大下级管理权限,有利于调动下级人员的积极性、主动性和提高下级人员的管理能力。但管理幅度加大,会增加横向协调的难度,使组织领导者易陷入复杂的日常事务当中,无时间和精力搞好有关组织长远发展的、事关全局的战略管理。锥形组织结构易于克服扁平形组织结构的某些不足,利于领导者控制和监督,以及搞好战略管理,等等。但由于拉长上下级联系的渠道,会增加管理费用;管理层次增加,会使协调工作量增加,相互扯皮的事情会层出不穷;管理层次的增加,会使上下级意见交流受阻,不利于贯彻最高主管的规定目标和政策,等等。至于组织究竟是采取扁平结构或是锥形结构,这主要取决于组织规模的大小和组织领导者的有效管理幅度等因素。因为,在管理幅度不变时,组织规模与管理层次成正比。规模大,层次多,应呈锥形结构;反之,规模小,层次少,应呈扁平形结构。

5.3.4 责权分配

责权分配就是通过有效的方式将职责与职权分配到各个层次、各个部门和各个岗位,使整个组织形成一个责任与权力有机统一的整体。

在责权分配方面,关键的问题是通过规范组织中的授权程序,正确处理集权与分权的关系,既保证部门有充分的权力,又尽可能避免权力被滥用或越权行事。

1) 职权与职责

职权是指由组织制度正式确定的,与一定管理职位相联系的决策、指挥、分配资源和进行奖惩的权力。每一管理职位都具有某种特定的、内在的权力,任职者可以从该职位的等级或头衔中获得这种权力。因此,职权与组织内的一定职位相关,而与担任者的个人特征无关。只要被辞退掉有权的职位,不论是谁,离职者就不再享有该职位的任何权力,职权仍保留在该职位中,并给予新的任职者。

职责是指由组织制度正式确定的,与职权相应的完成工作所承担的责任。组织中任何一个职位都必须权责相连,拥有职权但不承担责任是产生"瞎指挥"的根源。同时,不拥有一定的职权就无法完成任务。当管理者向下属布置任务,委让一部分职权时,应同时授予相应的执行职责,但应保留最终职责。也就是说管理者应对其下属的工作行为承担最终责任,这对上下级来说都是一个很好的约束。

2) 职权的种类

(1) 直线职权

直线职权即指挥权,是指管理者指挥其下属工作的权力。正是这种上级—下级关系贯穿着组织的最高层到最底层,从而形成所谓的指挥链(chain of command)。在指挥链中,每个链接处拥有直线职权的管理者均有权指导下属人员的工作,并且无须征得他人意见而独立作出某些决策。当然,指挥链中每个管理者也都要听从其上级主管的指挥。

(2) 参谋职权

当组织规模得到扩大并变得复杂后,直线管理者会发现他们没有足够的时间、全面的技能或办法使工作得到有效完成。为此,他们往往通过配置参谋职权职能来寻求支持和协助,为他们提供建议,并减轻他们的信息负担。参谋的种类有个人与专业之分。前者即参谋人员,他们是直线人员的咨询人,协助直线人员执行某项职责。专业参谋,常为一个单独的组织或部门,即通常所说的"智囊团"或"顾问班子"。它聚合了一些专家,运用集体指挥,协助直线主管进行工作。典型的参谋职权的特点是,参谋人员或参谋部门只对直线主管负责,没有指挥权,是一种辅助性职权。

(3) 职能职权

职能职权介于直线职权与参谋职权之间,是组织职权的一个特例。职能人员不直接参与组织的业务活动,而是给直线职能部门提供各种支持和帮助。

概括地讲,直线职权意味着作出决策、发布命令并付诸实施,是协调组织资源,保证组织目标实现的基本权力。参谋职权则仅意味着协助和建议的权力,是保证直线主管人员正确决策的重要条件。职能职权由于是直线职权的一部分,因此,也具有直线职权的特点,但其职权范围小于直线职权。同时职能职权的行使者多为具有业务专长的参谋人员,因此,有助于提高业务活动的效率。

3) 集权与分权

集权与分权是组织设计中的两种相反方向的权力分配方式。集权是指决策权在组织系统中较高层次上的一定程度的集中;与此相对应,分权是指决策权在组织系统中较低管理层次上的一定程度的分散。集权和分权只是一个相对的概念,在现实社会中,不同的组织可能是集权的成分多一点,也可能是分权的成分多一点,绝对的集权和绝对的分权实际上是不存在的。这里所讲的集权与分权仅仅是指在组织权力分配方面的两种倾向。在组织中,集中权力可以加强统一指挥,提高工作效率。但同时,也可能带来不能决策、反应迟缓,不利于调动下属工作主动性和创造性等影响。对于规模比较大的组织而言,分权有利于组织的成长和发展。戴尔(R.Dell)曾提出判断一个组织分权程度的四条标准。

①较低的管理层次作出的决策数量越多,分权程度就越大。

②较低的管理层次作出的决策重要性越大,分权程度就越大。

③较低的管理层次作出的决策影响面越大,分权程度就越大。

④较低的管理层次作出的决策审核越少,分权程度就越大。在根本不需要审核决策的情况下,分权程度最大。若作出决策后必须上报上级领导,分权程度就较小。如果在决策之前必须请示上级领导,则分权程度就更小。

集权管理是社会化大生产保持统一性和协调性的内在要求。技术越发展,社会化程度越高,专业分工越细,就越需要统一指挥与管理。但是集权越多,组织内部的弹性越差,适应性越弱,因此,还必须进行适度分权。要搞清集权和分权的概念与各自的优点和缺点,正确处理二者之间的关系。因此,大型组织除在保证目标制订、财务管理、人事管理、物品采购等方面实行高度集权外,通常将计划权、生产权、销售权等权力完全下放给下属部门,以利于他们充分发挥其积极性和主动性。

4) 授权

授权是指组织的管理者将原来由自己执行的某一部分权力或职权委托给下级代为执行的行为。随着信息时代的到来,组织管理者越来越认识到把权力分散下去的重要性,而授权就是组织管理者对权力进行分配的一种主要方式。

在进行授权时要充分考虑职位高低、下属素质、组织内外条件等因素的影响,按照责权利一致、级差授权、授权有度、有效控权的原则,合理分配职权。同时,要以适当的方式与手段,进行必要的监控,以保证权力的正确运用与组织目标的实现,在工作任务完成后,要对授权效果、工作业绩进行考核和评价。

5.4 组织结构的类型

组织结构是组织的"框架",而"框架"的合理完善在很大程度上决定了组织目标能否顺利实现。组织结构图是用一些小方格和线条来描述的。每一个小方格代表组织中的一个职位,线条则表示不同职位之间的联系。组织结构图不仅表示组织中特有的关系,而且还可以表现出整个组织是如何运作的。随着组织向大型和复杂化转变,将组织中所有的关系都表现出来变得越来越困难了。

由于组织内外部环境的不同,组织结构的类型也不尽相同。一般来说,组织结构的基本形式有以下几种:直线型组织结构、职能型组织结构、直线—职能型组织结构、事业部型组织结构、矩阵结构和多维立体结构等。

5.4.1　组织结构的基本形式

1) 直线型组织结构

直线型组织结构也称为单线型或"军队式"组织结构,是最早使用、也是最为简单的一种组织结构类型。"直线"是指在这种组织结构中职权从组织上层"流向"组织的基层。如图5.10所示。

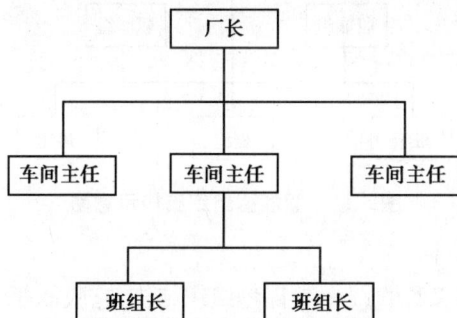

图 5.10　直线型组织结构示意图

这种组织结构的特点是:每个主管人员对其直接下属有直接职权;每个人只能向一位直接上级报告;主管人员在其管辖的范围内,有绝对的职权或完全的职权。它实行的是没有职能机构的个人管理,它要求各级管理人员必须具有多方面的管理业务知识和技能。

直线型组织结构的优点是:结构比较简单,指挥系统清晰;责任与职权明确;信息沟通迅速,作出决定可能比较容易和迅速。

其缺点是:在组织规模较大的情况下,业务比较复杂,所有的管理职能都集中由一个人来承担,这是比较困难的;而当该"全能"管理者离职时,难以找到替代者;部门间协调差。

该种组织结构类型一般只适用于那些没有必要按职能实行专业化管理的小型组织或应用于现场作业管理。

2) 职能型组织结构

职能型组织结构也称为多线型组织结构。职能型的特点是采用按职能分工实行专业化的管理办法来代替直线型的全能管理者。它的职位是专门化的,制定有非常正规的制度和规则;它是按职能部门划分工作任务;实行集权式决策,控制幅度狭窄,如图5.11所示。

职能型结构的优点是:具有适应管理工作分工较细的特点,能充分发挥职能机构的专业管理作用;由于吸收专家参与管理,减轻了上层主管人员的负担,使他们有可能集中注意力以履行自己的职责。

其缺点是:由于实行多头领导,妨碍了组织的统一指挥,易造成管理混乱,不利于明确划分职责与职权;各职能机构往往不能很好地配合,横向联系差;在科技迅速发展、经济联系日益复杂的情况下,对环境发展变化的适应性差;强调专业化,使主管人员忽略了本专业以外的知识,不利于培养上层管理者。

在实际工作中,事实上不存在纯粹的职能型组织结构。

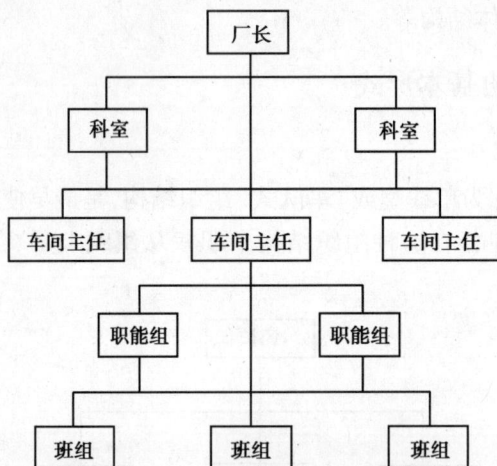

图 5.11　职能型组织结构示意图

3) 直线—职能型组织结构

直线—职能型组织结构又称直线—参谋型组织结构,它吸取了直线型和职能型的长处,也避免了它们的短处。它把直线指挥的统一化思想和职能分工的专业化思想相结合,在组织中设置两套系统。一套是直线指挥系统,一套是职能管理系统。即在各级领导者之下设置相应的职能部门分别从事专业管理。这种组织形式以直线指挥系统为主体,同时利用职能部门的参谋作用,但职能部门在各自范围内所作的计划、方案及有关指示,必须经相应层次的领导批准方可下达,职能部门对下级部门无权直线指挥,只起业务指导作用,如图 5.12 所示。

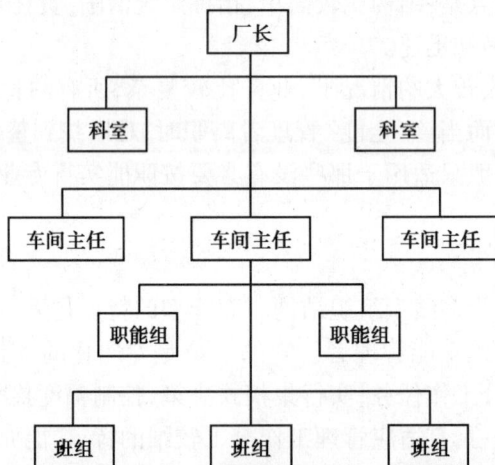

图 5.12　直线—职能型组织结构示意图

直线—职能型结构的优点是:既保证了企业的统一指挥,又有利于用专业化管理提高管理效率。因此,在世界范围内,这种组织形式得到了普遍的、长期的采用。在我国,大部分公司,甚至机关、学校、医院等都采用直线职能型的结构。其缺点有:过于集权,下级缺乏必要的自主权;各职能部门之间的横向联系不紧密,易于脱节或难于协调;企业内部信息传递路线较长,反馈较慢,难以适应环境变化;指挥部门与职能部门之间容易产生矛盾。

4) 事业部型组织结构

事业部型组织结构是由美国的斯隆在 20 世纪 20 年代初担任美国通用汽车公司副总经理时研究和设计出来的,故被称为"斯隆模型"。其管理原则是"集中政策,分散经营",即在集中领导下进行分权管理。企业按产品、地区或经营部门分别成立若干个事业部。该项产品或地区的全部业务,从产品设计直到产品销售,全部由事业部负责。各事业部实行独立经营、单独核算。高层管理者只保留人事决策、财务控制、规定价格幅度以及监督等大权,并利用利润等指标对事业部进行控制。事业部的经理根据企业最高领导的指示进行工作,统一领导其所管的事业部和研制、技术等辅助部门(图 5.13)。

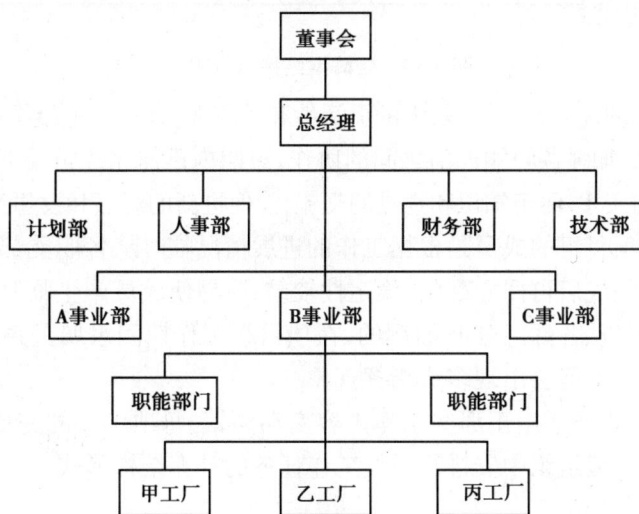

图 5.13 事业部型组织结构示意图

事业部型组织结构的特点:从材料采购到销售,建立了一整套完整事业责任的公司内体制;各事业部独立核算,各自从事生产、销售等工作,等同于一个企业;采用了分权和集权相结合的体制。该结构具备三个要素:独立的利益、独立的市场、独立的自主权。

其优点在于:有利于高层管理者摆脱日常事务,集中精力做好有关企业大政方针;提高管理的灵活性、适应性;有利于培养高层管理人才。

其缺点在于:增加管理层次,造成机构重叠,人员、费用增加;各部门独立经营,部门协调性差。

事业部型组织结构适合于规模较大、业务众多、市场广泛的大型的或跨国的公司等组织。

5) 矩阵型结构

矩阵型结构是在组织结构上既有按职能划分的垂直领导系统,又有按项目划分的横向领导系统的结构,如图 5.14 所示。

这种组织结构的特点是:纵向组织按直线指挥和管理职能设置组织系统,横向组织是按规划项目,制定总负责人,并从职能部门和业务部门抽调人员而设置的组织系统。这种组织打破了传统的每个下属人员只接受一个上司发布的命令管理准则,使每个员工属于两个甚至两个以上的部门。

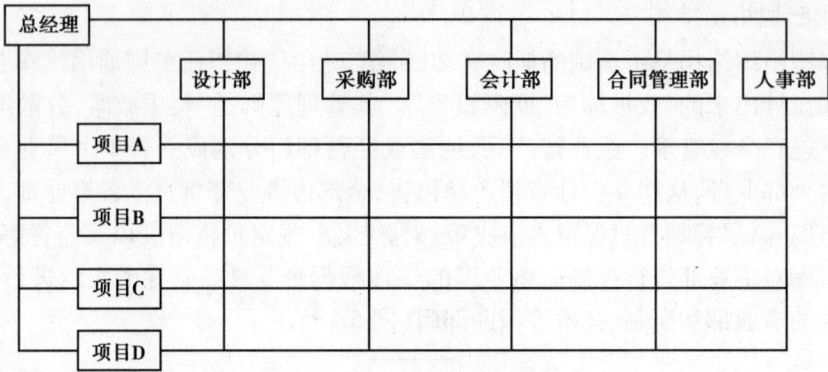

图 5.14　矩阵型结构示意图

矩阵型组织结构的优点是:具有较大的灵活性和适应性,有利于把组织的垂直联系与横向联系更好地结合起来,加强各职能部门之间的协作,短期内迅速完成重要的任务;由于在项目组中集中了多方面的人才,便于知识和意见的交流,能促进新的观点和设想产生,促进创新。

其缺点是:由于项目组的成员是根据工作的进展情况临时从各职能部门抽调的,需要时到项目组工作,任务完成后再回原部门,稳定性较差,容易使成员产生临时观念,影响工作责任心;项目组各成员是从各部门临时抽调的,在项目组工作期间隶属关系不变,接受项目组和所在部门双重领导,可能会出现多头指挥现象。

矩阵型结构形式主要适用于那些工作内容变动频繁、每项工作的完成需要众多技术知识的组织,或者作为一般组织中安排临时性工作任务的补充结构形式。

6) 多维立体组织结构

多维立体组织结构是在矩阵组织结构的基础上再加上直线—职能型、事业部型和地区、实践结合为一体的复杂结构形态。它是从系统的观点出发,建立多维立体的组织结构,如图5.15 所示。

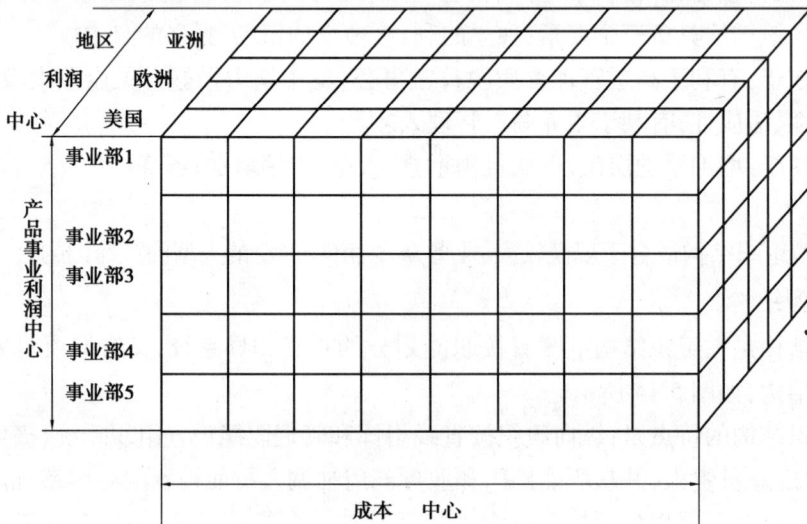

图 5.15　多维立体组织结构示意图

多维立体组织结构主要包括三类管理机构:一是按产品划分的事业部,是产品利润中心;二是按职能划分的专业参谋机构,是专业成本中心;三是按地区划分的管理机构,是地区利润中心。

通过多维立体组织结构,可以使这三方面的机构协调一致,紧密配合,为实现组织的总目标服务。这种组织形式适合于多种产品开发、跨地区经营的跨国公司或跨地区的大公司,可以为这些企业在不同产品、不同地区增强市场竞争力提供组织保证。

5.4.2　组织设计的新趋势

在当今复杂和变化的环境中,管理者们仍然在寻求和试验新的组织设计。许多组织正在创造最大限度地适应变化中环境的组织设计。他们的目标是打破僵化和组织中间的隔断。

1) 虚拟组织(virtual organization)

伴随知识经济与信息时代的到来,出现了一种新的组织形式——虚拟组织。所谓虚拟组织是一个没有或很少有正式结构的组织。这样的组织通常只有少数几个永久性雇员和规模很小的行政总部。随着组织需求的变化,它的经理们会聘用临时员工、租赁设备和外包基本的支持性职能以满足不同情况的需要,虚拟组织往往在网上开展绝大部分的业务。

虚拟组织所采用的组织结构形式表现为一种网络结构。这种网络结构是一种很小的中心组织,以合同为基础,依靠其他组织,进行制造、分销、营销或其他业务的经营活动,如图5.16所示。这种组织形式具有很好的灵活性,但也存在不稳定性和较高的风险性。其特点在于:以较少的资源,创造巨大的收益;在网络结构中,管理者的主要工作是协调;在网络结构中,企业和其他职能企业是一种松散型关系,难以建立长期、稳固的合作关系,不利于稳定产品质量,不利于保守企业的技术秘密和其他商业秘密,网络协调的难度较大。

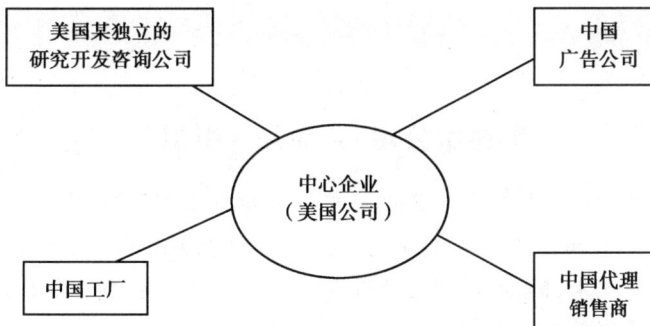

图 5.16　网络组织结构示意图

2) 无边界组织(boundaryless organization)

美国通用汽车公司前任董事会主席杰克·韦尔奇(Jack Welch)首先使用了无边界组织这一术语。所谓无边界组织是指边界不由某种预先设定的结构所限定或定义的组织结构。边界通常有横向、纵向和外部边界三种。横向边界是由工作专门化和部门化形成的,纵向边界是由组织层级所产生的,外部边界是组织与其顾客、供应商等之间形成的隔墙。韦尔奇力求取消公司内部的横向和纵向边界,并打破公司与客户和供应商之间的外部边界障碍。

在今天动态的环境下,组织为了更有效地运营,就必须保持灵活性和非结构化。为此,无边界组织力图取消指挥链,保持合适的管理幅度,以授权的团队取代部门。那么如何实现无边界的组织设计呢? 管理者可以通过跨职能团队以及围绕工作流程而不是职能部门组织相关的工作活动等方式,以取消组织的横向边界;通过运用跨层级团队或参与式决策等手段,取消组织的纵向边界,使组织结构扁平化;通过与供应商建立战略联盟等,取消组织的外部边界。

3) 学习型组织(learning organization)

学习型组织是近年来发展起来的一种组织设计形式。这样的组织通过雇员的持续学习和开发实现持续的改进。从定义上讲,学习型组织是协助员工终身学习和个人发展,同时持续对变化的需求作出反应的组织。

尽管存在着各种关于学习型组织的理论,学习型组织常见的目标是品质提高、持续改善和绩效提高。其中的观点在于,最符合逻辑和一致性的实现持续改进的战略是持续提升员工的能力、技能和知识。例如,如果组织中的每个员工每天学习一样新事物并且能够将知识转化为同工作相关的活动,持续的改进将会成为顺理成章的结果。事实上,全心全意试行这一方法的组织相信,只有成员持续学习,组织才能持续改进。

近年来,许多不同的组织已经实行了这一方法。例如,壳牌石油公司最近在位于休斯敦总部的北面买下了一处经理会议中心。中心拥有精心布置的教室和高级的教具、住房、餐厅以及附属的修养设施,例如高尔夫课程、游泳池和台球场。一线的经理们在这里轮流担任教学讲师。这样的教学任务可能持续几天或几个月,所有的壳牌公司员工都要定期参加培训项目、讲座和类似的活动,在此期间学习和获得有助于他们为公司作出更大贡献的最新的信息。最近一段时间以来开设的主要课程包括时间管理、《残疾人法案》的影响、平衡生活和家庭,以及国际贸易理论。

【案例分析】

1.奥迪康公司的"面条式组织"

奥迪康公司是创立于1904年的丹麦的一家高级助听器制造商,20世纪70年代末在世界市场上高居榜首。该公司一向采取的是高度职能化的组织结构,奉行高价位、高质量的市场战略。20世纪70年代末,随着新一代助听器产品的问世,奥迪康的市场份额急剧下滑。1987年,奥迪康的市场份额从15%跌至7%,陷入了岌岌可危的境地。

奥迪康的新任首席执行官拉斯·柯林上任后,迅速采取了削减成本的措施,削减了管理费用,砍掉了不盈利的产品线,裁掉了10%~15%的员工。这些举措取得了成效,公司恢复了盈利,财务状况实现了好转。但是,公司并没有发生实质性改变,长期竞争地位并没有得到显著的改善。

拉斯·柯林对于奥迪康的市场定位重新进行了思考,提出"奥迪康要努力成为世界上最优秀的听力诊所和助听器零售商的首选伙伴"。拉斯·柯林坚信,获得持久竞争优势的最佳策略便是创造一种能够充分释放个人能力的工作环境,并设计一个精通变革管理的公司。

1990年元旦,柯林在一份备忘录中描述了他所梦想的能够在未来实现持久竞争优势的组织——一个充满创造力、创新精神和灵活性的组织。拉斯·柯林还亲自拟就了奥迪康公司所崇尚的价值观,其核心便是"以人为本"。

为了构造这种新型组织模式,拉斯·柯林要求所有奥迪康员工思考"不可想象之事"。抛开所有关于工作和工作场所的思维定势,激励经理们彻底从头开始,忘掉所有的文件,无视所有的职位,踏过所有的墙壁。他坚信,如果期望人们同时在若干项目上与他人共同工作,那么每个人就必须能够自由地移动。墙壁是阻碍人们共同工作的障碍,必须被拆掉。拉斯·柯林要求每位员工审视自己的职位。每位员工应能从事若干项任务,有些是最擅长的,有些是有利于学习新技能的。奥迪康的未来依托于两个概念——对话与行动。奥迪康的所有事情的设计都必须支持这两个理念,以在创造性、速度和生产率方面取得突破性成就。

利用1991年公司搬迁的时机,奥迪康实现了其剧烈的变革,形成了所谓的"面条式组织"。

"面条式组织"模式——Spaghetti Organization

在新组织中,奥迪康废止了以往的职位说明和正式岗位。为了让人们在几种不同的职位上更充分地施展才干,所有员工将拥有一个职位的组合,都是多面手。每位员工至少要有三项职位,一项主要职位符合专业或能够充分发挥自己的特别能力,同时还要承担其他领域的两项职位。这一理念使组织的资源得到了扩展,工程师在做市场营销,营销人员对开发项目进行管理,而财务人员则帮助实施产品开发。如此形成的组织没有等级,没有层次,没有固定的部门,因而被称为"面条式组织"。

奥迪康公司所创造的面条式组织不同于一般意义上的矩阵式组织。面条式组织的结构是由项目决定的,其中的员工具有多方面的技能。矩阵式组织中,一位芯片设计师专事芯片设计,也许会同时进行三个项目,但在奥迪康,他除了为某个项目设计芯片以外,可能还同时从事其他项目的市场营销或财务工作。新组织也可以称为"混沌"式组织,没有等级概念,混沌、多变,没有组织结构图。

奥迪康不仅废除了组织结构图,还拆除了围墙,其员工不再拥有传统的办公室。它要构造一种绝对透明的工作环境。每人有一张办公桌和一台电脑,但办公桌在5分钟之内就可以被移走。项目团队在空间上集中在一起,决策可以即刻进行而无须召集会议。营销人员很清楚隔壁在做什么广告。它有意识地在工作地设置了咖啡吧台,以激发人们展开讨论。用螺旋扶梯取代了电梯,因为这有利于人们相遇和交谈。

无纸办公有利于将正规化的沟通转变为对话与行动。它建立了一个支持非正式沟通的电子信息技术系统,以实现灵活性和知识共享这两个目标。灵活性有利于办公桌的随时移动。而同时从事多个项目则要求团队成员无须找出所有文档就能迅速获取信息。它设计了一个查询和存档系统,以方便员工查阅所有的文件、报告、备忘录、信件等。每个员工都配备了这个新的电子档案库和电子邮件系统,以及用于文字处理和表计算的软件。

在这种制度下,人们的互动方式与过去相比有了显著的区别,他们以不同的方式解决问题。公司中的每个人都是潜在的合作者。人们技能水平上的差异正在逐步消失。

与公司战略方向相关的决策由管理委员会负责处理,这一委员会由若干"职能"主管组成。管理委员会的一个分委员会负责处理项目建议。某个项目的"所有者",也是该委员会的成员,负责选定项目负责人。项目负责人则负责利用能够获得的人员以及必要的资源来组建项目团队。在招募团队成员的过程中,唯一可用的管理手段就是说服和谈判。

在面条式组织中,团队成员在项目之间不停奔忙,他们几乎总是同时参与两个或更多的项目。公司有一套计算机程序对员工承担任务的情况进行实时监控,项目负责人可以很快浏览名单并找到可用的员工。很容易了解每个人在项目中的表现,如谁做了很多承诺却从不兑现,谁对团队的成功做出了实质性的且关键的贡献。这种信息会对某个人的未来需求产生影响。对项目负责人也有类似的绩效"考评",好的声誉能够吸引有才能的团队成员。

在面条式组织中,产品的开发和制造发生了巨大的改变。奥迪康在产品开发中与竞争对手结成了战略联盟,大大淡化了组织所具有的有形边界。公司的活力达到了空前的水平。项目成为资源流动和确定方向的驱动力。过去运用权力来推动事情的进展,而现在则是通过谈判。在新问题和新机遇面前作出反应的速度大大加快。市场营销和研发之间的联系得到了加强。奥迪康内部以及与客户之间的许多障碍的取消和降低,大大改善了整个过程。过去人们的重要性取决于职位,而现在则取决于贡献。

这种模式的缺点之一在于,一个项目管理型的组织常常会忽略专业技术的发展,在知识上的宝贵收获可能会被遗失或得不到共享。另一个缺点在于,由于废除了"仕途",无法再以给予职务或头衔的方式来奖励。因此,如何找到一种适当的方式进行奖励,是需要思考和解决的问题。奥迪康的产品开发所要求的计划系统也很复杂。由于团队成员同时参与几个项目,一个项目的滞后或资源变动不可避免地会对其他项目产生影响。

奥迪康的变革效果是显著的。在1991年危机以前,奥迪康的年利润一般约为1 800万丹麦克朗。采用新结构后,奥迪康的利润两年内增长了4倍。在市场平稳的情况下,1992年营业额比上年增长了13%,而1993年的增长则高达23%。

变革为奥迪康此后十多年的发展奠定了坚实的基础。2003年,奥迪康从6 200多家备选企业中脱颖而出,荣获了"欧洲最佳公司大奖"的殊荣,跻身于BMW,诺基亚、GUCCI,SAP等世界顶尖企业之列。

(资料来源:1.古桥. 奥迪康公司的面条式组织[J]. 企业管理,2005(4):59-60.

2.杨文士,焦叔斌,张雁,李晓光. 管理学[M].2版.北京:中国人民大学出版社,2012.)

讨论:

1.奥迪康公司采取了哪些改革举措? 其意图何在?

2.面条式组织的特征是什么?

3.综合评述奥迪康公司的改革举措。

2.授权的障碍

B公司的李老板从某大企业挖来了精明强干的王先生担任公司的总经理,并将公司的大小事务均交由王先生全权处理。由于得到授权,王先生便结合公司的特点和实际情况,对公司的经营模式和管理体制进行了大胆的变革,将公司原先的品牌经营模式转变为OEM(贴牌生产)服务模式,并提出了颇具创新意识的OEM改进方式,变被动的OEM服务为主动的 OEM 服务,得到众多客户的认同与支持。然而,当王先生意欲更深入地推动企业的变革时,他发现,其实自己手中的权力十分有限,虽然李老板总是客客气气地对其进行鼓励,但王先生的内心里却非常地困惑,久而久之,王先生的变革锐气便渐渐地消失了。

讨论:

1.李老板在授权上的主要障碍是什么?

2.这种障碍产生的原因可能是什么?

3.你有什么好的建议?

【思考题】

1.何为组织? 组织设计的内容有哪些?

2.什么是管理幅度? 有人说管理幅度越大,组织效率越高,你同意吗? 为什么?

3.组织设计应当遵循哪些原则?

4.常见的传统组织结构类型有哪些? 试比较各自的优缺点。

5.虚拟企业、扁平式组织结构在我国的发展情景如何,会遇到什么困难?

6.未来组织的发展趋势有哪些?

【本章小结】

1.组织设计也称组织结构设计,对组织的结构要素以及整个组织结构要素间关系的综合,其目的是实施战略与规划和实现组织目标。

2.最具有代表性的组织设计理论有古典组织理论、行为组织理论和系统组织理论。组织设计的基本原则包括:统一指挥、分工协作、权责对等、有效管理幅度和弹性经济原则。

3.传统的组织结构形式有:直线型、职能型、直线—职能型、事业部型、矩阵型、多维立体型等。直线—职能型是国内组织最常采用的一种结构。事业部型是欧美、日本大企业所采用的典型组织结构,其最大特点是政策管制集权化,业务营运分权化。矩阵型采用双重指挥链,实现了集权与分权优势的结合。而目前随着全球化和信息技术的发展,虚拟组织、学习型组织和无边界组织也开始成为组织设计的新趋势,它们往往以计算机信息网络为联系工具,以知识共享、信息共享为基础,其最大特点是灵活性和柔性。

【扩展知识】

水平结构

水平结构(horizontal structure):也称团队结构(team structure),是一种较新的组织结构。一个纯粹的水平结构包括两个核心团队:一个团队是由高层管理者组成,他们负责战略和政策的制定;第二个团队是由授权的、围绕某一个项目或某一个产品而在一起工作的员工组成。下图5.17是一个基本的水平结构的例子。

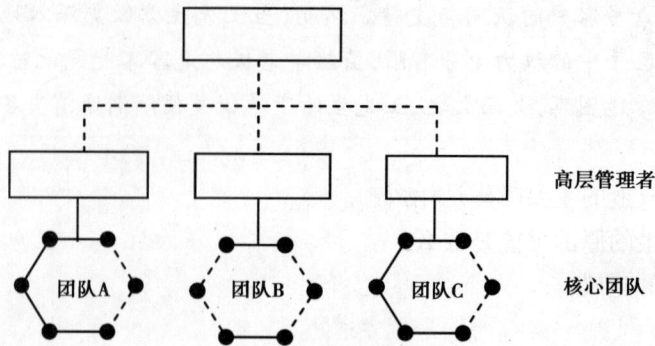

图5.17 水平结构

水平结构的特征包括：

1.组织的建立由3~5个核心团队组成，就像在分配的特定绩效目标下开发新产品一样，每个团队都有一个所有者或支持者。

2.组织层级扁平化，中间管理层减少。

3.团队管理一切，包括他们自己。他们只对绩效目标负责。

4.客户驱动绩效，而不是股票增值或收益率。

5.奖励整个团队绩效，而不是个人。鼓励并奖励员工发展多种技能。

6.客户与员工关系最大化。

7.强调与所有员工的信息沟通和对所有员工的培训。

水平结构的优点还包括：提高效率、改善团队文化和员工忠诚度，以及提高客户满意度。卡夫食品(Kraft Foods)、通用电气(General Electric)、英国航空(British Airways)、美国电报电话公司(AT&T)、摩托罗拉(Motorola)、伸宝(Saab)、特易购(Tesco)、美国运通财务顾问(American Express Financial Advisors)等公司都至少在其组织内部分地采用了水平结构。

伊丽莎白·雅顿(Elizabeth Arden International)是联合利华公司拥有的全球性化妆品和香水公司。20世纪90年代初期，公司遇到了在一些国家存在的生产过程方面的问题，如无效率的第三方分销商和过高的库存存储费用等。由于子公司之间缺乏协调，导致市场营销活动失去控制。

认识到了这些问题，公司采用了水平结构。水平结构的组织由8个团队组成，每个团队10~15人(总共300人)。水平结构组织由一名项目总管领导，项目总管负责向项目指导委员会汇报工作。公司花了近两年的时间来实施新的组织结构。

对于公司的总经理来说，这种组织结构的转变特别困难，因为他所扮演的角色彻底改变了。总经理不再去监控各个职能部门，而是专注于市场信息、新产品和服务机会以及客户销售和服务。原先15个管理者只留用了2个。

虽然转变结构是痛苦的，但它对公司是有好处的。公司节省了30%的管理费用、60%的人事费用和50%的营运资金。

（资料来源：1. Marcie Krempel. Arden's Makeover[J]. Business Europe, 1999(6):4.

2.鲁，拜厄斯. 管理学：技能与应用[M].北京：北京大学出版社，2006.)

【管理能力训练】

训练一:根据所提供情景制作组织结构图

假设你是 ABC 建设工程监理有限公司的总监,公司刚刚承担了某高速公路 50 千米路段的工程施工阶段监理业务,主要从事费用监理、进度监理、质量监理和合同管理。该项工程包括路基路面、桥梁、隧道等主要项目。业主分别将桥梁工程、隧道工程和路基路面工程发包给了三家承包商。针对工程特点和业主对工程的分包情况,你拟订了将现场监理机构设置成矩阵制形式和直线制形式两种方案供选择。

1.请据此画出两种方案的组织结构图。

2.你最终决定采用哪种监理组织结构形式,为什么?

训练二:

训练目的:

让学员充分理解组织结构是组织设计的结果,是组织职能需要解决的核心问题之一。通过组织结构图,让学员能够直观地了解组织中部门的设置情况和层次结构,组织内部的分工和各个部门上下隶属关系等。

训练步骤:

1.将学员分为 N 个团队,每个团队由 3~4 人组成,根据训练要求完成团队任务。

2.指定一个主发言人,与其他团队一起分享各自的成果。

训练要求:

1.请每个团队上网登录你们感兴趣的公司网站,选取某一公司作为实例,画出该公司的组织结构图,简述该公司采取什么样的组织结构设计,说明你们是如何得出这一结论的,并预测未来企业部门化的趋势是怎样的。

2.请每个团队在课后时间调查校(院系)学生会或你们所感兴趣的社团组织的机构设置和运作情况,运用所学知识就现有的学生会或社团组织机构设置的合理性进行分析讨论,并根据讨论结果提出相应的改进建议。

第6章　组织变革与创新

　　面对快速的环境变化和强大的竞争压力,每个组织都试图通过自身的变革来提升能力、适应变化,而能否理性而科学地进行有效的变革,已成为一个组织在变革中必须着重思考的问题。组织变革最基本的目的在于:通过组织的改革和调整,完善组织结构和人事配备,优化组织功能,改进组织管理的方法,增强组织的社会心理效应,从而更好地适应社会实践活动的要求,满足社会发展的需要,以便创造出更好的效益。

6.1　组织变革概述

　　当今,任何组织面对的都是一个动态的、不断变化的大环境,一种组织结构、组织制度在当前是合适的,随着时间的推移,在新的环境因素下,它们也可能变得不再适用。为了适应环境的变化和更有效地利用资源,最大限度地实现组织目标,组织必须不断进行变革。可以说,组织变革是组织保持活力的一种手段。

6.1.1　组织变革的含义

　　组织变革(organizational change)是指运用行为科学和相关管理方法,对组织的权利结构、组织规模、沟通渠道、角色设定、组织与其他组织之间的关系,以及对组织成员的观念、态度和行为,成员之间的合作精神等进行有目的的、系统的调整和革新,以适应组织所处的内外环境、技术特征和组织任务等方面的变化,提高组织效能。

或者简言之,组织变革就是组织根据内外环境的变化,及时对组织中的要素进行结构性变革,以适应未来组织发展的要求。这种变革的范围包括组织的各个方面,如组织行为、组织结构、组织制度、组织成员和组织文化等。

6.1.2 组织变革的诊断

1) 组织结构无效的症状

组织结构无效是指现有的组织结构不能和组织的现行状态及外部环境相适应,从而导致组织效率低下或组织目标不能实现的情形。

组织无效的症状主要有:①决策效率低或经常出现决策失误;②组织沟通渠道阻塞、信息不灵、人际关系混乱、部门协调不力;③职位和职能重复交叉,目标不能如期实现;④过多的工作冲突;⑤缺乏创新。

有效组织是指能很好地适应外部环境,充分利用组织内外的各种资源,高效地实现组织目标的团体。相对于组织无效的情况,有效组织在目标、经济性、人力资源、组织文化、综合绩效和效益上都表现出很大的差异。二者的评判标准见表6.1。

表6.1 有效组织与无效组织评判标准比较

比 较	有效组织	无效组织
目标	能达成团队目标或超过期望达成目标	无法按照计划达成组织目标,往往需要延迟时间,或投入更多的资源来解决问题
经济性	能以少量的资源投入完成大量的复杂工作	投入资源和产出不匹配,甚至是浪费组织资源
人力资源	能为组织培育关键人才,确保组织扩张中的人才需求	没有关键人才的产出,只能使人才被迫离开
组织文化	健康的组织文化将使组织成员和组织使命融为一体,更好地发挥其创造力	各行其是的组织模式,没有凝聚力和配合,个人英雄主义盛行
综合绩效	有效组织会产生多赢的效果,组织获得最大的效益,员工获得最大的历练平台和适当的薪酬,为以后的成长奠定了基础	无效组织文化将产生多败的惨局,组织没有利润空间,变相消耗资源;人才浪费,失去历练机会和平台、虚度时日;同时这种消极被动的文化将感染大片"健康组织"
效益	正 向	负 向

2) 组织结构无效的原因

组织结构无效一方面来自组织的外部,当组织经营环境发生改变时,组织结构面临调整的需要;另一方面,从组织内部来看,组织本身成长的需要和内部条件的变化,也会导致组织结构的无效。

(1)产品与服务的变化

在制造企业中,企业一般按照其产品的类型和结构来设置其组织结构。在服务业中,金融企业、酒店和旅行社、物流企业等因提供的服务的区别,组织结构则大相径庭。由此可见,生产不同产品,提供不同服务的企业,其产品与服务的技术和经济特点会直接影响组织结构的形式。当产品和服务的状况发生变化时,就有可能导致现有组织结构的不匹配,从而导致组织结构无效。

(2)生产与经营规模的改变

企业的生产经营规模取决于资源情况,又取决于产品和服务所在行业的技术经济特点。一般而言,拥有的资源较多,企业的规模较大。竞争的压力迫使企业必须具有相当大的规模,否则无法生存。当企业规模较大时,内部分工细致,组织结构较多,管理层次也较复杂。产业的集中化与分散化程度也会影响组织结构的形成和改变。组织在成长过程中,随着规模扩张,将表现出不同的危机,对组织结构提出了不同的要求(图6.1)。

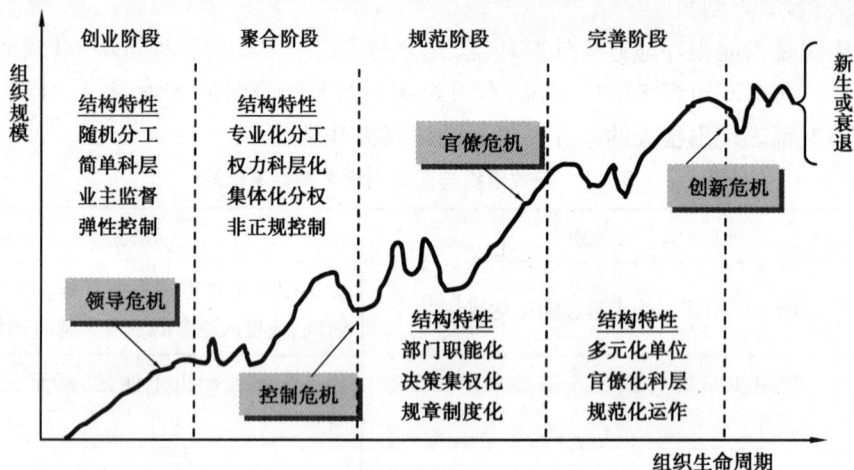

图6.1 组织规模、管理危机与组织变革

(3)战略的调整

美国著名战略专家艾尔弗雷德·钱德勒在1962年出版的巨著《战略与结构:美国工业企业史的若干篇章》中,研究了杜邦公司、通用汽车公司、新泽西标准石油公司以及西尔斯公司组织结构的演变。由此得出了如下结论:企业的组织结构是根据企业所制定的战略发展而来的,而这些战略又是受到环境的变化所驱动。这个思想概括为"战略决定结构,结构跟随战略"。

从事单一经营的企业组织结构较为集中;实施多元化经营的企业,分公司、子公司较多;开展跨国经营的企业,根据业务开拓的需要,建立海外公司,实行集团公司下的子母公司结构较为普遍;如果一个企业的战略目标是创建全球性公司,它的组织结构则会更加分散。在经营战略层面,若以技术与产品创新为重点,企业则实行以研究与开发为中心的组织结构;若实施以成本领先为主的竞争战略,企业的组织则具有大批量、低成本、规模化、标准化生产的特点。

因此,当企业的战略调整时,现有的组织结构就不能完全适应战略调整后的企业,现有的组织就无效了。

(4)员工素质的改变

企业员工的素质决定了其承担工作的能力和完成任务的质量与效率,也关系到授权与分权的程度,它直接影响到管理幅度和管理层次的确定。

(5)技术水平的变化

这里的技术包括制造技术、管理技术等。当企业技术改造之后,可能导致组织某一部分效率的提高,从而导致现有与之配套的组织结构的落后,呈现组织无效的症状。

(6)生命周期的影响

关于企业生命周期阶段的划分,不同的学者给出了不同的方法,其中影响最大的当属艾迪斯的分法。艾迪思将企业生命周期分为三个阶段十个时段(图6.2)。三阶段分别为"成长阶段""再生与成熟阶段"以及"老化阶段"。其中,成长阶段包括了孕育期、婴儿期和学步期三个时段;再生与成熟阶段包括了青春期、盛年期和稳定期三个时段;老化阶段则包括了贵族期、官僚初期、官僚期和死亡期四个时段。

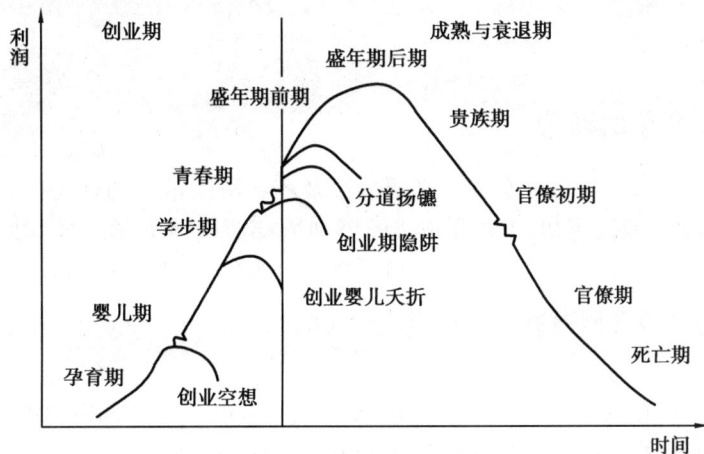

图6.2　企业生命周期的十个阶段

现代生命周期理论将企业分为创业期、成长期、成熟期和蜕变期,各阶段有各自特征、重点问题和可能存在的发展陷阱。因此,依据生命周期理论,组织在发展的不同生命阶段,对组织结构的要求会呈现出极大的不同。组织结构应该随着组织生命周期的发展而改变。

6.1.3　组织变革的目标

组织变革应该有其基本的目标,总的来看,应包括以下三个方面:

1)提高组织的环境适应能力

环境因素具有不可控性,组织想要阻止或控制环境的变化可能只是自己的一相情愿。组织要想在动荡的环境中生存并得以发展,就必须顺势调整、改变自己的任务目标、组织结构、决策程序、人员配备、管理制度等,只有如此,组织才能有效地把握各种机会,识别并应对各种威胁,使组织更具环境适应性。

2)提高管理者的环境适应能力

一个组织中,管理者是决策的制定者和组织资源的分配者。在组织变革中,管理者必须要能清醒地认识到自己是否具备足够的决策、组织和领导能力来应对未来的挑战。因此,一方面,管理者需要调整过去的领导风格和决策程序,使组织更具灵活性和柔性;另一方面,管理者要能根据环境的变化要求,重构层级之间、工作团队之间的各种关系,使组织变革的实施更具针对性和可操作性。

3)提高员工的环境适应能力

组织变革的最直接感受者就是组织的员工。组织如若不能使员工充分认识到变革的重要性,顺势改变员工对变革的观念、态度、行为方式等,就可能无法使组织变革措施得到员工的认同、支持和贯彻执行。

6.2 组织变革的动力和阻力

6.2.1 组织变革的动力

组织变革动力来源于人们对变革的必要性以及变革所能带来的好处的认识。组织进行变革有多种原因,这些原因可以归纳为外部原因和内部原因两大类。外部原因包括社会经济环境的变化、科学技术的发展、管理理论与实践的发展等;内部原因包括组织结构、人力资源管理和经营决策等方面的因素。

1)外部因素

组织变革的外部推动力包含政治、经济、文化、技术、市场等方面的各种因素和压力,其中与变革动力密切相关的有以下几方面。

(1)社会政治特征

全国性的经济政策、企业改革、发展战略和创新思路等社会政治因素也许是最为重要的因素,对于各类组织形成强大的变革推动力。国有企业转制、外资企业竞争、各种宏观管理体制改革、加入"世贸"和开发西部地区,都成为组织变革的推动力。

(2)技术发展特征

机械化、自动化、特别是计算机技术对于组织管理产生广泛的影响,成为组织变革的推动力。由于高新技术的日益采用,计算机数控、计算机辅助设计、计算机集成制造以及网络技术等的广泛应用,对组织的结构、体制、群体管理和社会心理系统等提出了变革的要求。尤其是,网络系统的应用显著缩短了管理和经营的时间和距离,电子商务打开了新的商业机会,也迫使企业领导人重新思考组织的构架和员工的胜任力要求,知识管理成为重点。

（3）市场竞争特征

全球化经济形成新的伙伴关系、战略联盟和竞争格局，迫使企业改变原有经营与竞争方式。同时，国内市场竞争也日趋激烈，劳务市场正在发生深刻的变化，使得企业为提高竞争能力而加快重组步伐，大量的裁员和并购，管理人才日益成为竞争的焦点。

可以看出，组织变革的外部动力主要来自于组织所处的总体环境或任务环境。例如，影响美国汽车产业的因素中包括两次能源危机、日本汽车工业的崛起、汇率波动和国际利率浮动，即总体环境中国际因素变化的表现。新的制造方法和竞争迫使它们从根本上改变其经营方式。在政治领域中，新的法律法规对组织运营产生了影响。技术方面的影响包括组织必须开发新的制造技术。经济方面的影响来自通货膨胀、生活费用和货币供应的变化。社会文化方面的影响包括价值观，它决定了什么样的产品或服务可以为市场所接受。

2）内部因素

除了外部因素之外，内部因素也是引起组织变革的另一重要原因。这些内部推动力包括组织结构、人力资源管理和经营决策等方面的因素。具体来看，包含的因素很多，如成员的工作态度、士气、期望；个人的价值观念；人员素质的变化；组织结构、组织目标、组织冲突等方面的变化。

（1）组织结构

组织变革的重要内部推动力是组织结构。由于外部的动力带来组织的兼并与重组，或者因为战略的调整，要求对组织结构加以改造。这样往往还会影响到整个组织管理的程序和工作的流程。

（2）人员与管理特征

由于劳动人事制度改革的不断深入，干部员工来源和技能背景构成更为多样化，企业组织需要更为有效的人力资源管理。管理无疑成为组织变革的推动力。为了保证组织战略的实现，需要对企业组织的任务作出有效的预测、计划和协调，对组织成员进行多层次的培训，对企业不断进行积极的挖潜和创新等。这些管理活动是组织变革的必要基础和条件。

（3）团队工作模式

各类企业与组织日益注重团队建设和目标价值观的更新，形成了组织变革的一种新的推动力。组织成员的士气、动机、态度、行为等的改变，对于整个组织有着重要的影响。随着电子商务的迅猛发展，虚拟团队管理也对组织变革提出了更新的要求。

美国学者西斯克认为，如果一个组织内部出现了下列情况中的一种，那就是组织变革的征兆：①决策的形成过于缓慢，以致无法把握良好的机会，或者时常造成错误的决策。②沟通不良。③组织的机能不能得到正常发挥，效率低下。④缺乏创新精神，开发不出新产品，无法开拓新市场，组织发展处于停滞状态。

6.2.2 组织变革的阻力

由于组织变革涉及对组织中的岗位、机构以及结构设计、人员配备等进行调整，需要打破原来的平衡状态，不可避免地将会受到人们的抵制和反对。因此，任何组织变革都可能会遇到来自组织成员个人或群体因对变革不确定性后果的担忧而引发的阻力。这些阻力按来源可分为三个层面：个人层面的阻力、团体层面的阻力和组织层面的阻力。

1) 个人阻力

任何一场变革都不可避免地要涉及人。由于不同个体对组织变革的结果接纳性及风险意识不同，因而对变革的态度就会不同，所以人的因素是组织变革的核心问题，甚至直接关系到企业变革的成败。变革中个体的阻力源主要来自于基本的人类特征，如知觉、个性和需要，具体有以下五个方面。

第一，变革导致个人对未来产生不安全感和恐惧感。组织变革是改变组织现状，以达到预期未来状态的过程，这就意味着组织变革本身充满不确定性。人们一旦从熟悉、稳定和具有安全感的工作状态，进入不确定性较高的变革之中，而处在不确定的环境之中，其"职业认同感"将受到影响，就会对未来产生不安全感和恐惧感，从而产生抵制变革的情绪与行为。

第二，变革与个人以往的习惯、价值观发生冲突时，也会引起员工对组织变革的抵制。个人的习惯、价值观是长期形成、相对稳定的心理结构，改变起来相对困难。一旦组织变革冲击到个人以往的习惯和价值观，抵制变革的阻力便会随之产生。

第三，能力或资源不足产生的阻力。变革往往伴随着新的业务流程、新工作方法的导入，当员工能力不足以完成工作任务时，阻力便随之产生。另外，在变革过程中，企业如果忽略给员工提供足够的资源支持，其后果也是不言而喻的。

第四，对变革倡导者的不满或变革倡导者个人能力不足。企业推行的变革是否令人心悦诚服？企业推行的变革是否消除了人们的恐惧心理？如果不是，企业的变革将招致其他管理者和员工的反对；强制推行变革，则可能引发人们的逆反心理和抵抗行为。

第五，性格因素。性格是个人对现实的稳定态度和习惯化的行为方式。在外界现实的作用下，通过个人的认知和实践活动，对现实产生了各种态度，构成态度系统，并决定着个体的行为表现，逐渐形成个体所特有的行为方式。在组织变革中那些倾向于安稳、不愿意冒险的员工更容易抱怨组织变革，进而产生一定的阻力。

2) 团体阻力

组织变革的阻力还会来自群体方面，对组织变革形成阻力的群体因素主要有群体规范和群体内聚力等。

(1) 群体惯性

群体往往有自己的行为规范，即使个体想改变他们的行为，群体规范也会成为约束力。例如，单个的工会成员可能乐于接受资方提出的对其工作的变革，但如果工会条例要求抵制资方作出的任何单方面变革，他就可能会抵制。

(2) 对专业知识的威胁

组织中的变革可能会威胁到专业群体的专业技术知识。20 世纪 80 年代初，分散化个人计算机的引进就是一个例子。这种计算机可以使管理者直接从公司的主要部门中获得信息，但它却遭到许多信息系统部门的反对，原因就在于分散化的计算机终端的使用对集中化的信息系统部门所掌握的专门技术构成了威胁。

（3）对原有资源分配的威胁

任何决策权力的重新分配都会威胁到组织长期以来已有的权力关系。组织中控制一定数量资源的群体,尤其是那些最能从现有资源分配中获利的群体常常视变革为威胁,他们倾向于对事情的原本状态感到满足。在变革中,部分曾经有特权和地位的人员处境将有变化,收入和个人利益也会相应减少,这部分人员可能将不惜代价抵制变革。

3）组织阻力

在组织变革中,组织内部体制、决策程序、组织文化和奖励制度等组织因素以及变革的时机也会影响组织变革的进程。

（1）领导班子没有达成共识、班子缺乏强势作风及紧盯不懈

领导者没有达成共识,就会对组织中的其他人造成灾难性的影响。员工会很快地结成小团队、小派别,尾随在某一领导之后并与其他人相斗;而领导层缺乏强势作风和紧盯不懈则很快使变革恢复原状。

（2）管理层不积极参与

管理层对组织变革的积极参与是组织变革成功的关键。一方面,管理层本身观念陈旧,缺乏活力,不愿意轻易改革,或者对组织变革的前景没有信心时,会有意无意地阻碍变革。另一方面,在企业改革中,对管理层的利益不明确,是挫伤他们参与变革积极性的一个重要因素。

（3）没有与改革相适应的组织结构或管理制度

在变革中,一定要注意一切配套措施、制度一定要迎合变革。如为了鼓励利于变革的员工行为,人力资源管理体制（如薪酬、考核、员工发展）就要做相应的调整。

（4）忽视了文化的重塑,没有将变革根植于组织文化

组织文化是在长期发展过程中逐渐形成的所有员工共同的价值观,它能指导员工的行为,对员工观念和行为都会产生深远影响。但相当一部分企业在变革过程中还是未能充分发挥组织文化的作用。在变革过程中,注重组织文化的重塑,变革的阻力会少很多。通过共同愿景的规划,建立一种支持变革的组织文化,并注重将新的变革深入组织文化的根源中,变革的果实才会巩固。

6.3 组织变革的理论与模型

随着组织结构等理论的发展,有关组织变革的理论也相继出现。其主题主要沿着结构变革—文化变革—流程变革的轨迹而进行,下面介绍的是比较有代表性的几个。

6.3.1 库尔特·卢因的组织变革理论

库尔特·卢因（Kurt Lewin,1890—1947 年）是计划变革理论的创始人。他把组织变革过程归纳为现状的解冻（unfreezing）——转变到新的情况（changing）——重新冻结新的现状

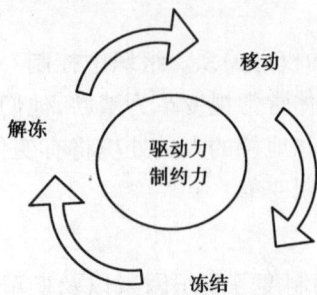

图 6.3　卢因组织变革过程模式

（refreezing）的连续过程（图 6.3）。卢因的三步骤过程，将变革看作是对组织平衡状态的一种打破，即解冻。解冻一旦完成，就可以推行本身的变革，但仅仅引入变革并不能确保它的持久，新的状态需要加以再冻结。这样才能使之保持一段相当长的时间。因此，再解冻的目的是通过平衡驱动力和制约力两种力量，使新的状态稳定下来。

解冻阶段：主要的任务是发现组织变革的动力，营造危机感，塑造出改革乃是大势所趋的气氛，并在采取措施克服阻力的同时，具体描绘组织变革的蓝图，明确组织变革的目标和方向，形成可靠的比较完善的组织变革方案。

变革阶段：按照所拟订的改革方案的要求，开展具体的组织变革运动，使组织从现有的组织结构模式向目标模式转变。

再冻结阶段：管理者必须采取措施保证新的行为方式和组织形态能够不断得到强化和巩固。

6.3.2　卡斯特的组织变革学说

管理学家卡斯特（Fremont E.Kast）与罗森茨韦克（James E. Rosenzweig）把组织变革分为六个步骤（图 6.4）：①对组织及其取得的成就和存在的缺陷进行回顾、反省和检查，以便为变革做好准备；②认识进行组织变革的重要性；③找出现有状况和所希望状态之间的差距；④确认变革的方法；⑤实行变革；⑥检查变革成果，反馈。

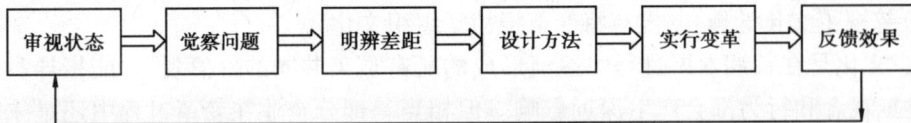

图 6.4　卡斯特组织变革模式

（资料来源：卡斯特，罗森茨韦克.组织与管理——系统方法与权变方法[M].李柱流，等，译.北京：中国社会科学出版社，1988：671.）

他们认为变革过程应包括：首先，对所需要的业务变革进行精确界定；其次，明确新的作业方法是如何影响特定的人员和群体的；再次，识别当前雇员所持的态度和观点以及他们是如何支持现行的工作惯例的；还有，对能够使员工适应新环境和新方法的态度和观点进行充分说明；最后，测量当前人们对变革所持的态度。

6.3.3　唐纳利等人的组织变革模式

小詹姆斯·H.唐纳利等人把组织变革的过程概括为八个步骤（图 6.5）：①认清变革的力量，即要求进行变革的压力；②认识变革的需要；③分析判断问题，弄清变革的目的和内容；④制定组织发展的战略和方法；⑤认清影响变革成败的限制条件；⑥选择战略和方法；⑦实施计划；⑧评价计划。

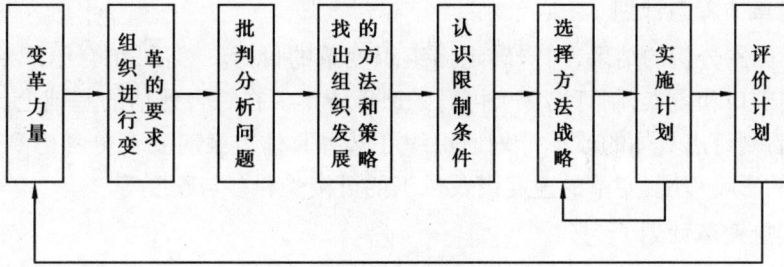

图6.5 唐纳利组织变革模式

（资料来源:唐纳利,等.管理学基础——职能·行为·模型[M].李柱流,等,译.北京:中国人民大学出版社,1990:324.）

6.3.4 戴尔顿的组织变革四阶段模型

美国行为学家戴尔顿在卢因的组织变革过程模式基础上提出了组织变革四阶段模型:①制订目标。包括变革的总目标和具体目标,特别是具体目标;②改变人际关系。逐渐消除适应旧状况的陈旧的人际关系,建立新的人际关系模式。不破除旧的人际关系,变革就无法进行;③树立自我尊重意识,即树立职工的自我发展意识。如果职工的自我发展意识得以确立,他们愿意参与组织变革之中,而组织中的每项变革都征求他们的意见,变革就成为全体组织成员努力的事情,变革就具有了广泛的支持基础;④变革动机内在化,即将变革的措施转化为职工自觉的行动,转为职工的思想观念和自觉信念。

总之,变革过程不是一个简单的变化过程,而是充满矛盾、冲突的过程。随着时代的发展,组织变革的模式也在不断的演变。

6.4 组织变革的程序与策略

6.4.1 组织变革的程序

组织变革是一种复杂的现象,管理者不能简单地像挥动魔术棒一样轻松地实施变革。事实上,组织变革必须符合逻辑性和系统性的要求才能获得成功。为此,管理者必须了解有效变革的程序和如何化解员工对变革的抗拒。

1) 诊断组织状态

组织变革的第一步就是要对现有的组织进行全面的诊断,分析变革因素。根据组织的表现和运营现状,准确地确定出组织在运行和发展过程中存在的问题。将这些问题按其属性进行分类,按其重要性和急迫性进行排序,从中挑选出若干相对重要的、对组织全局影响较大的问题,逐个认真分析、研究,找出产生这些问题的根源和解决这些问题需要改变的因素。

2) 制订变革方案与计划

根据变革因素分析的结果,初步确定出组织变革的目标。然后,结合组织的实际情况,确定变革的突破口和重点,制订出多个可行的改革方案。在综合评估的基础上,选择正确的实施方案,然后制订出具体的改革计划。组织在选择具体方案时要充分考虑到改革的深度和难度、改革的影响程度、变革的速度以及员工的可接受和参与程度等。

3) 组织实施变革计划

变革计划制订出来以后,最重要的工作就是认真推进和实施改革计划,做到有计划、有步骤、有控制地进行。在实施组织变革时,要排除组织变革的阻力,采取一些有效的措施,如让员工参加组织变革的调查、诊断和计划,使他们充分认识变革的必要性和变革的责任感;大力推行与组织变革相适应的人员培训计划,使员工掌握新的业务知识和技能,适应变革后的工作岗位;大胆起用年富力强和具有开拓创新精神的人才,从组织方面减少变革阻力;完善各项基础工作,健全各项规章制度,明确各部门的职责权限,规范部门和员工的行为等。

4) 评价变革效果并反馈

变革结束后,管理者还必须对改革的结果进行总结和评价,及时反馈新的信息。组织变革效果的评价,要以是否适应组织新任务、新目标或改善组织对新目标的执行力来评价。对于取得的成效要及时给予肯定和奖励,而对于没有取得理想效果的改革措施,应当给予必要的分析和评价,然后再做取舍。

6.4.2 组织变革的策略

1) 注重沟通

组织变革需要对企业内部与外部进行充分的沟通,这些充分的沟通将有利于组织变革的实施。具体的沟通方式与要点如图 6.6 所示。

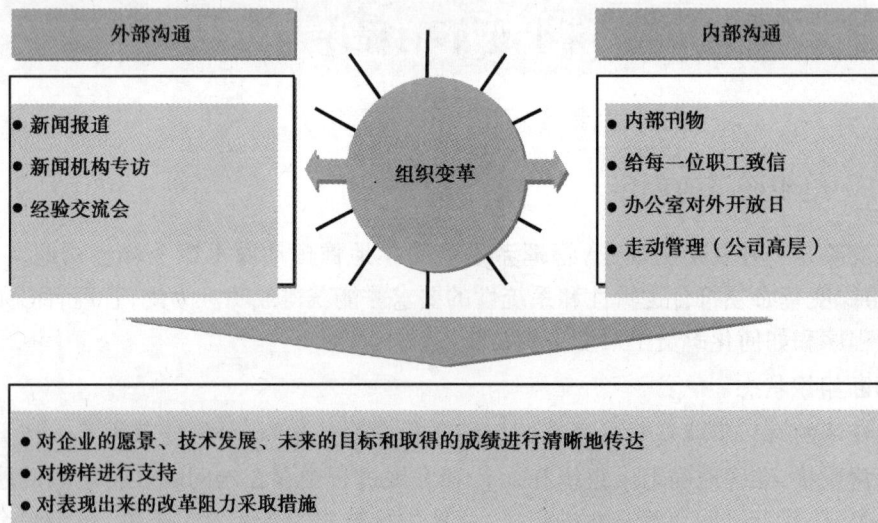

图 6.6 组织变革沟通方式与要点

在变革实施之前,企业决策者应该营造一种危机感,让员工认识到变革的紧迫,让他们了解变革对组织、对自己的好处,并适时地提供有关变革的信息,澄清变革的各种谣言,为变革营造良好的氛围。在变革的实施过程中,要让员工理解变革的实施方案,并且要尽可能地听取员工的意见和建议,让员工参与到变革中来。与此同时,企业还应该时刻地关注员工的心理变化,及时与员工交流,在适当的时候可以作出某种承诺,以消除员工的心理顾虑。

需要注意的是,在组织变革中不能只注重内部沟通,对于外部沟通,组织也应当充分加以重视。只有这样才能为组织变革营造一个良好的内部环境和外部环境。

2) 构建完善的激励体系

组织文化变革的阻力主要来源于人和与人相关的利益关系,只有理顺和摆平这些关系,变革的障碍才能最终克服。应将奖励和报酬与那些有助于实现组织的任务目标的行为挂钩,让员工了解如何才能受到奖励,从而引导他们实现行为方式的转变。所以,在组织变革中,奖励体系与新的进步联系得越完善,变革就容易实施。关于建立激励体系的要点如图6.7所示。

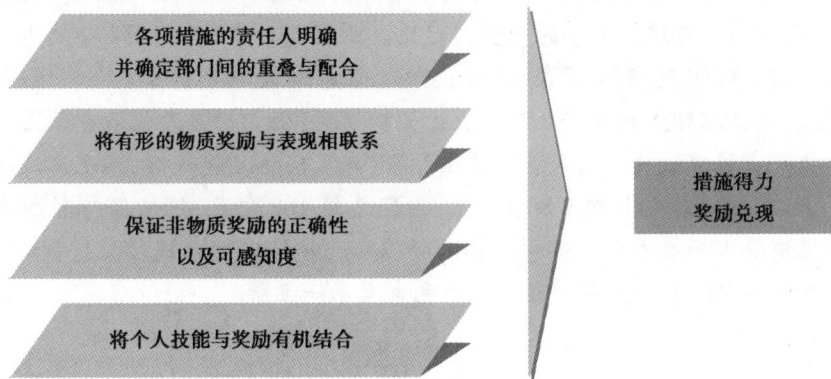

图 6.7　建立激励体系的要点

这些激励的有效运用将有利于组织变革的顺利实施,它们是组织变革的润滑剂。

3) 关注信息技术的影响

这是个社会大变革的时代。科学技术发展进步推动了社会、经济的飞速发展,特别是计算机和网络技术的普及应用,使得创新和变革活动更加频繁。企业信息化不仅仅是一种技术工具的应用,而且是一场激进的组织变革。信息技术的应用从根本上改变了组织的目标、结构、形态和习惯,可以说,信息技术已经成为影响企业组织结构的一个重要因素,它使组织中的沟通和协调更加充分,组织结构扁平化,管理层级减少。

4) 营造良好的变革文化

组织中的变革实践,必然带来对传统生活方式的挑战,组织文化也要随之改变,创造支持变革并使变革维持下去的组织环境。组织是由人组成的,且文化有很强的惯性力量,变革过程中会遇到各种障碍和阻力。因此,组织文化的变革需要自上而下进行,不仅需要组织高层领导的支持,还要求变革领导者具备一整套领导艺术才能;而员工既是组织文化作用的客体,也是组织文化建设的主体。

5) 保持变革与连续性之间的平衡

管理大师彼得·德鲁克指出,变革和连续性不是一对矛盾体,而是一个事物的两个方面。一个组织越接近变革的引导者,它就越需要保持内部和外部的连续性,越需要在快速的变革和保持连续性之间取得平衡。这种平衡体现在,将组织与外部持久的关系建立在不断变化的合作关系基础之上;在组织的内部建立起组织与员工之间日趋合作的伙伴关系。此外,连续性的要求还表明,组织变革既不是一朝一夕的事情,也不能做到一劳永逸。组织的变革是一个跟随内外部环境变化,不断调试的不间断的过程。组织要想把自己转化成一个能适应未来的机构,那就必须实现变革与连续性之间的平衡。

【案例分析】

1.海尔的扁平化变革

海尔集团创立于1984年,当时是一个亏损147万元的冰箱厂,经过30年的持续稳定发展,已成为在海内外享有较高美誉的大型国际化企业集团。产品从1984年的单一冰箱发展到拥有家电、通讯、IT数码产品、家居、物流、金融、房地产、生物制药等多个领域的多门类、多规格产品群,成为全球领先的美好生活解决方案提供商(海尔的多元化业务见图6.8)。海尔集团在首席执行官张瑞敏确立的名牌战略指导下,先后实施名牌战略、多元化战略和国际化战略。2013年,海尔全球营业额1 803亿元,利润总额108亿元,继续保持利润增长2倍于收入增长。据消费市场权威调查机构欧睿国际(Euromonitor)的数据,2013年海尔品牌全球零售量份额达到9.7%,连续五年蝉联全球白色家电第一品牌。

图6.8 海尔的多元化业务

多元化战略的确给海尔带来迅速的发展壮大,但也给海尔带来了巨大的危机。海尔规模的扩大使得海尔开始滋生"大企业病":权力环节蔓生,降低了管理决策的准确性和有效程度;职能机构增多,加深了企业的专业化、部门化程度,滋生出官僚主义、部门小团体主义等不良现象;为了对日益膨胀的企业进行有效控制,规章制度和条条框框越来越多,打击了员工努力工作的意愿和热情。体现在企业运营上,海尔感染了三大症状,张瑞敏称之为"目前困扰中国企业的三座大山":一是不良品,二是应收账款,三是库存。

1998年,张瑞敏提出了"内部模拟市场化"的组织革命,推行SBU策略,想把海尔的数万名员工,都变成一个个"小老板";2005年,张瑞敏再次提出"海尔模式即人单合一",强调人和市场的统一,速度和准确度的统一。2006年,张瑞敏再次号召管理层学习《世界是平的》一书,如何应对扁平化时代的挑战。

传统的组织是一个正三角的组织,最下面的是员工,上面是领导。上级对下级下达命令,下级服从上级。海尔在推进人单合一双赢模式过程中,把组织扁平化了,变成了动态的网状组织(传统组织与创新组织的对比见图6.9)。

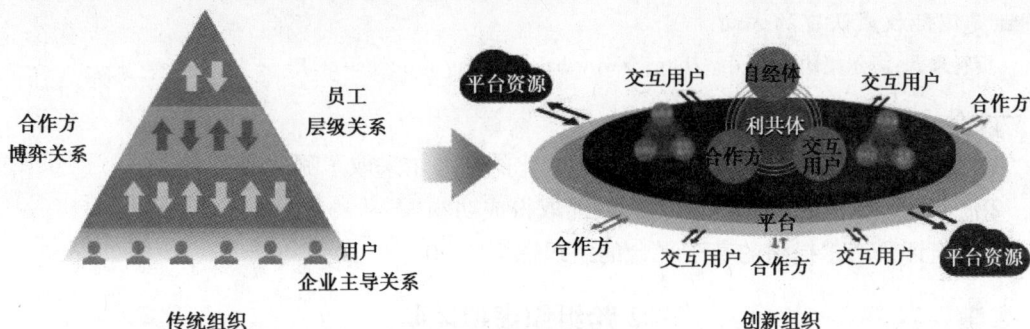

图6.9 传统组织与创新组织的对比

海尔集团在实施扁平化管理变革之后,节约了经营资源,降低了管理费用,大大提高了生产效率和资金使用效率,使企业对市场的反映更加灵敏,实现了与用户零距离。例如,为方便用户取、放物品而特别设计的抽拉式冷柜——迈克冷柜,其产品的出产距海尔美国公司总裁迈克提出生产建议仅用了17个小时,并且很快推出了系列产品。如此之快的反应速度使得迈克冷柜一举占领了美国小型冷柜40%的市场。扁平化管理在缩短产品交货期方面的效果也是明显的。例如,冰箱交货时间由原来的9.5天减少到6.5天,平均缩短了32%,扁平化管理模式改变了以往多元化公司的大企业病的弊端。

海尔认为,在信息技术时代,原动力并不是规模和范围,而是平台(图6.10)。所谓平台,就是快速汇集资源的生态圈。用最快的速度把各种资源汇集到一起满足用户互联网时代的个性化需求。出现这个现象是因为互联网时代的信息不对称主动权转移到了用户手里。因此,传统的商业模式正在受到挑战。

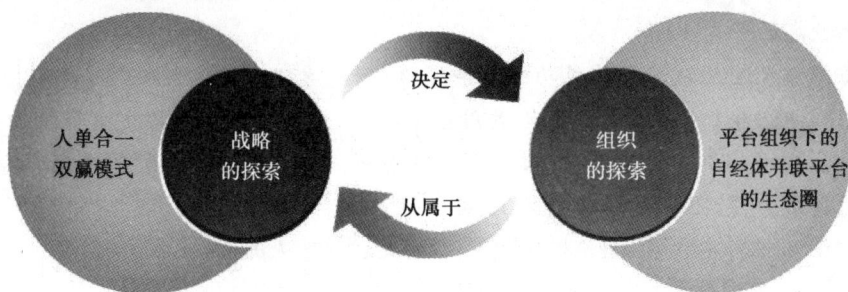

图6.10 基于平台的组织探索

很多著名管理专家、商学院都在跟踪研究海尔"人单合一双赢模式"。世界一流的战略大师、《管理大未来》的作者加里·哈默表示:目前在全球范围内,进行类似的管理革新的企业本来就不多,取得成功的则还没有。海尔推进的自主经营体创新是超前的,相信一定会取得成功。西班牙IESE商学院把海尔"人单合一跨文化融合"案例纳入案例库用于教学研究。2013年8月11日,张瑞敏应邀出席美国管理学会(AOM)第73届年会,并作主题演讲,交流"人单合一双赢模式"。在这场全球最权威的学术盛会上张瑞敏是唯一获邀作主题演讲的企业家。

海尔"人单合一双赢模式"是为适应互联网时代挑战而进行的创新,它兼具时代性和国际性,是国际权威认可的方向。

(资料来源:海尔集团官方网站:http://www.haier.net/cn/about_haier/.)

讨论:

1.海尔的组织变革是如何跟随其战略变化的? 海尔采取了哪些变革举措?

2.海尔的"人单合一双赢模式"为何能取得成功?

3.如何评价海尔提出的基于平台的组织探索?

2.跨组织虚拟团队

山东××蛋白公司(以下简称山东公司)是目前国内大豆蛋白的主要生产厂家之一,主要生产浓缩蛋白系列产品,由于自身开发力量有限,几年来一直没有增加新的蛋白品种,产品结构和市场结构始终难以改善。尤其是近两年杜邦等跨国巨头在国内市场的重组进入,市场竞争愈加激烈。山东公司审时度势,积极联合北京××食品研究所与美国××蛋白科研机构,三方共同磋商,建立动态联盟,共同组成虚拟团队,希望通过虚拟团队的运作开发出新型针剂蛋白系列产品。

虚拟团队最后由7名科研人员组成,山东公司派出2名人员,并在项目开发期间长驻北京,与北京所2名科研人员共同工作。其中一名人员负责整个项目的协调沟通。团队综合利用信息技术手段建立了自己的沟通平台,在整个产品开发周期内,美国机构的3名科研人员与国内4名科研人员共有四次面对面的沟通,其他时间均通过团队建立的沟通网络进行信息传递与分享,沟通与决策。

整个项目为期192天,开发出5种新型针剂蛋白产品,各项指标均达到世界先进水平,开发费用比预期的节约12%。

山东公司总经理总结了合作成功的三条经验:一是虚拟合作实施之前,一定要共同磋商设定严密的跨组织合作协议;二是灵活运用信息技术,适时沟通,建立快捷有效的知识传递系统;三是不断动态调整工作方式。虚拟团队工作的流程、架构随着时间不断调整,以符合产品开发的需求,包括团队成员建立共识、经常性互动和快速分享信息。

(资料来源:刘松博,龙静.组织理论与设计[M].2版.北京:中国人民大学出版社,2014.)

讨论:

1.虚拟团队成功的关键是什么? 有哪些特征?

2.综合评价山东公司的虚拟组织变革。

【思考题】

1.如何进行组织变革的诊断?

2.哪些因素或事件会导致组织变革?

3.如何克服组织变革中的阻力？

4.组织变革的策略有哪些？未来变革的方向是什么？

【本章小结】

1.组织变革就是组织根据内外环境的变化，及时对组织中的要素进行结构性变革，以适应未来组织发展的要求。组织变革的目标应与组织发展的目标协调一致。当组织原有的稳定和平衡不再适应环境变化的要求，就必须通过变革来打破原有的稳定和平衡，从而建立起适应新形势、新环境的新的组织体系。

2.无效组织结构是指不能和组织的现行状态及外部环境相适应，从而导致组织效率低下或组织目标不能实现。有效组织结构是指能很好地适应外部环境，充分利用组织内外各种资源，高效地实现组织目标。两者在目标、经济性、人力资源、组织文化、综合绩效及效益上都表现出很大的差异。

3.组织变革的动力受外部因素和内部因素影响。由于组织变革要打破现有平衡，因此，会受到来自个人、团体乃至组织内部体制、决策程序、组织文化、奖励制度等方面的阻力。

4.库尔特·卢因将组织变革过程归纳为解冻、变革、再冻结三个阶段；卡斯特与罗森茨韦克将组织变革归纳为六步骤，即审视、觉察、明辨差距、确认变革方法、实行变革、反馈变革效果。

5.组织变革应讲求策略，一要注重组织内外的沟通；二要构建完善的激励体系；三要关注信息技术的影响；四要营造良好的变革文化；五要保持变革与连续性之间的平衡。

【扩展知识】

规划的变革与反应式的变革

有些变革是事先规划的，另一些则是对未预期到的事件的反应。规划的变革是对预期到的未来事件所作的按部就班的设计和实施的变革。反应式的变革是对环境变化随机应变的一次性反应。反应式变革往往比较仓促，出错的机会大。相对于反应式的变革，人们几乎总是偏好规划的变革。

乔治太平洋公司是一家大型的森林产品企业，它为我们提供了一个规划的和管理良好的变革过程的范例。科瑞尔出任这家公司的 CEO 之后不久，就发现企业的事故率高得惊人——每年每百名员工中有 9 人重伤，过去 5 年共有 26 人死亡。尽管这一产业本身就是比较危险的，但科瑞尔相信事故率还是太高了，他开始发起一个大型的变革计划来进行改善。他和其他高层经理设计了一个多步骤的变革项目，向工人讲解安全知识，改善工厂里的安全设备，改变工厂里面长期以来将受伤视为勇敢的传统文化。今天，乔治太平洋公司已经成为行业内安全记录最好的企业。

一个相反的例子是卡特彼勒公司，它毫无准备地受困于全球性建筑产业的衰退，损失巨大，花了好几年时间才缓过来。如果卡特彼勒公司的经理早点预期到变革的需要，他们本来是可以更快地作出反应的。与此相似,柯达公司由于销售和利润下降不得不削减1万个职位,甚至到后来导致破产。

近年来组织变革的频繁性提高了规划的变革的重要性。绝大多数公司或大型公司的部门每年至少会进行一次中等程度的变革,每4~5年进行一次重大的变革。保守不变和事到临头才做出反应的经理恐怕要花很多时间来进行匆忙的变革或反复变革。更为有效的方法是预见促进变革的因素并且提前进行规划。

(资料来源:格里芬. 管理学[M].刘伟,译.北京:中国市场出版社,2006:275-276.)

【管理能力训练】

训练一:调研教育行业的虚拟化变革

训练要求:信息化时代的到来使得教育行业也逐渐走向虚拟化。利用网络和软件系统,可以实现从传统教育方式向电子网络化的教育方式转变,这将极大地改变传统的教育模式和教育机构的组织和管理。据此,请以某教育机构为调研对象,了解信息技术、网络化普及带来的教育模式转变和组织变革,针对调研发现的问题,提出相应的组织变革建议。

训练二:调研组织发展与结构变革

训练目的:让学生体会组织内外环境变化及其成长历程,认知组织资源、使命、文化现状,感受环境变化、组织战略与组织变革的相互作用。

训练内容与要求:

1.将学生分成N个团队,每小组5~8人。

2.每小组选择一家企业或所在学校、院系为对象,网上查阅所选对象相关资料,或实地调查该对象的组织内外环境,收集和了解该对象的发展历程,实施的战略与组织结构。

3.将收集资料进行整理,分析该组织的发展过程与结构变革,战略与结构之间的关系等,并写出调查报告。

成果与检测:

1.以小组为单位提交调查报告;

2.将调查内容制作成PPT,按小组方式进行演讲汇报。

第7章　人员配备

知识目标

1. 了解人员配备含义与任务,熟悉人员配备的原则;
2. 熟悉人员招聘渠道与招募方法的选择;
3. 了解人员甄选的方法与技术。

能力目标

1. 掌握管理人员的来源途径及其特点;
2. 建立系统的人员配备的思维方式;
3. 能设计招聘流程,有效使用管理人员的培训方法等。

> 将我所有的工厂、设备、市场、资金全部夺去,但是只要保留我的组织、人员,四年以后,我将仍是一个钢铁大王。　　　　　　　　　　　　——美国钢铁大王卡内基
>
> 我最大的成就是发现人才,发现一大批人才。他们比绝大多数的首席执行官都要优秀,这些一流的人物在 GE 如鱼得水。　　　　　　　　　　　　——杰克·韦尔奇

组织结构设计为企业系统的运行提供了基本的框架,而要使企业组织系统运作起来还要依靠人的力量。因为,人是组织目标得以实现的直接推动力。人员配备的主要任务就是为组织结构中的所有职位,特别是管理职位,配备合适的人员,以最大限度地发挥每个岗位、每个人的能量。企业的人员配备结构其实就是企业的组织结构。

7.1　人员配备概述

7.1.1　人员配备的含义与任务

组织设计为系统的组织运行提供了可依托的框架,然而要使框架发挥作用,还需由人来操作。人员配备(staffing)主要涉及对人的管理,而人是组织中最重要的资源,是构成组织诸

要素中最重要的要素,组织活动的进行,组织目标的实现,无一不是由人决定的,因此,人员配备具有非常重要的作用,是组织设计的逻辑延续,对任何组织而言都是一项关键内容,需要认真规划,并应有预见性。

管理学中的人员配备,是指对主管人员进行恰当而有效地选拔、培训和考评,其目的是为了配备合适的人员去充实组织机构中所规定的各项职务,以保证组织活动的正常进行,进而实现组织的既定目标。传统的观点一般把人员配备作为人事部门的工作,而现代的观点则认为,人员配备不但要包括选人、评人、育人,而且还包括如何使用人员,以及如何增强组织凝聚力来留住人员,这又同指导与领导工作紧密联系起来。

人员配备的任务在于通过分析人与事的特点,使组织内既无人浮于事,又无人手紧缺的现象,谋求人与事的最佳组合,将合适的人放在合适的岗位上,实现人与事的不断发展,共同完成组织的使命和目标。

7.1.2 人员配备的原则

1)人职匹配原则

人职匹配是指个人的能力、个性、兴趣、需要等与职业对人的要求之间的一致性。人职匹配原则要求对所用人员进行特性评价、职业因素分析和个人特性与职业因素的匹配。特性评价即评价其所用员工在生理、心理上的特性、职业能力、职业兴趣、人格以及有关家庭文化背景、父母职业、经济收入、学业成绩、闲暇兴趣等进行测验,从而获得全面的材料,作出综合评价。职业因素分析指分析职业的各种因素,包括各类职业内容、特点,提出对所用人员的具体要求。个人特性与职业因素的匹配是根据所用人员特性评价与社会职业因素分析结果,对个人进行职业咨询与指导,从而达到人与职业的合理匹配。

2)公开公平与竞争原则

组织越是想获得高质量的主管人员,提高自己的管理水平,越应在选拔和招聘未来主管人员的过程中鼓励公开、平等的竞争。公开公平竞争原则要求把招考单位、种类、数量,报考的资格、条件,考试的方法、科目和时间,均面向社会公告周知,公开进行。不仅要动员、吸引较多的人报考,还要严格考核程序和手段,使招聘工作置于社会的公开监督之下,对所有报考者一视同仁,不得人为地制造各种不平等的限制或条件(如性别歧视)和各种不平等的优先优惠政策,防止"拉关系""走后门""裙带风"、贪污受贿和徇私舞弊等现象的发生,通过激烈而公平的竞争,科学地录取人选,选择优秀人才。

3)用人所长原则

人的能量有大小,本领有高低,工作有难易,要求有区别。招聘工作,不一定要最优秀的,而应量才录用,做到人尽其才、用其所长、职得其人,这样才能持久、高效地发挥人力资源的作用。

4)全面考查原则

全面考查原则指对报考人员从品德、知识、能力、智力、心理、过去工作的经验和业绩进行全面考试、考核和考查。因为一个人能否胜任某项工作或者发展前途如何,是由其多方面因素决定的,特别是非智力因素对其将来的作为起着决定性作用。而且,考察候选人时,不仅要考察其在现有职位中表现的才能高低,更重要的是要考察其有无胜任更高一级工作的潜能,这样才既能够避免"提过头"的危险,又不至于浪费人才。

5) 择优录用原则

择优是招聘的根本目的和要求。只有坚持这个原则,才能广揽人才,选贤任能,为组织引进或为各个岗位选择最合适的人员。为此,应采取科学的考试考核方法,精心比较,谨慎筛选。特别是要依法办事,杜绝不正之风。

7.1.3　人员配备的基本过程

人员配备不是单纯的一个事件,而是一个过程。其基本过程如图 7.1 所示。

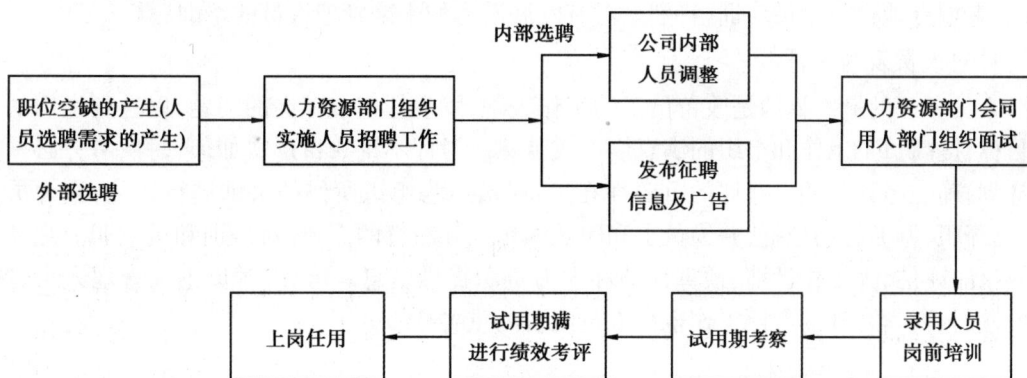

图 7.1　人员配备的基本过程

1) 确定人员需求量

人员配备是在组织设计的基础上进行的,人员需求量的确定主要以设计出的职务数量和类型为依据,职务类型提出了需要什么样的人,职务数量则告诉我们每种类型的职务需要多少人。构成组织人员结构基础的职位可以分成许多类型。比如,管理人员与生产作业人员;管理人员可分成高层、中层、基层管理人员;每一层次的管理人员又可以分成直线主管与参谋或管理研究人员;生产操作人员可分成技术工人或专业工人、基本生产工人与辅助生产工人等。

如果是为一个新建的组织选配人员,那么只需要利用职务设计的分类数量表去直接在社会上分开招用、选聘。然而,经常遇到的往往是现有组织的机构与人员配备重新调整的问题,所以在通常情形下,在进行组织的设计后,还需检查和对照组织内部现有的人力资源情况,两相对比,找出差别,确定需要从外部选聘的人员类别与数量。

2) 选聘人员

职位分析与设计指出了组织中需要配置哪些素质的人。为了保证担任任务的人员具备职务要求的知识和技能,必须对组织内部的候选人进行筛选作出最恰当的选择。这些待聘人员可能来自组织内部,也可能来自社会外部。从外部新聘员工或从内部进行调整,各有其优势和局限性。我们将在后面进行深入分析。现在需要指出的是候选人能力考查的困难:对于外部候选人的实际工作能力我们往往所知甚少;而对于内部候选人,我们了解的也只是他们以前从事低层次工作的能力,甚至他们是否能胜任更大责任的工作,往往难以得出比较可靠、肯定的结论。候选人实际工作的辨识困难告诉我们必须谨慎、认真、细致地进行人员配备。把不适合的人安排在不适合的岗位,不论对个人还是组织都会带来不利的影响,必须研究使用一系列科学的测试、评估和选聘办法。

3)制订和实施人员培训计划

人的发展有一个过程,组织成员在明天的工作中表现出的技术和能力需要在今天培训,组织发展所需要的管理者现在就开始准备。维持成员对组织的忠实的一个重要方面是使他们看到自己在组织中的发展前途。人员特别是管理人员的培训无疑是人员配备中的一项重要工作。培训,既是为了适应组织技术变革、规模扩大的需要,也是为了实现成员个人充分发展的需要。因此,要根据组织的成员、技术、活动、环境等特点,利用科学方法,有计划、有组织、有重点地进行全员培训,特别是对有发展潜力的未来管理人员的培训。

4)对人员及时考评

人员考评的最终目的是改善员工的工作表现,发现管理中存在的问题,以达到组织的经营目标,提高员工工作和组织的满意度与成就感。考评不论数目形式如何,每次考评必须事先计划,确定考评目的。考评的重要性在于:对员工为组织所作的贡献进行评估,作为员工晋升、降职、调职等的依据,并为员工和团队的培训和教育的需要,对培训和员工职业生涯规划效果的评估,为工作计划、预算评估和人力资源提供信息。可见,对员工和管理人员进行阶段性的、科学合理的考评工作也是人员配备的重要环节。

7.2 人员招聘与录用

7.2.1 招聘渠道与招聘方法的选择

1)招聘渠道的选择

人员招聘的渠道主要有两种,即内部招聘和外部招聘。这两种渠道各有优缺点(表7.1),实际工作中要根据实际情况做选择。

(1)内部招聘

内部招聘就是在组织中搜寻合格人才,通过晋升或调职来满足空缺岗位人员需求的活动。

①内部招聘的优点:

其一,能够对组织员工产生激励作用。由于组织为大家提供晋升机会,使人们感到升迁有望,工作就会更加努力,也能够增加员工对组织的忠诚和归属感,从而有助于员工队伍的稳定。

其二,所获得人员的素质比较可靠。因为组织对晋升者以前的素质和表现都有比较深入的了解,因此在任用时能减少用人方面的失误。

其三,由于晋升或调职者在组织内已工作一段时间,他们对组织目标和组织结构有所了解,对内部人事情况与工作环境熟悉,因此在新工作的接受过程中较节约时间,不需要一般性的职前培训。

其四,内部招聘方式可节约费用。由于内部晋升或调职不必支付广告和甄选费用,因此所需成本很低。

②内部招聘的缺点:

其一,内部获取方法所得到的人才往往是一脉相承、"近亲繁殖",因而在观念、思维方式和眼界方面可能狭窄,缺乏创新与活力,以至因循守旧。

其二,在甄选过程中容易引起员工之间的竞争,可能产生一定的内耗。提出申请而未能升迁的员工会感到心理不平衡,晋升者对原来的同级员工也往往难以建立声望和有效地进行管理。

其三,虽然很多公司老板都要求张贴告示,并面试所有的内部应征者,但实际上心中早有中意人选,这就使面试给人"走过场"的感觉。

其四,如果组织已经有了内部补充的惯例,当组织出现创新需要而急需从组织外部招聘人才时,就可能会遇到现有员工的抵制,损害员工工作的积极性。

(2)外部招聘

①外部招聘的优点:

其一,外部招聘有利于因事求才,广招贤人。

其二,具有工作经历的外聘人才,往往能带来别的组织的工作经验和理念,其中的一些可能是本组织的不足,为组织增强活力。

②外部招聘的缺点:

其一,外聘人才与用人单位员工之间因缺乏相互了解,往往会存在沟通和配合的困难,工作适应的时间较长。

其二,任用外聘人才担任管理职务,可能使组织内部员工感到升迁无望,从而挫伤许多人的工作积极性。

其三,该形式比通过内部获取人才的费用高、工作量大。

表 7.1　内部招聘与外部招聘渠道比较

	方　式	优　点	不　足
内部招聘	内部晋升 工作调换 工作轮换 人员重聘 公开招聘	准确性高 适应较快 激励性强 费用较低	在组织中造成矛盾,产生不利影响 造成"近亲繁殖"
外部招聘	学校招聘 竞争对手和其他单位 下岗失业者 退伍军人 退休人员	带来新思想、新方法 有利于招到一流人才 树立形象的作用	筛选难度大,时间长 进入角色慢 招聘成本大 决策风险大 影响内部员工积极性

2)招聘方法的选择

（1）内部招聘方法

①推荐法：由组织内部员工推荐所需人员，最常见的推荐是主管推荐，其优点在于主管一般比较了解潜在的候选人的能力，由主管提名人选具有一定的可靠性。

②布告法：在组织内部通过张贴布告或内部网络传递招聘信息。一般来说，布告法经常用于非管理层人员的招聘，特别适合普通职员的招聘。

③档案法：通过人力资源部门的员工档案，了解员工在教育、培训、经验、绩效等方面的信息，帮助用人部门与人力资源部门寻找合适的人员补充岗位空缺。

（2）外部招聘方法

①发布广告：广告是传递职位空缺、吸引求职者的一种打破时间、空间局限的、范围非常广泛的招聘信息发布法。

可同时发布多种职位的招聘信息，给企业保留许多操作上的优势。发布广告要注意两个关键问题：一是选择广告媒体，二是设计广告内容。目前，可供选择的广告媒体有广播、电视、报纸、杂志、网站等，这些广告媒体具有信息传播范围广、速度快，应聘人员数量大、层次丰富，选择余地大的特点。在这类广告媒体上发布广告，一般应包括岗位名称、工作职责、任职资格、申请方式以及企业简介、联系方式等内容；而且在内容与表现方式上要具有吸引力，从而塑造组织形象。

②借助中介：外部招聘可以借助的中介通常包括人才交流中心、招聘会、猎头公司、校园招聘、网络招聘以及熟人推荐几种。

人才交流中心主要为中高级专业人才服务。其特点：针对性强、费用低廉，但对计算机、通信等高级或热门人才招聘效果不太理想。组织通过人才交流中心招聘人才要交纳一定的费用。

招聘会是用人单位与应聘者直接进行交流与洽谈的非常好的方式，目前具有专业化发展趋势。如中高级人才洽谈会、应届生双向选择会、信息技术人才交流会等。招聘会的优点是节省双方时间；可了解当地人力资源素质情况，了解同行业其他单位人力资源政策和人才需求情况。应聘者集中，选择余地较大。

猎头公司是一种与职业介绍机构类似的就业中介组织，指专门替用人单位搜寻和推荐高层管理人才和专业人才的公司。猎头公司有着极为宽广的联络网，而且特别擅长于接触那些正在工作而且还没有流动意向的人才，被人们称为"挖墙脚"的公司。他们的工作为用人单位节约征才和筛选的时间、费用和精力，但收费不菲。

校园招聘是组织招聘专业技术人员和管理人员的重要来源，主要考虑学校的选择和对大学生的吸引问题。在选择校园招聘这种方式时，要注意了解大学生就业政策，对大学生就业"脚踩几只船"要有应对策略，要尽量纠正大学生不切实际的错误认识以及提前准备大学毕业生感兴趣的问题。

③网络招聘：随着信息技术突飞猛进的发展，网络招聘越来越受到企业和求职者的青睐。方便快捷、低成本、无区域限制、信息量大、资源丰富是网络招聘的优点，但信息的真实性有时不易鉴别。

此外,熟人推荐是获取外部合格人力资源的方式之一,可以节约组织招聘的广告费用和职业介绍所费用,推荐人出于人际关系或自身利益考虑,会尽力推荐符合组织要求的员工,一旦组织录用,被推荐人将比其他方式招聘的员工更稳定一些,考虑到与推荐人的关系,离职率会降低。

7.2.2 人员甄选的方法与技术

1) 面试

面试是应聘者在主考人面前,用口述的方式现场回答问题,主考人根据应聘者在面试过程中的行为表现及回答问题的正确程度来进行测评的一种方法。这种方法可以判断应聘者运用知识分析问题的熟练程度、思维的敏捷性、语言的表达能力;应聘者的外表、气质、风度、情绪的稳定性,以及核对应聘者个人材料的真实性。

(1)面试的基本程序

①面试前的准备。面试前,要对面试的主考官进行培训,掌握面试表格的使用方法、面试技巧和评分标准,熟悉空缺岗位的职务说明书,了解空缺岗位的工作内容,工作职责和所需任职人员的资格条件等。同时要查阅应试者的报名表和简历,记下含糊不清的问题,以便在面试时提出澄清。

②制造轻松的面试气氛。制造轻松的面试气氛可以减少应试者的紧张,使其心情放松,从而言谈比较开放,在面试中能发挥正常水平。同时,轻松的面试气氛能给人留下良好的印象,从而有助于维护招聘单位的声誉。

③进行面试。根据实际情况选定面试类型。在进行面试时要注意,尽量避免只提出回答"是"或"不是"的问题,要提"开放性"(或"开口型")问题;问题要先易后难,循序渐进地提问;面试进行中不要有任何提示或认可,否则应试者的回答将以主试人员的观点为转移;及时作好面试记录,以便最后对应试者进行全面评价。

④结束面试。在面试结束之前,应当留有时间让应试者提出问题,也可以将有关工作的详细情况告诉应试者。结束面试时,告诉应试者如果被录用何时可获得录用通知。

(2)面试的类型

①按面试问题的结构化程度分类,面试可分为:

非结构化面试。面试考官完全任意与应聘者讨论各种话题,没有固定问题,即兴提问,对不同的应聘者可问不同的问题。此方法可全面了解应聘者的兴趣、爱好,但要求面试考官的经验与沟通技巧,且易受面试考官主观因素的影响。

半结构化面试。面试考官提前准备重要问题,可不按固定问题次序提问,可跟踪提问,也可设计问题表格,在表格上留出空白,以记录应聘者的表现及面试考官的评价和建议。

结构化面试。提前准备好问题和各种可能的答案。与半结构化面试不同在于,半结构化面试没有答案,而结构化面试不仅要在工作分析的基础上提出与工作有关的问题,而且还要设计出应聘者可能给出的答案,面试考官根据应聘者的回答迅速对应聘者作出相应的结论。此方法较规范,面试结果相对客观。

②按面试的组织方式可分为：

系列式面试。招聘单位要求应聘者接受各个不同层次的管理人员的面谈,一般用非结构化面试方式。各层次的面试考官独立作出评估意见,然后进行比较和讨论后最终录用应聘者。

陪审团式面试。指由多个面试考官同时与应聘者进行面谈,目的是更加全面地了解应聘者的情况。

集体面试。由多个面试考官与多个应聘者同时进行面谈。面试考官分别提出问题,然后让应聘者分别回答。

压力性面试。以穷追不舍的方式针对空缺岗位工作中的某一事项发问,逐步深入,详细而彻底,直至应试者无法回答为止。这除了可以深入了解应试者的岗位知识技能外,真正注重的是测试应试者应付工作压力的机智程度、应变能力、心理承受能力和自我控制能力。

此外,面试还有人格测试、兴趣测试、能力测试、情景模拟测试等选聘方法。

2) 笔试

笔试是先拟定试题,让应聘者笔答,然后根据答题情况或成绩进行测评的方法。目前公务员考试、各种资格证书的考试均采用此方法。一般在复试时或报名者多时使用,很少单独使用。

笔试主要用于对应聘者基础知识和素质能力差异的测试,包括应聘者一般知识与能力和专业知识与能力。一般知识与能力包括社会文化知识、智商、语言理解能力、数字才能、推理能力、理解速度、记忆能力等;专业知识与能力即与应聘岗位相关的知识与能力。

笔试的优点是试卷内容涵盖面广,容量大,能测试应聘者在基本知识、专业技能和相关能力的理论知识;可对大量应聘者同时进行,测评效率高;测评成绩客观、公平,不带有主观性。但不能全面考察应聘者的工作态度、品德修养以及组织管理能力、口头表达能力、操作能力。

7.3 人员培训与开发

人的成长是一个相对漫长的渐进过程,因此,组织应该针对人力资本状况和特点开展人员培训与开发。这里的培训(training)与开发(development)是两个有差异的术语。员工培训是指企业有计划地实施有助于员工学习与工作相关能力的活动。这些能力包括知识、技能和对工作绩效起关键作用的行为。员工开发是指为员工未来发展而开展的正规教育、在职实践、人际互动以及个性和能力的测评等活动,它以未来为导向,要求员工学习与当前从事的工作不直接相关的内容。随着培训的战略地位的凸显,员工培训变得越来越重要,培训与开发的界限已日益模糊。现在,两者都注重员工与企业当前和未来发展的需要,而且员工、经营者都必须接受培训与开发。

7.3.1 人员培训开发的内容与形式

人员培训的内容与形式必须与企业的战略目标、员工的职位特点相适应,同时考虑适应内外部经营环境变化。

1)人员培训的内容

一般地,任何培训都是为了提供员工在知识、技能和态度三方面的学习与进步。

(1)知识的学习

知识学习是员工培训的主要方面,包括事实知识与程序知识学习。员工应通过培训掌握完成本职工作所需要的基本知识,企业应根据经营发展战略要求和技术变化的预测,以及将来对人力资源的数量、质量、结构的要求与需要,有计划、有组织地培训员工,使员工了解企业的发展战略、经营方针、经营状况、规章制度、文化基础、市场及竞争等。依据培训对象的不同,知识内容还应结合岗位目标来进行。如对管理人员则要培训计划、组织、领导和控制等管理知识,还要他们掌握心理学、激励理论等有关人的知识,以及经营环境如社会、政治、文化、伦理等方面的知识。

(2)技能的提高

知识的运用必须具备一定技能。培训首先对不同层次的员工进行岗位所需的技术性能力培训,即认知能力与阅读、写作能力的培训。认知能力包括语言理解能力、定量分析能力和推理能力等三方面。有研究表明,员工的认知能力与其工作的成功有相关关系。随着工作变得越来越复杂,认知能力对完成工作显得越来越重要。阅读能力不够会阻碍员工良好业绩的取得。随着信息技术的发展,不仅要开发员工的书面文字阅读能力,而且要培养员工的电子阅读能力。此外,企业应更多培养员工的人际交往能力。尤其是管理者,更应注重判断与决策能力、改革创新能力、灵活应变能力、人际交往能力等的培训。

(3)态度的转变

态度是影响能力与工作绩效的重要因素。员工的态度与培训效果和工作表现是直接相关的。管理者重视员工态度的转变使培训成功的可能性会增加。受训员工的工作态度怎样? 如何形成? 怎样受影响? 这既是一个复杂的理论问题,又是一个实践技巧。通过培训可以改变员工的工作态度,但不是绝对的。关键的是管理者工作本身。管理者要在员工中树立并保持积极的态度,同时善于利用员工态度好的时间来达到所要求的工作标准。管理者根据不同的特点找到适合每个人的最有效的影响与控制方式,规范员工的行为,促进员工态度的转变。

2)人员培训的形式

为适应不同的培训目的、不同的培训内容、不同的受训者等,人员培训的组织形式也多种多样。

(1)按培训职能部门的组建分类

①学院模式,即企业组建培训部门,看起来非常像一所大学结构。培训部门由主管人会同一组对特定课题或特定的技术领域具有专业知识的专家共同领导。专家负责开发、管理和修改培训项目。

②客户模式,即企业组建培训部门负责满足公司内某个职能部门的培训需求,使培训项

目与经营部门的特定需要而不是与培训者的专业技能相一致。但培训者必须了解经营需要并不断更新培训课程和内容以适应这种需求。

③矩阵模型,即企业组建培训部门能适应培训者既向部门经理又要向特定职能部门的经理汇报工作的模式。培训者具有培训专家和职能专家两个方面的职责。它有助于将培训与经营需求联系起来;培训者可以通过某一特定的经营职能而获得专门的知识。

④企业办学模式,利用企业办学组建职能部门趋向于提供范围更广的培训项目与课程。该模式的客户群不仅包括员工和经理,还包括公司外部的相关利益者;企业一些重要的文化和价值观将在企业大学的培训课程中得到重视;它保证企业某部门内部开展的有价值的培训活动能在整个企业进行传播。

⑤虚拟培训组织模式(virtual training organization,VTO),它与传统培训部门的最大区别体现在结构上,传统的培训组织趋向于由固定的从事某一特定职能如指导设计的培训者和管理者来运营。而 VTO 中的培训者的数量则根据对产品和服务的需求不同而变化。培训者不仅要具有专业能力而且能作为内部咨询专家并能提供更完善的服务。

目前,不论公司规模大小,按虚拟培训组织、企业办学模式来组建培训职能部门呈现出上升趋势。

(2)按培训的对象分类

按照培训的对象,培训有管理人员培训、专业技术人员培训、基层员工培训及新员工培训。管理人员培训主要让他们掌握必要的管理技能,以及新的管理知识与理论、先进的管理方法。专业技术人员培训是让他们提高专业领域的能力,旨在提高其新产品研制能力;同时培训财务、营销知识、时间管理、信息管理、沟通技巧、团队建设、人际能力、指导员工、外语等方面的知识与能力。基层员工培训让员工操作技能提高,培训是针对不同岗位所要求的知识与技能而言。新员工培训,即为新进入企业的员工指引方向,使之对新的工作环境、条件、工作关系、工作职责、工作内容、规章制度、组织期望等有所了解,使其尽快顺利地融入企业并投身到工作之中。

(3)按员工培训的时间分类

培训有全脱产培训、半脱产培训与业余培训等。全脱产培训是受训者在一段时期内完全脱离工作岗位,接受专门培训后,再继续工作。半脱产培训是受训者每天或每周抽出一部分时间参加学习的培训形式。业余培训是受训者完全利用个人业余时间参加培训,不影响正常生产或工作的培训形式。

7.3.2　人员培训开发的方法

1)在职培训

所谓在职培训,就是员工不脱离工作岗位,在"干"中"学"。具体分为教练法和工作轮调法。教练法是由一名有经验的员工或受训者的直属主管来施予训练。方法是先让受训者观察主管的操作法,然后在边做边学中提高受训者的技能。工作轮调法是有计划地让员工(通常是未来的管理人员)从一个部门转移到另一个部门,从事不同部门的实际工作,体验和了解本单位更广泛以至全局的工作,扩大眼界,积累经验。

在职培训的优点:一是培训所用经费少,受训者边学边干,不需要工作地点以外的教室和正规化培训所需的教学仪器和教材;二是受训者能够迅速得到工作绩效反馈信息,能使学习效果很快提高。进行在职培训,必须首先对培训人员进行严格训练,使他们明确培训目的,掌握教育规律和培训教学方法,并以认真负责的态度去进行培训。

2)脱产培训

脱产培训指员工脱离实际工作岗位去学习所在岗位的工作技能。常用方法分两类:

(1)传授知识类

培养分析问题和解决问题的能力及技术技能,能迅速有效地传达知识,但属单向沟通,无反馈,受训者处于被动地位,参与程度低,培训者不能了解受训者的个体差异和培训效果。具体方法有讲座法(适合理论知识和技术性技能的传递)、录音磁带及光盘、录像、影片、幻灯片等方法(可用来清晰地演示技术性技能,生动形象)等。

电脑辅助教学是采用计算机进行教学。由于计算机的普及和应用程序的迅速发展,可以把大量教学内容编写为计算机软件进行学习。

(2)发展技能类

这种训练是为满足受训者未来发展需要所进行的培训。它包括模拟训练、实验室练习、实地工作训练、管理游戏、案例分析、角色扮演、计算机模型练习等方法。

模拟训练主要是为受训者提供类似真实设备工具的模型,以供操作技能的学习训练而用。

实地工作训练是受训者的实习训练。实地工作训练比模拟的环境更具真实感,有助于体验工作实际,接受有关的训练。

管理游戏是一种管理人员的模拟训练。其方法是将受训者分成几个小组,每组代表一个企业,然后根据游戏规则和企业目标,负起管理人员的责任,对各项业务工作诸如广告费、生产量、存货量、产品种类、售价、聘任职工人数等作出决策,以训练学员解决问题和策划的能力。

案例分析是将介绍企业一些管理问题的文字资料,发给受训者进行分析或评价,提出解决问题的对策或建议,以提高受训者分析问题和解决问题的能力。案例一般分为分析决策型和描述评价型两类。案例教学不是为了了解一项独特的经验,而是在于自己在探索和切磋怎样解决问题的过程中,总结出一套适合自己的思考问题、分析问题的方法,学会独立解决问题,作出决策。

角色扮演是先设置某种管理情景让受训者易地而处(临时调换工作岗位),真正体验到所扮演角色的感受及行为,理解不同角色所担负的任务与困难,从而改变自己原先的态度与行为。这种训练方法多用于改善人际关系和处理冲突事件方面的训练。用角色互调的方法,彼此易地而处,则能亲身体会对方的处境,从而减轻彼此之间的误解。

7.3.3 人员培训开发的过程

1)培训需求评估

培训需求评估是指在规划与设计每项培训活动之前,由培训部门、主管人员、工作人员等采取各种方法和技术,对各种组织及其成员的目标、知识、技能等方面进行系统的鉴别与分析,以确定是否需要培训及培训内容的一种活动或过程。培训需求信息的收集多采用问卷调查、个人面谈、团体面谈、重点团队分析、观察法、工作任务调查法。

2) 培训规划制定

培训规划是指对企业组织内培训的战略规划,企业培训规划必须密切结合企业的生产和经营战略,从企业的人力资源规划和开发战略出发,满足企业资源条件与员工素质基础,考虑人才培养的超前性和培训效果的不确定性,确定职工培训的目标,选择培训内容、培训方式。

3) 培训的实施

制订好了培训规划后,接下来的工作就是实施培训。这方面,国内外的研究学者关注得比较多的是采取怎样的培训方式进行培训,认为多样化的培训方式将比传统的讲授式培训达到更好的效果。

4) 培训效果评估

培训效果评估,其研究培训方案是否达到培训的目标,评价培训方案是否有价值,判断培训工作给企业带来的全部效益(经济效益和社会效益),培训的重点是否和培训的需要相一致。科学的培训评估对于分析企业培训需求,了解培训投资效果,界定培训对企业的贡献,非常重要。目前使用得最广泛的培训效果评估方法是柯克帕特里克的培训效果评估体系。成本—收益分析也是一个比较受推崇的方法之一,这种方法可将培训的效果量化,让企业可以直观地感受培训的作用。

7.4　人员工作绩效考评

工作绩效考评(performance appraisal)又称工作绩效评估或工作业绩评定,是指按照一定的标准,利用科学的方法,收集、分析、评价和传递有关员工工作行为和工作结果方面信息的过程。它是人力资源管理具体环节的核心部分,即任何一项人力资源管理活动都离不开工作绩效考评。工作绩效考评为制订人力资源计划和人力资源决策提供一定的依据,同时又是检验其他人力资源管理活动的手段。工作绩效考评活动进行的好坏,可以说是关系到员工自身的发展,企业的兴衰,是促进人力资源管理科学化、规范化的重要途径。

7.4.1　工作绩效考评的内容与作用

1) 工作绩效考核的内容

工作绩效考评的目的、方式和范围多种多样,因此考评的内容也复杂多样。但是在实践中,工作绩效考评的基本内容主要包括德、能、勤、绩四个方面。

"德"指的是人的思想政治素质和道德水平。思想政治素质包括一个人的思想作风,政治态度以及政策水平等,它决定了一个人的行动方向和奋斗目标,也决定了一个人达到目标可能采取的行为方式;道德水平包括一个人的社会公德意识和职业道德水平,是否遵纪守法,是否有敬业精神、责任心和奉献精神等。在社会主义现代化建设的今天,在德的方面对人才的要求是坚持党的基本路线,坚持改革开放和社会主义建设的方针,爱岗敬业,具有责任感和使命感,发扬集体主义精神,团结奋进等。

"能"指的是一个人的知识技能水平,即认识世界和改造世界的能力。主要包括知识、技能、智能和体能四个方面。知识是能的基础部分,包括受教育程度、专业知识、知识结构等;技能是指人某一方面的专门能力,如操作能力、协调能力、决策能力等;智能是相对于体能而言的,指一个人的大脑进行分析和解决问题的能力,包括感觉、知觉、想象、思维等,而体能则是指一个人的身体素质和健康程度。

"勤"指的是一个人对待工作的态度,包括员工工作的积极性、主动性和创造性,工作责任感以及纪律性等。勤是一个人内在动力的外部表现,一个人是否对工作真正投入了巨大的精力和情感,可以通过其工作表现反映出来,如出勤率高,工作认真负责等。所以在考评员工勤的方面时,应注意观察员工的工作表现,并挖掘其内在动机。

"绩"指的是员工的工作成果,包括员工工作的质量、数量、效益、效率等。考评员工的绩效,在分析工作成果的质量和数量的同时,要注意这些工作成果对企业和社会产生的总的影响,在实现企业目标的同时是否满足了社会效益的需求。

总的说来,德、能、勤、绩四个方面的内容是工作绩效考评中要衡量的几个重要方面,这并不表明对不同岗位的人员在评估时考评的内容和层次就完全相同,相反,在对不同岗位、不同类型的员工进行工作绩效考评时,几个方面的考核内容和重点都会有所不同,要依据不同岗位的特点认真选取不同的考评内容和重点。

2)工作绩效考评的作用

工作绩效考评作为人力资源管理的重要环节和核心内容,通过对员工的工作实绩进行评定,帮助员工认识实际工作中的问题和不足,促进他们不断改进;同时在考评过程中发现员工个人的工作潜力,以开发其潜能,促进员工全面发展。工作绩效考评的具体意义主要表现在其作为人力资源管理其他环节的依据,如图 7.2 所示。

图 7.2 工作绩效考评的应用

(1)制订人力资源计划的依据

工作绩效考评提供的有关员工工作业绩的信息是人力资源计划制订和调整的重要信息来源之一。工作绩效考评反馈的结果常常能够反映企业人力资源管理系统中的潜在问题和可能的新的增长点,为完善下一阶段人力资源计划提供了宝贵的参考,也使人力资源计划的制订和实施更加切合实际、有的放矢。另外,工作绩效考评还为人力资源计划中的预算部分的协调提供了一定的依据。

(2)企业人员配备的基础

工作绩效考评依据每种工作的具体要求来对照员工的实际工作业绩,找出其中的差距和不足,同时分析其中的原因,看差距产生的原因,究竟是员工哪方面不合格,还是工作本身的要求有不合理之处。在此基础上确定或修改工作所要求的员工基本素质或条件,或者修改工作相关的内容或范围,为企业下一步的人员招聘与选拔活动提供有效的依据。

(3)人员培训与开发的依据

工作绩效考评的结果反映了企业人员的基本工作状况,如能否胜任某一项工作、工作熟练程度如何,以及应在哪些方面加以改进和如何改进等,这类信息正是企业进行员工培训和发展所需要掌握的内容。通过工作绩效考评过程和结果讨论,确定出员工培训和发展的方向和目标,同时以员工和上级主管共同商讨的方式制订出切合实际的具体培训方案,使企业人力资源培训取得良好的效果。

(4)为报酬方案的制订提供依据

工作绩效考评结果最直接的应用就是为企业制订员工的报酬方案提供客观依据。每一阶段的工作绩效考评都是对这一阶段的员工工作绩效的评判,以此为依据进行报酬的发放和报酬的调整,才能真正反映员工对企业的贡献和取得回报的对应关系,起到奖惩和激励的作用。同时,员工总体绩效的考评也为企业整体报酬水平的确定提供了依据。

(5)为员工职业发展提供依据

工作绩效考评结果的分析讨论过程可以帮助管理者发现员工的工作兴趣方向和工作潜力,通过合理安排和适当指导,使员工按照一定的职业发展道路顺利前进,满足员工自身兴趣爱好的同时为企业作出更大的贡献。

7.4.2 工作绩效考评的原则与方法

1)工作绩效考评的原则

在建立考核制度及实施人力资源考核时,必须遵循一些基本原则,这些原则既是人力资源考核制度建立的重要理论依据,同时又是良好的、行之有效的人力资源考核体系应满足的基本条件。

(1)公开与开放

建立公开性要求下的开放式人力资源考核制度。开放式的人事考核制度首先是公开性和绝对性,借此而取得上下认同,推行考核。其次是考核标准必须是十分正确的,上下级之间可通过直接对话,面对面沟通进行考核工作。在贯彻开放性原则时,应注意做到以下几点:

①通过工作分析(或职务分析)确定组织对其成员的期望和要求,制订出客观的人事考核标准,通过制订职能资格标准及考核标准,将组织对其成员的期望和要求,公开地表示和规定下来,这样,人事考核具有总体性、全局性的特点,成为人事管理的组成部分。

②将人事考核活动公开化,破除神秘观念,进行上下级间的直接对话,并把现代人事考

核的本来目的,即能力开发与发展的要求和内容引入人事考核体系之中。

③引入自我评价及自我申报机制,对公开的考核做出补充。通过自我评价,可增进组织目标的实现。进一步说,如果这种相对考核能侧重于能力考核,并在职能资格等级制度的范围内进行的话,至少能发现员工自身差距,弥补自身的不足。

④根据企业不同,分阶段引入人事考核标准、规则,使其员工有一个逐步认识、理解的过程。

（2）反馈与修改

反馈与修改即把考核后的结果,及时反馈,好的东西坚持下来,发扬光大;不足之处,加以纠正和弥补。

在现代人力资源管理系统中,缺少反馈的人事考核没有多少意义,既不能发挥能力开发的功能,也没有必要作为人事管理系统的一部分独立出来。顺应人事管理系统变革的需要,必须构筑起反馈系统。

（3）定期化与制度化

人力资源考核是一种连续性的管理过程,因而必须定期化、制度化。人事考核既是对员工能力、工作绩效、工作态度的评价,也是对他们未来行为表现的一种预测,因此只有程序化、制度化地进行人事考核,才能真正了解员工的潜能,才能发现组织中的问题,从而有利于组织的有效管理。

（4）可靠性与正确性

可靠性又称信度,是指某项测量的一致性和稳定性。人事考核的信度是指人事考核方法保证收集到的人员能力、工作绩效、工作态度等信息的稳定性和一致性,它强调不同评价者之间对同一个人或一组人评价的一致性。如果考核因素和考核尺度是明确的,那么,测评者在同样的基础上评价员工,从而有助于改善信度。

正确性又称效度。效度是指某测量有效地反映其所测量内容的程度。人事考核的效度是指人事考核方法测量人的能力与绩效内容的准确性程度,它强调的是内容效度,即测评反映特定工作的内容(行为、结果和责任)的程度。

可靠性与正确性是保证人事考核有效性的充分必要条件,所以一种人力资源考核体系要想获得成功,就必须具备良好的信度和效度。

（5）可行性与实用性

所谓可行性是指任何一次考核方案所需时间、物力、财力要为使用者的客观环境条件所允许。因此,它要求制订考核方案时,应根据考核目标,合理设计方案,并对其进行可行性分析。在考核方案进行可行性分析时应考虑以下几个因素:

①限制因素分析。任何一项考核活动是在一定条件下进行的,必须研究该考核方案所拥有的资源、技术以及其他条件,分析考核方案适用对象如何,适用范围如何。

②目标、效益分析。全面分析和确定考核所要实现的目标,全面评价考核方案对人力资源所能带来的直接和间接的效益,包括经济效益和社会效益。

③潜在的问题分析。预测每一考核方案可能发生的问题、困难、障碍,发生问题的可能性和后果如何,找出原因,准备应变措施。解决这一问题的办法是在实施考核活动前,对各

种考核工具进行预试,通过预试发现问题,减少考核误差。

所谓实用性,包括两个方面的含义:一是指考核工具和方法应适合不同测评目的的要求,要根据考核目来设计考核工具。二是指所设计的考核方案应适应不同行业、不同部门、不同岗位的人员素质的特点和要求。

2)工作绩效考核的方法

（1）按内容划分

按照工作绩效考评的内容不同,可以将工作绩效考评划分为业绩考评、工作态度考评、能力评价和性格评价等。

业绩考评是指对员工在一段时间内的实际工作成果的考评。其基本方法就是用一定期间的计划完成工作任务目标来衡量员工实际完成的工作任务成果,考察完成的情况。每次考评的结果都反映了当期被考评者完成工作任务的程度以及对组织的贡献度。业绩考评所采用的考评指标主要包括完成工作的任务量大小,完成工作的质量情况,相关职责的完成情况,以及在工作中的改进和创新情况等。

工作态度考评主要考评反映员工对待工作的相关态度如何,包括工作积极性、工作热情、工作自觉性、工作责任感以及对待组织和相关工作人员的态度等。对于工作态度的考评,由于缺乏量化的指标来准确地反映,因此在采用各种主观评定的方法时,应注意观察结果的认真分析和其他信息来源的可靠性和准确性。

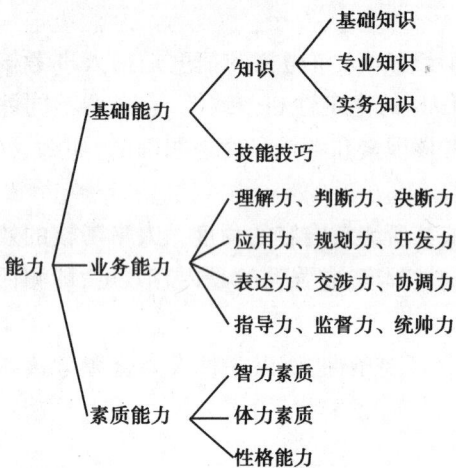

图 7.3　能力结构图

能力评价中员工的工作能力可以划分为三个方面,即基础能力、业务能力和素质能力,如图 7.3 所示。其中基础能力和业务能力是工作绩效考评中能力评价的范畴,而素质评价则需要通过智力测试、体能测试以及心理测试等方法取得参考结果,通过适应性考察来评价。

（2）按时间划分

企业工作绩效考评的进行在时间上有定期考评和不定期考评之划分。很多企业定期进行工作绩效考评,将考评作为一项制度加以贯彻执行,每隔一段时间进行一次考评,总结工作中的成绩和不足之处,不断改进、提高生产效率。工作绩效的不定期考评在企业中存在也比较广泛,如由于工作任务的特定时间期限决定的阶段性考评,就是由工作项目不同而进行的不定期考评,不定期考评有助于帮助企业及时总结一定任务或工作项目的成果和完成情况,形成经验。定期工作绩效考评的时间期限可以为一年、半年或者一个月等,较长的考评期间不利于及时考评工作绩效,而过短的工作绩效考评期限又会给员工带来频繁的工作中断及评估压力,造成反感。因此,将适宜间隔期间的定期工作绩效考评与结合项目的不定期考评结合起来应用,有利于组织取得工作绩效考评的最佳效果。

（3）按主体划分

按照工作绩效考评的主体来划分，可以分为上级考评、下级考评、自我考评、同事考评和客户考评等。

被考评人的直接上级对其进行考评，是工作绩效考评的一种主要信息来源。通常来讲，员工的直接上级是比较了解该员工及其所从事的工作的，来自直接上级的评价也就较为明确、客观。但是作为上级，有时对员工实际工作的认识也会有偏见，尤其当上级对下属的工作方式和具体工作情况了解不够深入细致时，就会产生不正确的主观考评结果。另外，当员工认识到上级要对自己进行工作绩效考评时，常常会主动在上级面前表现自己的长处，而将不足尽量掩盖起来，最终也会造成不客观的考评结果。

对于一定管理职位上的员工进行考评，可以从其下属处收集相关信息。利用下属的意见来考评上级，经常也能比较客观地反映被考评人员的情况，因为一名管理者工作的直接作用者就是他的下属，下属在接受上级的命令和指示的同时，也感受着他的工作作风和为人，所以能够较为客观地进行评价。与上级考评下级有着类似的问题，下属考评上级也可能出现为从下属那里得到好的评价而讨好下属的不良现象，如避免对下属的错误行为给予批评、放松管理、掩护下属的错误等。

自我考评是工作绩效考评中常见的一种考评方式。由于员工对自己的工作最了解，让员工进行自我考评有利于他们客观评价自己，并进一步剖析自我，认识自己的优点和不足。为避免员工自己对自己成绩的有意夸大和避免缺点，管理者在工作绩效考评之前应该尽量明确考评标准，鼓励员工客观考评，并在考评过程中对他们进行正确引导。

被考评人的同事也可以作为收集被考评人业绩情况信息的来源之一。一起进行工作的同事常常对被考评人有比较详细的了解，日常工作的往来，或者共同完成某项工作的合作，使得被考评人的同事在对其进行评价是有一定的发言权。利用同事互相进行考评可以收集到被考评人的工作绩效的相关信息，但是当企业将考评结果用来作为员工奖惩的手段或者有员工间的相互利益关系存在时，同事间的考评就会产生不良效果，如为争取一定比例的工资晋级而不惜故意降低对他人的评价等。

企业在进行工作绩效考评时，还可以采用其他许多信息来源渠道。如对常常与客户打交道的员工进行考评时，可以利用从相关客户那里收集的信息进行考评。客户对被考评人的印象、工作方式、态度等的评价能够比较真实地反映员工的工作情况。

鉴于以上几种工作绩效考评主体在进行考评工作时的优点和不足，在实际工作绩效考评工作中，只有结合运用，从多方收集信息，全方位的进行，才能实现全面考评，实现公平、客观的评价。

（4）按目的和用途划分

按照工作绩效考评的目的和用途不同，工作绩效考评又可以分为例行考评、晋升考评、职称考评等。

例行考评又称常规考评，是指企业定期进行的对各类员工的工作绩效考评，考评的目的一方面是用来决定对员工的报酬发放，另一方面是使员工认识自我、提高自我，实现组织生产力的提高。晋升考评是企业为选拔人才而进行的工作绩效考评，是企业工作绩效考评中的重要工作之一。为实现公平竞争,使最合适的人才进入到更高一级的岗位,企业经常使用考评的形式来评价候选人,以全面的评价来确保企业干部队伍的良好素质。职称考评是为员工评定职称而进行的特殊的一类考评方式,它一方面是考察员工在本岗位上的工作熟练程度,以决定是否增加职务工资;一方面考察员工在岗位上的工作能力水平及适应性,以决定是否进行职务调整。

7.4.3 工作绩效考评的过程

工作绩效考评的基本程序主要由五个步骤构成,如图 7.4 所示。

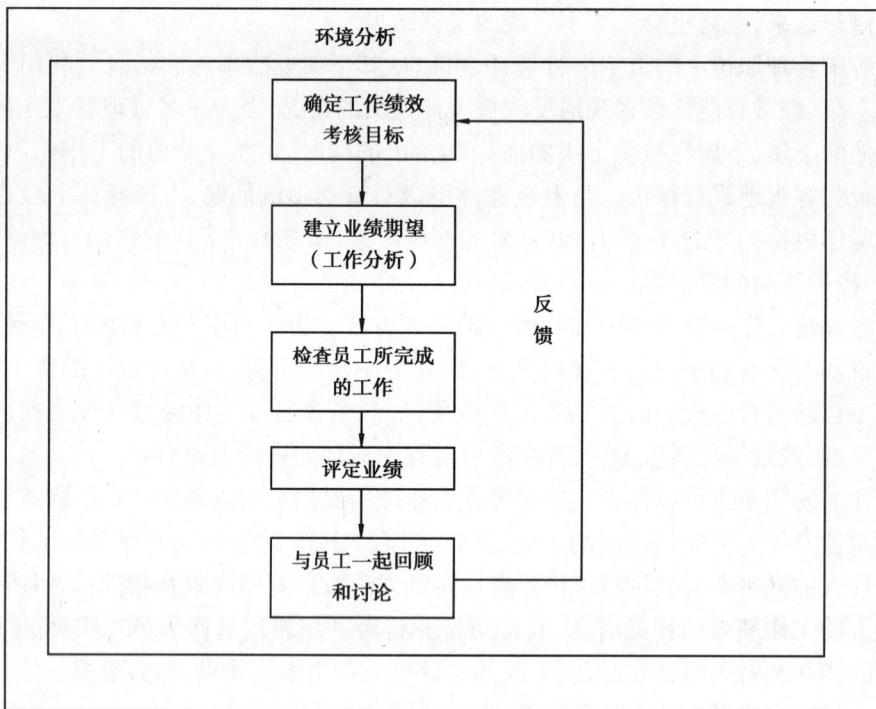

图 7.4 工作绩效考评的基本程序

1) 确定工作绩效的考评目标

工作绩效考评作为企业人力资源管理活动的一部分,在具体实施之前也要制订明确的目标。在企业总的目标和行动方案指导下,每次工作绩效考评的具体目标是什么,达到何种效果,取得何种改进,都应当事先确定下来,以指导工作绩效考评过程的具体进行。

2) 建立业绩期望

工作绩效考评首先要明确员工所完成工作的具体要求是什么,有哪些具体职责、任务,在此基础上才能谈到与实际工作完成情况的对照,实行考评。建立业绩期望实际上也就是通过工作分析的过程建立每一项工作的工作完成标准,使工作绩效考评活动有据可循,便于考评人员客观公正的进行考评,也有利于员工明确工作标准,进行自我对照,更客观地理解考评结果。另外,建立工作期望还有助于员工依据标准对考评过程给予监督。

3）检查员工所完成的工作

工作绩效考评的标准建立起来以后便是对员工实际完成工作的检查和对照过程。依照一定的工作标准，员工的实际工作行为如何，工作成果多少、工作质量如何，对员工工作的各个方面进行衡量。

4）评定绩效

将员工实际工作绩效与工作期望进行对比和衡量，然后依照对比的结果来评定员工的工作绩效。评定员工工作绩效的过程十分关键，应尽量按照工作标准来评定，尽量克服评定过程中的主观因素，做到客观公正，考虑全面。

5）与员工一起回顾和讨论

工作绩效考评的结果如果不让员工充分了解，甚至根本不让他们知道，实际上是丧失了工作绩效考评的意义。企业进行工作绩效考评活动的目的就是帮助员工认识到自己工作中的不足以及长处，以便继续取长补短，提高生产率。按照这样的目的，与员工一起讨论和分析工作绩效考评结果的过程便显得尤为重要。与员工一起回顾和讨论工作绩效考评的结果，对不明确或不理解之处作出解释，有助于员工接受考评结果，通过分析，更好地理解对工作的改进，并共同探讨出最佳的改进方案。

6）反馈过程

工作绩效考评的结果在反馈给员工的同时还要将总结的经验和问题及时反馈到下一次工作绩效考评的目标制订中去，为下一次循环的工作绩效考评目标的设立、考评方法的改进以及考评信息收集来源等提供信息。

【案例分析】

外资公司招聘行政助理为何失败？

位于北京东单东方广场的某外资 SP 公司因发展需要在 2005 年 10 月底从外部招聘新员工。期间先后招聘了两位行政助理（女性），结果都失败了。具体情况如下：

第一位 A 入职的第二天就没来上班，没有来电话，上午公司打电话联系不到本人。经她弟弟解释，她不打算来公司上班了，具体原因没有说明。下午，她本人终于接电话，不肯来公司说明辞职原因。三天后又来公司，中间反复两次，最终决定不上班了。她的工作职责是负责前台接待。入职当天晚上公司举行了聚餐，她和同事谈得也挺愉快。她自述的辞职原因：工作内容和自己预期不一样，琐碎繁杂，觉得自己无法胜任前台工作。HR 对她的印象：内向，有想法，不甘于做琐碎、接待人的工作，对批评（即使是善意的）非常敏感。

第二位 B 工作十天后辞职。B 的工作职责是负责前台接待，出纳，办公用品采购，公司证照办理与变更手续等。自述辞职原因：奶奶病故了，需要辞职在家照顾爷爷。（但是当天身穿大红毛衣，化彩妆）透露家里很有钱，家里没有人给人打工。HR 的印象：形象极好、思路清晰、沟通能力强，行政工作经验丰富。总经理印象：商务礼仪不好，经常是小孩姿态、撒娇的样子，需要进行商务礼仪的培训。

招聘流程:1.公司在网上发布招聘信息。2.总经理亲自筛选简历。筛选标准:本科应届毕业生或者年轻女性,最好有照片,看起来漂亮的,学校最好是名校。3.面试:如果总经理有时间就总经理直接面试。如果总经理没时间HR进行初步面试,总经理最终面试。新员工的工作岗位、职责、薪资、入职时间都由总经理定。4.面试合格后录用,没有入职前培训,直接进入工作。

公司背景:此公司是一国外SP公司在中国投资独资子公司,主营业务是为电信运营商提供技术支持,提供手机移动增值服务,手机广告。该公司所处行业为高科技行业,薪水待遇高于其他传统行业。公司的位置位于北京繁华商业区的著名写字楼,对白领女性具有很强的吸引力。总经理为外国人,在中国留过学,自认为对中国很了解。

员工背景:

A:23岁,北京人,专科就读于北京工商大学,后专升本就读于中国人民大学。2004年1月到12月做过少儿剑桥英语的教师一年。

B:21岁,北京人。学历大专,就读于中央广播电视大学电子商务专业。在上学期间工作了两个单位:一个为拍卖公司,另一个为电信设备公司。职务分别为商务助理和行政助理。B在2004年曾参加瑞丽封面女孩华北赛区复赛,说明B的形象气质均佳。

招聘行政助理连续两次失败,作为公司的总经理和HR觉得这不是偶然现象,在招聘行政助理方面存在重大问题。

讨论:
该外资公司的招聘到底出了什么问题?

【思考题】

1.人员配备与组织设计的联系是什么?
2.人员配备的过程表达了什么样的人员管理理念?
3.为什么说招聘是人员配备过程中很重要的环节?
4.员工的工作绩效考评的过程是什么?
5.员工工作绩效考评应遵循什么样的原则?
6.员工的培训与开发的意义是什么?
7.培训与开发的内容是什么?

【本章小结】

1.人员配备是在组织结构设计的基础上实施的管理活动,是指对主管人员进行恰当而有效的选拔、培训和考评,其目的是为了配备合适的人员去充实组织机构中所规定的各项职务,以保证组织活动的正常进行,进而实现组织的既定目标。

2.人员配备要遵循人职匹配、公开公平与竞争、用人所长、全面考查、择优录用等原则。人员配备是一个过程,需要按照一定的流程来实施。

3.人员招聘的渠道主要包括内部招聘和外部招聘,两者各有优缺点,应根据需要采用合适的招募和人员甄选方法与技术。

4.人员培训是为了提供员工在知识、技能和态度三方面的学习与进步。人员培训的形式因培训目的、培训内容、受训者的不同而呈现多样化。人员培训开发的方法主要包括在职培训和脱产培训。

5.工作绩效考评依据每种工作的具体要求来对照员工的实际工作业绩，找出其中的差距和不足，同时分析其中的原因。绩效考评的工作应把握一些基本的原则与方法，并参照五个基本步骤来实施。

【扩展知识】

霍兰德"人—职匹配"理论

"人—职匹配"理论即"人格类型—职业匹配"理论，是由美国职业心理学家霍兰德（Holland）创立的，这个理论对人才测评的发展产生了重要的影响。在人格和职业的关系方面，霍兰德提出了一系列假设：

①在现实的文化中，可以将人的人格分为六种类型：实际型、研究型、艺术型、社会型、企业型与传统型。每一特定类型人格的人，便会对相应职业类型中的工作或学习感兴趣。

②环境也可区分为上述六种类型。

③人们寻求能充分施展其能力与价值观的职业环境。

④个人的行为取决于个体的人格和所处的环境特征之间的相互作用。在上述理论假设的基础上，霍兰德提出了人格类型与职业类型模式。不同类型人格的人需要不同的生活或工作环境，例如"实际型"的人需要实际型的环境或职业，因为这种环境或职业才能给予其所需要的机会与奖励，这种情况即称为"和谐"。类型与环境不和谐，则该环境或职业无法提供个人的能力与兴趣所需的机会与奖励。

霍兰德在其所著的《职业决策》一书中描述了六种人格类型的相应职业。

1.实际型

基本的人格倾向是，喜欢有规则的具体劳动和需要基本操作技能的工作，缺乏社交能力，不适应社会性质的职业。具有这种类型人格的人，其典型的职业包括技能性职业（如一般劳工、技工、修理工、农民等）和技术性职业（如制图员、机械装配工等）。

2.研究型

具有聪明、理性、好奇、精确、批评等人格特征，喜欢智力的、抽象的、分析的、独立的定向任务这类研究性质的职业，但缺乏领导才能。其典型的职业包括科学研究人员、教师、工程师等。

3.艺术型

基本的人格倾向是，具有想象、冲动、直觉、无秩序、情绪化、理想化、有创意、不切实际等人格特征。喜欢艺术性质的职业和环境，不善于事务工作。基典型的职业包括艺术方面的（如演员、导演、艺术设计师、雕刻家等）、音乐方面的（如歌唱家、作曲家、乐队指挥等）与文学方面的（如诗人、小说家、剧作家等）。

4.社会型

具有合作、友善、助人、负责、圆滑、善社交、善言谈、洞察力强等人格特征。喜欢社会交往、关心社会问题、有教导别人的能力。其典型的职业包括教育工作者(如教师、教育行政工作人员)与社会工作者(如咨询人员、公关人员等)。

5.企业型

具有冒险、野心人格特征。喜欢从事领导及企业性质的职业、独断、自信、精力充沛、善社交等,其典型的职业包括政府官员、企业领导、销售人员等。

6.传统型·

具有顺从、谨慎、保守、实际、稳重、有效率等人格特征。喜欢有系统、有条理的工作任务,其典型的职业包括秘书、办公室人员、计事员、会计、行政助理、图书馆员、出纳员、打字员、税务员、统计员、交通管理员等。

然而上述的人格类型与职业关系也并非绝对的一一对应。霍兰德在研究中发现,尽管大多数人的人格类型可以主要地划分为某一类型,但个人又有着广泛的适应能力,其人格类型在某种程度上相近于另外两种人格类型,则也能适应两种职业类型的要求。也就是说,某些类型之间存在着较多的相关性,同时每一类型又有种极为相斥的职业环境类型。

霍兰德有一个六边形简明地描述了六种类型之间的关系,如图7.5所示。

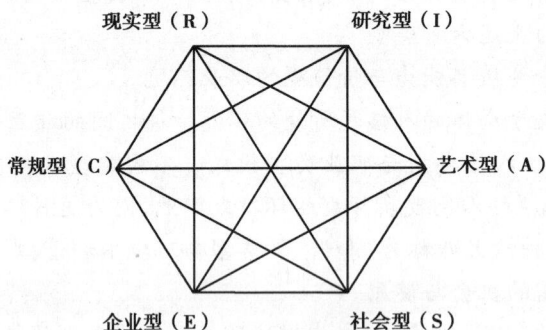

图7.5　霍兰德人格类型图

根据霍兰德的人格类型理论,在职业决策中最理想的是个体能够找到与其人格类型重合的职业环境。一个人在与其人格类型相一致的环境中工作,容易得到乐趣和内在满足,最有可能充分发挥自己的才能。因此在职业选拔与职业指导中,首先就要通过一定的测评手段与方法来确定个体的人格类型,然后寻找到与之相匹配的职业种类。

(资料来源:孟宪青.大学生职业生涯规划[M].北京:国防科技大学出版社,2009:21-23.)

【管理能力训练】

1.训练的项目:模拟招聘会与模拟考评表的设计。

2.训练内容与要求:假如你是某IT软件企业人事经理,因企业业务规模扩大,公司部门增加需要增选销售人手,请设计并模拟一招聘会并进行现场展示。

3.成果检测:教师根据学生们的设计方案与表现进行评估打分。

第8章 领 导

8.1 领导概述

8.1.1 领导的含义

在日常生活中,我们会经常听到这样的话:

"这件事我不能做主,必须向我的领导汇报。"(名词,上级)

"我在领导这个企业的过程中遇到了许多难题。"(动词,决策、管理)

"去把你们的领导找来,我要见你们的领导。"(名词,上级)

这说明"领导"是一个使用频率极高的词,就存在于我们身边。在大多数人看来,领导有时是指领导者这一角色,有时是指领导职位,有时是指领导者的管理行为,有时是指一种特殊的社会现象。

西方学术界对领导的界定从不同的角度有不同的说法,可以归类为下面四种:

①领导者中心说,即领导就是领导者依靠由权力和人格所构成的影响力,去指导下属实现符合领导者意图和追求的目标。这一视角关注的是领导者的能力。

②互动说,即任何领导活动都是在领导者和被领导者之间的互动过程中共同实现符合他们双方追求的目标。所以舒马洪就提出领导是人际相互影响中的一个特例,在这种特例中,个人或群体会仿照领导者的指示去行动。

③结构说,即领导是在一定组织结构中展开的一种特殊活动。领导者乃是这一结构中的一种特殊角色,领导者通过角色权力的运作实施对组织活动的控制,有时候结构会成为领导的替代品。

④目标说,即领导活动的焦点在于实现一个符合群体需要的公共目标。在这种界定中,领导在道德上是中立的。霍根就认为,领导实际上是劝服其他人在一定时期内放弃个人目标,而去追求对群体责任和利益至关重要的组织目标。大桥武夫认为,领导是发挥集团内成员的全部力量,通过代表全体成员的集体意志,完成集团所规定的目标。故领导的实质在于为实现目标而令其成员努力进步的动力。

总之,领导就是在社会共同活动中,具有影响力的个人或集体,在特定的结构中通过示范、说服、命令等途径,动员下属实现群体目标的过程。在这一动态过程中,包括领导四要素,即领导者、被领导者、群体目标和客观环境。

在理解领导含义时要注意两点:一是这里所讲"领导"是作为动词来讲的,是指行为、活动过程。而口语中某某领导,是指人,是名词;二是这里所讲的"领导",是从所发挥的作用、功能上讲的,不单是指担任领导职务的人。能够发挥领导作用、功能的,不一定是各级领导者,有些人在组织中虽然不担任领导职务,但在一定场合或某种条件下发挥着领导功能,即通常所说的非正式组织中的"领导"——没有正式领导职位,但却在非正式组织中有着很大的影响力。从这个角度说,领导的本质就是影响力的展现。

8.1.2 领导者类型

1)按领导者产生的渠道划分

按领导者产生的渠道,领导者可以分为正式领导者与非正式领导者。

(1)正式领导者

正式领导者是通过组织所赋予的职权来引导和影响所属下级实现组织目标的领导者。这种类型的领导者是由组织指定的,他们拥有组织结构中的正式职位、职权和责任,并通过领导活动实现组织的目标。正式领导者通常按照组织给予的权力,根据既定的路线和严格的章程进行活动,比如进行制定规划、方针、政策、授权以及进行奖惩、控制、监督、活动等。正式领导者的领导职位相对稳定,它不因某一领导者的离职而消失,而是由其他人进行补位。正式领导者(不管他是否拥有权威)可以运用合法的权力来影响下级的思想和行动,必要时可以采用权力的消极形式来影响下级正式组织。

(2)非正式领导者

非正式领导者是指在正式组织或非正式组织中,组织内成员自发推选的领导者,他们不拥有正式的职位、职权和责任,其领导地位主要是因为他们具有某一方面的才能(例如能热心帮助他人、拥有渊博的知识或高超的技术、为人刚正不阿等)而取得的,换句话说,非正式领导者是靠个人的魅力赢得追随者的敬仰和拥戴的。非正式领导者总是以满足人们的需要和情感为宗旨,主要帮助组织成员解决私人问题、帮助组织成员承担某些责任、协调组织成员之间的关系、引导员工的思想和信仰,并影响他们的价值观念。非正式领导者同其组织成员具有内在的统一性与和谐性,因而其适应组织和环境的能力较强。由于非正式领导者的影响力是基于他们的权威来自于个人的独特魅力,所以,非正式领导者的离职很可能会导致整个非正式组织的解体。

正式领导者与非正式领导者既有联系也有区别,二者关系表现在以下几个方面:

其一,正式领导者一般是工作领袖,非正式领导者往往是情绪领袖。

其二,正式领导者和非正式领导者可以集于一身,也可以分离。

其三,一个真正有作为的领导者,必须同时将工作领袖与情绪领袖两种角色集于一身。

2) 按领导者与被领导者的关系划分

按领导者与被领导者的关系,领导者可以分为集权式领导者与民主式领导者。

(1) 集权式领导者

所谓集权式领导者,就是把管理的制度权力相对牢固地进行控制的领导者。主要决策由个人决定的领导者,所以又称独裁者。由于管理的制度权力是由多种权力的细则构成的,如奖励权、强制权收益的再分配权等,这就意味着对被领导者或下属而言,受控制的力度较大。在整个组织内部,资源的流动及其效率主要取决于集权领导者对管理制度的理解和运用,同时,个人专长权和影响权是他行使上述制度权力成功与否的重要基础。这种领导者把权力的获取和利用看成是自我人生价值的实现。

集权式领导者的优势在于:通过完全的行政命令,管理的组织成本在其他条件不变的情况下,要低于在组织边界以外的交易成本。这对于组织在发展初期和组织面临复杂突变的变量是有益的。但是,集权式领导者长期将下属视为某种可控制的工具,则不利于下属主观能动性的发挥,一定程度上会阻碍下属职业生涯的发展。

(2) 民主式领导者

所谓民主式领导者,是向被领导者授权,鼓励下属参与决策,主要依赖于领导者个人专长来影响下属的领导者。具有如下特点:

①各种决策都是由领导者和下属共同协商讨论决定的,是领导者和其下属共同智慧的结晶。

②分配工作时,尽量照顾组织每个成员的能力、兴趣和爱好。

③对下属工作的安排并不具体,个人有相当大的工作自由,有较多的选择性与灵活性。

④主要运用个人权力和威信,而不是靠职位权力和命令使人服从。

⑤领导者积极参加团队活动,与下属无任何心理上的距离。

除此以外,依据不同的标准,领导者还可以分为魅力型领导、交易型领导、变革型领导、战略型领导等类型。

8.1.3 领导者权力

领导是一种影响力的展现,而领导者的权力是一种影响他人做某事的一种力量。在一个组织中,权力可分为两大类五种权力(图8.1)。

1) 职位权力

(1) 合法权

合法权也称法定权,指一个人占据了组织等级中正式职位而拥有的权力,它代表一个人

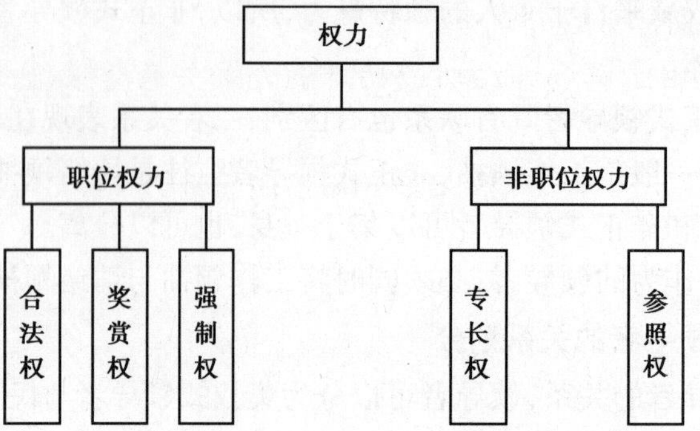

图 8.1　领导者权力类型

通过组织中正式层级结构中的职位所获得的权力。因此,合法权往往与合法的职位联系在一起。这种权力包括组织成员对职位权威的接受和认可,可代表组织对外行使权力。

（2）强制权

通过威胁或惩罚（如肉体的痛苦或精神上的打击,对基本的生理及安全需要的控制）,迫使人们服从的权力。因此,强制权是建立在惧怕基础之上的,一个人如果不服从,就可能产生消极的后果,出于对这种后果的惧怕,这个人就对强制性权力作出了反应。强制性权力的使用通常可以收到立竿见影的效果,但都有很大的负面影响,即抑制创新和工作积极性、产生报复心理、破坏相互之间的信任、破坏人与人之间的关系。

（3）奖赏权

奖赏权是指领导者拥有决定提供还是取消奖赏的权力。它是与强制权相反的一种权力。人们服从一个人的指示或愿望,是因为这种服从能给他们带来益处。因此,那些能给人们带来他们所期望的报酬的人就拥有了权力。这些报偿可以是人们认为有价值的任何东西。如金钱、良好的绩效和评价、晋升、有趣的工作任务、重要的信息、有利的工作转换。

2）非职位权力（个人权力）

（1）专长权

专长权来源于专长、技能和知识。社会的发展日益取决于技术的发展,工作分工越细,专业化越强,人们为达成目标的实现便越来越依赖专家。凡具有专业知识和专长的人,就拥有了影响他人的权力,人们往往会听从某一领域专家的忠告,接受他们的影响。如权威医生的忠告会改变某人的生活习惯;软件专家的建议会改变某一公司的办公室管理方式。需要指出的是,那些具有专长的人虽不占据某一领导职位,但他们拥有的权力是因知识与专长形成的影响力。

（2）参照权

参照权也称感召权,是基于人们对领导的崇拜、喜欢、取悦而形成的。一般包括以下三种类型:

①个人魅力权:是一种无形的,很难用语言来描述或概括的权力。它是建立在对领导者个人素质的认同及其人格赞赏这一基础上的。正是领导者个人的魅力构成了他的权力,吸引人们去追随他、欣赏他,并以接近他为荣。领导者的个人魅力激起了追随者的忠诚和热

忧,故此权力具有巨大而神奇的影响力。

②背景权:指那些由于辉煌的经历或特殊的人际关系背景、血缘关系背景而获得的权力。

③感情权:指一个人由于和被影响者感情融洽而获得的一种影响力。

8.2 领导理论

8.2.1 特质理论

基本假设:领导者是天生的,一个人之所以会成为领导者,有其不可比拟的天赋和个人品质,如思维敏捷、能言善辩、英俊潇洒等。如英国前首相玛格丽特·撒切尔的特质包括:自信、铁腕、坚定、雷厉风行……这些特点指的就是特质。特质理论注重对领导性格、领导特质的研究。具代表性的观点包括:

1)彼得·德鲁克的"五项主要习惯"

①善于利用有限的时间。

②注重贡献和工作绩效。

③善于发挥人之所长。

④集中精力于少数主要领域,建立有效的工作秩序。

⑤有效的决策。

2)吉赛利的"五种激励特征"与"八种品质特征"

(1)五种激励特征

①对工作稳定性的需要。

②对物质金钱的需要。

③对地位权力的需要。

④对自我实现的需要。

⑤对事业成就的需要。

(2)八种品质特征

①才智:语言与文字方面的才能。

②首创精神:开拓创新的愿望和能力。

③督察能力:指导和监督别人的能力。

④自信心:自我评价高、自我感觉好。

⑤适应性:善于同下属沟通信息,交流感情。

⑥判断能力:决策判断能力较强,处事果断。

⑦性别:男性与女性有一定的区别。

⑧成熟程度:经验、工作阅历较为丰富。

吉赛利对这些特征进行了科学的研究,具体分析了每个特征对领导者的领导行为的影响,并且指出了这些特征的相对重要程度。

3) 皮特的难以胜任领导者的品质特征

①对别人麻木不仁、吹毛求疵、举止凶狠狂妄。

②冷漠、孤僻、骄傲自大。

③背信弃义。

④野心过大,玩弄权术。

⑤管头管脚,独断专行。

⑥缺乏建立一支同心协力的队伍的能力。

⑦心胸狭窄,挑选无能之辈来作为自己的下属。

⑧犟头犟脑,无法适应不同的上司。

⑨目光短浅,缺乏战略眼光。

⑩偏听偏信,过分依赖一个顾问。

⑪懦弱无能,不敢行动。

⑫犹豫不决,缺乏决断力。

从20世纪30年代开始,心理学家们对领导特质进行了大量的研究,试图发现领导者与非领导者在个性、社会、生理或智力因素方面是否存在确定性的区别。但经过多年的研究均不能完全肯定。比较一致的看法是领导者在六项特质方面不同于非领导者,即进取心、领导意愿、正直与诚实、自信、智慧和与工作相关的知识。

这说明,具备某些特质确实能提高领导者成功的可能性,但并不是说凡是具备了这些特质者就一定会是一成功的领导者,因成功与否还涉及领导者行为、所处环境等因素。

8.2.2 领导行为理论

行为理论认为,那些天资绝顶的人不一定会成为领导者,真正决定一个人成为领导者的因素是他的行为。

1) 利克特研究

1947年,密执安大学利克特及同事们研究发现:有效领导方式主要有两种类型:①工作导向型:关心工作过程与结果,并通过严密控制完成任务,下属是完成任务的工具;②员工导向型:关心员工的需求,重视与员工的关系。

研究结果表明:在员工导向型领导的组织中,生产数量要高于工作导向型领导组织;在员工导向型领导的组织中,员工满意度高,离职率和缺勤率都较低;在工作导向型领导的组织中,产量虽不低,但员工满意度低,离职率和缺勤率较高。这说明员工导向的领导者与高生产率、高满意度正相关;而工作导向的领导者则与低生产率和低满意度正相关。

2) 领导行为"四分图"

1945年,美国俄亥俄州立大学工商企业研究所的斯多基尔和沙特尔两位教授,主持开展了一项范围广泛的关于领导问题的调查。通过对一千多种刻画领导行为因素的调查归类,将领导行为概括为两大类:"抓组织"与"关心人"。"抓组织"是以工作为中心,指的是领导者为了实现工作目标,既规定了他们自己的任务,也规定了下级的任务,包括进行组织设计、制订计划和程序、明确职责和关系、建立信息途径、确立工作目标等。"关心人"是以人际关系为中心,包括建立相互信任的气氛,尊重下级的意见,注意下级的感情和问题等。根据这两类内容,通过领导行为描述问卷的调查,结果发现:领导者的行为可以用二维空间的"四分图"表示(图8.2)。

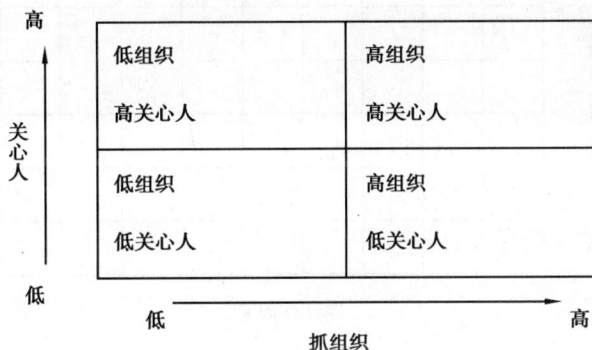

图8.2 领导行为四分图

领导行为四分图表明:有的领导者行为集中于某一方面,在某一方面占有很高的分量,而在另一方面则很低。而有的领导者行为两方面都比较高。一般而言,有效的领导者,往往是两类因素都高的组合体。

3)管理方格理论

在俄亥俄州立大学领导行为四分图的基础上,1964年,布莱尔与莫顿就企业中的领导方式提出了管理方格图(图8.3),纵轴和横轴分别表示领导者对人和对生产的关心程度。第1格表示关心程度最小,第9格表示关心程度最大。全图总共81个小方格,分别表示"对生产的关心"和"对人的关心"这两个基本因素以不同比例结合的领导方式。在评价领导时,可根据其对生产的关心程度和对员工的关心程度,在图上寻找交叉点,这交叉点就是他的领导倾向的类型。

布莱克和莫顿在方格图中,列出了五种基本类型的领导方式,如图8.3所示。

(1,1)型,贫乏型管理。对员工和生产几乎都漠不关心,他只以最小的努力来完成必须做的工作。这个管理领导方式将会导致失败,这是很少见的极端情况。

(9,1)型,任务型管理。领导集中注意于对生产任务和作业的效率和要求,注重于计划、指导和控制员工的工作活动,以完成企业的生产目标,但不关心人的因素,很少注意员工们的发展和士气。

(1,9)型,俱乐部型管理。领导集中注意对员工的支持和体谅,注重员工的需要,努力创造一种舒适和睦的组织气氛和工作节奏,认为只要员工心情舒畅,生产就一定能搞好,但对规章制度、指挥监督、任务效率等很少关心。

(5,5)型,中间型管理。这种领导对人的关心度和对生产的关心度,虽然都不算高,但是能保持平衡。一方面比较注意管理者在计划、指挥和控制上的职责,另一方面也比较重视对员工的引导鼓励,设法使员工的士气保持在必要的满意的水平上。但是这种领导方式缺乏

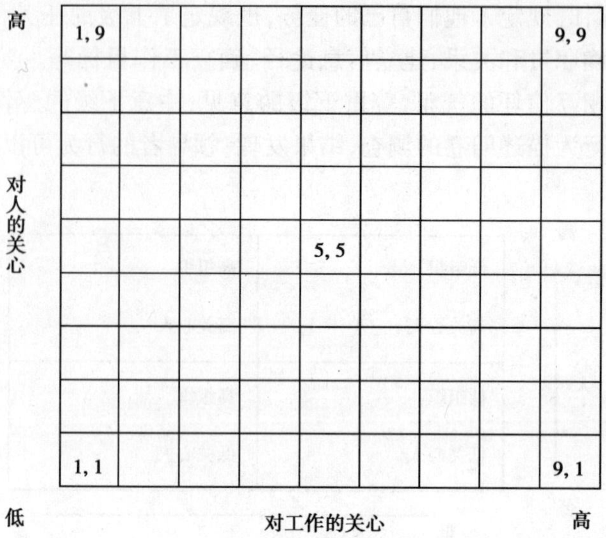

图8.3　管理方格图

创新精神,只追求正常的效率和可以满意的士气。

(9,9)型:战斗集体型管理。对员工、对生产都极为关心,努力使员工个人需要和组织目标最有效地结合,注意使员工了解组织目标,关心工作成果,建立"命运共同体"关系,因而员工关系协调,士气旺盛,员工会进行自我控制,生产任务完成得极好。

布莱克和莫顿认为(9,9)型的领导方式是最有效的领导方式。企业的领导者应该客观地分析企业内外的各种情况,分析自己的领导方式,将自己的领导方式转化为(9,9)型,以求得最高的效率。

总体上看,领导行为理论认为:有效的领导者应该是那些适应性强的人,就是那些能考虑到自己的能力、下属的能力和需要完成的任务而能将权力下放的人,领导是可以培养的,通过设计一些培训项目把有效的领导者所具备的行为模式强化、施加在个体身上,以培养更多的领导者。但行为理论对影响成功与失败的情景因素缺乏考虑。

4)权变理论

(1)菲德勒权变理论

由于特质理论和行为理论均未将环境因素对领导效能的影响考虑进去,1967年,弗雷德·菲德勒提出有效领导的权变模式,即任何领导形态均可能有效,关键是要与环境相适应。他认为影响领导有效性的"情景因素"有三个:

其一,领导者与被领导者的关系。指下属对其领导人的信任、喜爱、忠诚和愿意追随的程度,以及领导者对下属的吸引力。

其二,工作任务的结构。指下属担任的工作任务的明确程度。

其三,领导人所处职位的固有权力。指与领导人职位相关联的正式职权以及领导人从上级和整个组织各个方面所取得的支持的程度,这一地位权力是由领导者对其下属的实有权力所决定的。假定一位车间主任有权聘用或开除本车间的员工,则他在这个车间中就比经理的地位权力还要大,因为经理一般并不直接聘用或开除一个车间的工人。

— 160 —

　　菲德勒认为,根据这三种因素的情况,领导者所处的环境从最有利到最不利,共可分成八种类型,其中,三个条件齐备是领导最有利的环境,三者都缺的是最不利的环境。领导者所采取的领导方式,应该与环境类型相适应,才能获得有效的领导。菲德勒用很多时间对1 200个团体进行了调查分析,证明在最不利和最有利两种情况下,采用以"任务为中心"的工作任务型领导方式效果较好;而对处于中间状态的环境,则采用"以人为中心"的人际关系型领导方式,效果较好。例如,在工作任务有严格明确的规定时,领导者却不被员工欢迎,为了达成高绩效,领导者需要用"以人为中心"的人际关系型领导方式来获得好成效;在领导为员工所欢迎而任务却没有明确规范的情况下,"以人为中心"的人际关系型领导方式也能具有实效,如表8.1所示。

表 8.1　菲德勒对领导形态与绩效的调查总结

对领导的有利性	有　利			中间状态			不　利	
情景类型	1	2	3	4	5	6	7	8
领导者与员工的相互关系	好	好	好	好	差	差	差	差
工作结构	明确	明确	不明确	不明确	明确	明确	不明确	不明确
地位权力	强	弱	强	弱	强	弱	强	弱
领导方式	工作任务型			人际关系型			工作任务型	

　　菲德勒模式表明,不存在唯一的最佳领导方式,而是在一定的情景下某种领导方式可能起最好的效果。同时,也不能只根据领导者以前的领导工作成绩就能预测他现在是否领导得好,还应了解他以前的工作类型同现在的工作类型是否相同或相似。因此,管理部门应当考虑到某一领导人员所处的境况,按照境况来选用合适的领导人。由于一般的工作情境大多处在不是最好,也不是最坏的中间状态,因此,应选用以人为中心的人际关系型领导方式。

　　按照菲德勒模式,要提高领导的有效性,有两个途径:一是改变领导者的领导方式,一是改变领导者所处的环境。后一种改变包括改善领导与被领导的关系、工作任务结构和职位权力。菲德勒不谈对领导者的训练,他认为训练不是有效的方法。其理论对20世纪七八十年代的领导问题的研究开辟了一条新途径。

　　(2)路径—目标理论

　　路径—目标理论是由多伦多大学的组织行为学教授罗伯特·豪斯(Robert House)最先提出,后来华盛顿大学的管理学教授特伦斯·米切尔(Terence R. Mitchell)也参与了这一理论的完善和补充。目前已经成为当今最受人们关注的领导理论之一。

　　路径—目标理论是以期望理论和四分图理论为依据,认为领导者的工作是利用结构、支持和报酬,建立有助于员工实现组织目标的工作路径。这里涉及两个主要概念:建立目标方向;改善通向目标的路径以确保目标实现。豪斯通过实验,认为"高工作"与"高关系"的组合不一定是最有效的领导方式,领导方式在不同环境因素下具有可变性。由此,提出了四种领导方式：

①指导型：领导者对下属需要完成的任务进行说明，包括对他们有什么希望，如何完成任务，完成任务的时间限制等。指导性领导者能为下属制订出明确的工作标准，并将规章制度向下属讲得清清楚楚。指导不厌其详，规定不厌其细。

②支持型：领导者对下属的态度是友好的、可接近的，他们关注下属的福利和需要，平等地对待下属，尊重下属的地位，能够对下属表现出充分的关心和理解，在部下有需要时能够真诚帮助。

③参与型：领导者邀请下属一起参与决策。参与型领导者能同下属一道进行工作探讨，征求他们的想法和意见，将他们的建议融入团体或组织将要执行的决策中去。

④成就型：领导者鼓励下属将工作做到尽量高的水平。这种领导者为下属制订的工作标准很高，寻求工作的不断改进。除了对下属期望很高外，成就型领导者还非常信任下属有能力制定并完成具有挑战性的目标。

豪斯认为，这四种领导方式在一个领导者身上可能同时存在，可根据不同情况选择使用。在现实中究竟采用哪种领导方式，要根据下属特性、环境变量、领导活动结果的不同因素，以权变观念求得同领导方式的恰当配合。

路径—目标理论证明：当领导者弥补了员工或工作环境方面的不足，就会对员工的绩效和满意度起到积极的影响。但是，当任务本身十分明确或员工有能力和经验处理它们而无需干预时，如果领导者还要花费时间解释工作任务，则下属会把这种指导型行为视为累赘多余甚至是侵犯。

20世纪90年代中期，豪斯和他的同事们根据多年的实证研究，在"路径—目标"理论的基础上，综合了领导特质理论、领导行为理论以及权变理论的特点，以组织愿景替换并充实原来的"路径—目标"，围绕着价值这个核心概念，阐述了什么样的行为能有效地帮助领导者形成组织的共同价值，以及这些行为的实施条件，提出了以价值为基础的领导理论。

（3）领导生命周期理论

领导生命周期理论是由科曼首先提出，后由保罗·赫西和肯尼斯·布兰查德予以发展，这是一个重视下属的权变理论。赫西和布兰查德认为，依据下属的成熟度，选择正确的领导方式，就会取得领导的成功。

赫西和布兰查德以领导行为四分图理论为依据，将领导行为分为工作行为与关系行为两个维度，分为四种领导方式：

①命令型领导方式（高工作、低关系）：由领导者进行角色分类，并告知人们做什么、如何做、何时以及何地去完成不同的任务。它强调指导性行为，通常采用单向沟通方式。

②说服型领导方式（高工作、高关系）：领导者既提供指导性行为，又提供支持性行为。领导者除向下属布置任务外，还与下属共同商讨工作的进行，比较重视双向沟通。

③参与型领导方式（低工作、高关系）：领导者极少地进行命令，而是与下属共同进行决策。领导者的主要作用就是促进工作的进行和沟通。

④授权型领导方式（低工作、低关系）：领导者几乎不提供指导或支持，通过授权鼓励下

属自主做好工作。

　　赫西和布兰查德认为，"高工作、高关系"的领导行为不一定有效，"低工作、低关系"的领导行为不一定无效，这与下属的成熟度有关。工作行为、关系行为与下属成熟度之间的关系如图8.4所示。

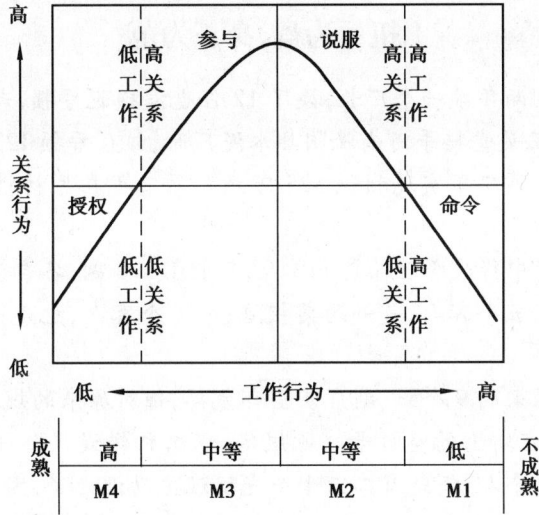

图8.4　领导生命周期理论

　　领导生命周期理论图分为上下两部分，上部分表示领导方式，下部分表示下属的成熟度。领导方式包含工作行为与关系行为两个方面。工作行为表示领导者用单项沟通方式向下属交代工作计划和完成任务的要求；关系行为表示领导者用双向沟通的方式与下属讨论工作计划，在指导中培育感情，并满足下属的需要。下部分右边代表不成熟度，左边代表成熟度，曲线由右向上升，逐渐降向左，代表下属逐渐成熟而需要的相应有效的领导方式，成熟度分为四个阶段，分别从不成熟到成熟，用M1，M2，M3，M4表示。

　　赫西和布兰查德将成熟度定义为：个体对自己的直接行为负责任的能力和意愿。它包括两项要素：工作成熟度与心理成熟度。前者包括一个人的知识和技能。工作成熟度高的个体拥有足够的知识、能力和经验完成他们的工作任务而不需要他人的指导。后者指的是一个人做某事的意愿和动机。心理成熟度高的个体不需要太多的外部激励，他们主要靠内部动机激励。

　　当下属成熟程度为第一阶段（M1）时，选择命令型领导方式；当下属成熟程度为第二阶段（M2）时，选择说服型领导方式；当下属成熟程度为第三阶段（M3）时，选择参与型领导方式；当下属成熟程度为第四阶段（M4）时，选择授权型领导方式。

　　领导生命周期曲线模型概括了领导情景模型的各项要素。当下属的成熟水平不断提高时，领导者不但可以不断减少对下属行为和活动的控制，还可以不断减少关系行为。在第一阶段（M1），需要得到具体而明确的指导。在第二阶段（M2）中，领导者需要采取"高工作，高关系"行为：高工作行为能够弥补下属能力的欠缺，高关系行为则试图使下属在心理上"领会"领导者的意图。对于在第三阶段（M3）中出现的激励问题，领导者运用支持性、非领导性的参与风格可获最佳解决。最后,在第四阶段(M4)中,领导者不需要做太多事,因为下属愿意又有能力承担责任。

【案例分析】

1.扭亏为盈,身正为范

一家国有企业,不到两年换一个厂长,换了12任也没摆脱亏损,却在一个农民手里起死回生。1994年5月,当王义堂接手河南泌阳县水泥厂时,该厂亏损123万元,到年底,王义堂却使该厂盈利70万元。第二年实现利税525万元。第三年在原材料价格大幅度上涨的情况下,仍实现利税470万元。

全厂413名职工,其中行政管理人员113人,厂长1正8副,各自为政。一个科室有五六个人,天天没事干。来三五个客人,是一两桌相陪;来一个客人,也是一两桌相陪,20个月吃掉30多万元。

上任后,王义堂把原来的9个正、副厂长全部免掉,但对原来的规章制度没有改变,只是不让原来的制度成为挂在墙上的空口号。他规定,职工犯错误只允许三次,第四次就开除。不过,他到底也没开除一个人,倒是有二三十个光棍汉主动调走了,因为实行计件工资后,这些人再也不能像以前那样光拿钱不干活了。于是,企业每小时水泥的产量从过去的五六吨提高到十多吨。

起初,有城里人身份的人对王义堂的严格不很满意,但王义堂早上5点钟就上班,一天在厂里待十几个小时,他的责任心,最终让职工认可了。

思考题:

1.王义堂现象说明了什么?

2.从王义堂的行为中,我们能受到什么启发?

2.从学院送信员到美国总统

自从到圣马可学院,约翰逊就着手去赢得那些可能为他在圣马可学院飞黄腾达的人们的友谊和尊敬。最显要的人物是院长塞西尔·埃文斯,他的赏识在教职工和学生中将会有巨大的影响。但是,约翰逊并非是唯一想同有权的院长保持特殊关系的人。约翰逊后来说:"我知道,认识埃文斯只有一个办法,那就是直接为他工作。"后来,他成了院长私人秘书的助理。

作为特殊的助理,约翰逊起先只是送信员,把信息从院长办公室传递给各系教师。然而,约翰逊看到这份低微的工作有广阔的前景,他鼓励各系领导通过他把信息传递给院长,他还在院长办公室的外间放了一张桌子,通报来访者的到达。开始这只是自愿提供的一种方便,慢慢地这成为了正规的办公惯例,约翰逊变成了院长的约会秘书而取得相当大的权力,因为他控制了接近院长的通道。

在两年里,他成为校园里的一位政治家、奖学金评定者、优等生、学报编辑。

运用同样的方法使他后来在控制国会上受益,约翰逊产生了把一种相当低微的服务变成行使实权的程序。通过重新规定程序,他为自己抓到了权力。

讨论:

1.领导权力获得的途径有哪些?

2.约翰逊通过怎样的方法使自己获得了权力?

【思考题】

1.如何理解领导者权力及分类?

2.比较正式领导与非正式领导的不同与联系。

3.领导者是天生的吗? 如何理解领导特质?

4.领导者行为是否可以通过培训养成? 为什么?

5.菲德勒模型的主要内容是什么?

【本章小结】

1.领导就是在社会共同活动中,具有影响力的个人或集体,在特定的结构中通过示范、说服、命令等途径,动员下属实现群体目标的过程。从不同的角度,可以将领导者分为不同的类型,如正式领导者与非正式领导者、集权式领导者与民主式领导者。

2.领导者的权力是一种影响他人做某事的一种力量,领导者权力分为职位权力和非职位权力,即合法权、强制权、奖赏权以及专长权和参照权。

3.特质理论注重对领导性格、领导特质的研究,认为领导者是天生的,一个人之所以会成为领导者,有其不可比拟的天赋和个人品质。而行为理论则认为,那些天资绝顶的人不一定会成为领导者,真正决定一个人成为领导者的因素是他的行为。

4.权变理论认为没有最好的领导方式,只有根据情景因素、下属成熟度以及不同环境下的可变性调整领导方式。

【扩展知识】

1.基于价值观的领导理论

美国的领导学专家豪斯(R.J.House)于20世纪90年代中期提出的基于价值观的领导理论更加适合中国企业的文化环境。这种理论认为:领导和其下属的关系是以共同价值为基础的。持有明确而崇高的价值观的领导者,向组织注入价值观,与跟随者的价值观和情感发生共鸣,把组织理念内化到个人内心,并以此为基础孕育组织文化,通过愿景表达和管理实践,达到上下一致,激励下属完成工作并提升组织绩效。

通过一系列的实证研究,豪斯和其他学者进一步发现,价值观领导对企业业绩有显著的正向作用,在实践价值观领导的企业中,3年内企业利润率提高了15%~25%。这些研究在设计上控制了企业规模、环境变化和获利能力等影响业绩的因素。

价值观领导四步骤:

第一环节:个人价值观修炼。

要用价值观影响组织成员,领导者首先要具备明确而崇高、有驱动能力的价值观。"明确"的价值观才能有意识地向组织注入并影响组织;"崇高"的价值观才能赢得下属的认可和信任,长期激励下属;"有驱动能力"的价值观,有"超越个人小我""关注长远"的特点。拥有这样价值观的领导者,大都有一种源于内心的安全感,愿意和合作伙伴双赢,做事走正道,能看到大画面和未来,能关注下属的潜力而非不足,让下属有信心并且乐于追随他们。

1981年,穆尔蒂(Narayana Murthy)和6个朋友用250美元创立的Infosys,如今成长为价值超过百亿美元的IT服务巨人。身为印度教徒的穆尔蒂一直认为,"自己创办公司的目的从来不是赚钱,金钱的真正力量在于施予",尽管个人拥有公司7%的股份,他的生活却非常简朴,至今和太太仍住在创业时居住的两个卧室的公寓里,没有雇用管家,每天自己打扫卫生间,开一辆普通的三菱汽车。虽然家族企业在印度很盛行,而穆尔蒂却没有让自己的子女进入Infosys。他的价值观也赢得了创业伙伴的认可:他们的个人财富中有60%被放进Infosys基金,用来资助慈善事业。

穆尔蒂这样总结自己的成功之道:"首先,把大众的利益看成你自己的利益,就会成为长期的赢家;其次,奉行一整套价值观念,用这些观念来鼓舞周围的人;第三,伟大的公司掌握着自己的命运,判断一个人、一个公司的价值,只能看你如何解决问题,如何为市场增加价值。"

不难发现,价值观问题直指领导人的内心深处,同其人生观、财富观有紧密的联系。牛根生41岁创办蒙牛,6年冲刺全球第一,创造了一个企业成长的奇迹。他深信"财聚人散,财散人聚"的理念,始终过着普通人的日子,却很乐于把利益分给员工和下属。他的住房和办公室不如副手的大,汽车不如副手的贵,工资不如副手高。此前在伊利时,就习惯于把自己的奖金分给员工,奖励给他个人的汽车让给下属。"小胜靠智,大胜靠德",牛根生在企业拥有很高的威望,"工作特别好开展","很多员工跟着我,因为他们觉得我不自私,能让大家都赚到钱"。

经历了"从无到有"的艰苦创业期,在蒙牛成功上市后,他又把价值数亿的股份悉数捐出,成立"老牛基金会",转眼间完成了"从有到无"的回归。对于权力他看得很淡,任蒙牛总裁6年后即辞去此职。

当然,我们不能以这两个例子为标准要求大多数企业家,不是只有当圣人才能办企业。领导者可以要求自己奉献,但对员工和下属,建立在公平制度和分享型文化基础上的工作关系更为符合实际。要想领导他人,首先要修炼自己的内心。只考虑个人利益的管理者,不可能成为伟大的领导者。

柯林斯和波勒斯在《基业长青》中,反复强调核心价值观的重要:"这定义了一个组织持久不变的特质",而"高瞻远瞩公司的缔造者们最重要的贡献就是核心理念……关键是怎样从个人的层次着手,再上升到组织的层次"。他们建议领导者问自己这样一些问题:

你持有什么样的核心价值观——始终追求的,不管怎样都会坚持?

你会怎样向你的孩子和家人描述你工作的意义?

假如你有了一大笔钱,不用工作了,你还会坚持这样的价值观吗?

除了你自己,你的价值观还会以怎样的方式影响到哪些其他人?

100年后,你的价值观还会像今天一样有意义吗?

如果你的价值观的一部分让你在竞争中有所不利,你还愿意坚持他们吗?

如果你现在建立一个全新的公司,你愿意给它注入什么核心价值观?

第二环节:价值观外化至行为和人际互动,并注入组织。

事实上,无论你是否有意识地反省自己的价值观,它都会体现在你待人接物、制定执行决策的过程中。所以,实施价值观领导,需要把修身过程中提升的自我价值观反映在日常的管理行为和人际互动中。

这方面,玫琳凯的创始人艾施女士是个很好的例子。她基于自己的价值观,把黄金法则(你希望别人怎样待你,你也要怎样待别人)带入公司的管理和个人领导行为。"我们的每项管理决策,都根据这项黄金法则来制定。"身为虔诚的基督教徒,她认为自己有使命把爱心和对人的尊重、信任注入组织。艾施女士要求公司的经理"在对待所接触的每一个人时,都应当觉得对方在提醒你:'让我觉得自己是重要的'"。

她赢得了下属的敬重和追随。员工说在她眼中,损益表里的"P"和"L",不是通常意义的"profit"(利润)和"lost"(亏损),而是"people"(人)和"love"(爱)。这样的价值观通过她个人的行为散播开去,玫琳凯在美国和中国都入选最佳雇主也就不奇怪了。玫琳凯的案例进入哈佛的原因,就是艾施建立了一个基于价值观的组织并取得卓越绩效。她"善于认可和欣赏周边的每个人,以玫琳凯的方式关心他人,努力工作,坚忍不拔,具有大家庭感和乐施精神"。这样创造出了团结、轻松、有凝聚力的公司文化,取得了优秀的业绩。艾施自己总结说,由于"树立了这些价值观,员工乐意在团队中工作、贡献,以公司使命——丰富女性人生为荣,把个人事业与公司发展结为整体,哪怕是对于那些超出本职的任务,也乐于承担"。

第三环节:把价值观外化到组织层面。

企业核心价值观是对企业领导价值观的"组织化改写",而组织的愿景又同其价值观息息相关的。领导者需要通过三个途径——愿景沟通、企业文化和管理制度,把核心价值观外化到组织的各个角落,最终形成下属和员工的自我管理。

国内的华旗资讯在十多年里保持了60%的成长率,从几个人的小企业到全球布点并打造"爱国者"品牌,创始人冯军认为,这同他信奉的"六赢"价值观有很大关系。他理解的"六赢",就是大众、代理、员工、公司、供方和社会共赢。任何决策这六方缺一不可。只有这六方都获得了合理的利益和长期发展机会,公司才能走上良性循环的道路。

冯军非常感谢六赢,"六赢不仅仅是企业的核心,也成了我个人的信仰,就像看黄历一样,每做一件事就会对照一下,看是否符合六赢,只是四赢、五赢的坚决不做"。当华旗在战略上受到诱惑时,坚持用"六赢"理念去判断。凡是达不到六赢的,即使一时能赚到钱,早晚也会变成陷阱。"比如20世纪90年代,中关村一度流行做水货生意,觉得来钱快,像我们这样做实业太辛苦。我们用六赢来分析,觉得水货是除了社会之外的五赢,迟早会出问题,就坚决不做。如今,当年那些企业都已经消失不见了"。

在企业中,冯军将六赢的理念灌输到企业的战略决策、管理层会议、日常业务运营、员工培训等各个层面,成为管理层共同的信条。"做任何事情都要考虑六方利益,但凡有可能发生矛盾的事情都不做。这好像降低了效率,但有积累效应,只要和谐,今天做的事情,对明天来讲就是积累。这样垒金字塔比较累,但不会有风险,中国是地震的多发区,大厦经常毁于顷刻"。

管理学大家奥雷理和普费福深入研究了一些典范型企业,如西南航空、CISCO 等,之后出版了一本《隐藏的价值》。他们提出,伟大的公司不在于拥有最顶尖的人才,而在于如何构建一个良好的组织,使普通人也能达成非凡的成绩。在他们总结的经验中,第一条就是"以价值观和文化为本",而"只有价值观本身是不够的,还需要两条:首先,高层管理者必须真正相信这些价值观,其次,组织的价值观和管理实践必须很好的匹配"。以 HR 管理实践为例,这些成功公司都在六个环节上与价值观有良好的吻合:价值观、文化和战略的衔接;招募适合公司文化的人才;投资于人;共享信息;基于团队的工作体系;相应的回报体系。

第四环节:把价值观注入组织 DNA,影响内外部人员。

这是价值观领导的最高境界,让组织承载优质价值观,独立于领导人而存在,并影响更多的内外部人士。惠普公司创始人之一帕卡德去世时,其同伴休利特评价说:"对于公司,他在身后留下的最大贡献是一套源自他个人信念的道德标准,这套理念从 1938 年提出后就一直引导着公司。它包括对个人的深切尊敬,对质量和可靠性的追求,对社会责任的承担(帕卡德把自己价值 43 亿美金的惠普股票捐赠给福利基金会),还包括公司存在是为了改善人民的福祉、促进人类进步、作出技术贡献的理念。"

这些理念经过数次修改,并在实践中制定了许多具体规划和办法,最终形成了广为人知的"HP WAY(惠普之道)"。惠普之道帮助惠普从车库创业时的 538 美元资产,成长为 2006 年营业额 917 亿美元的全球最大 IT 公司,并且融入了组织运作的各个环节。在创始人故去多年之后,惠普之道依然发挥着重大的影响力。同时,惠普为整个 IT 界培养了大量的经理人才,他们去其他公司后,也带入了惠普之道的精神,其影响远远超出了惠普公司的边界,有人认为"HP WAY defines a model for American businesses"(惠普之道为美国商业树立了一个典范)。这是价值观型领导的一个绝佳案例。

(资料来源:吴维库,黄萍萍,刘军.基于价值观的领导:中国第一部企业高层领导实证研究专著[M].北京:经济科学出版社,2002.)

2.斯腾伯格的成功智力理论

20 世纪末,斯腾伯格提出了著名的成功智力理论,认为成功智力包括分析性智力(analytical intelligence)、创造性智力(creative intelligence)和实践性智力(practical intelligence)三个方面,而创造性智力是成功智力中极为重要的方面。

1.分析性智力:斯腾伯格认为,分析性智力是一种分析和评价各种思想、解决问题和制定决策的能力。它指的是有意识地规定心理活动的方向以发现对一个问题的有效解决办法。分析性智力不能简单地等同于智商测验中所测量的学业智力智商测验其实仅仅测量了分析能力的一部分,即名义上同学校中表现最为相关的部分。而分析性智力中更重要的是问题解决和决策制定。在斯腾伯格的分析性智力中与创造力相联系的关键因素是元认知。他认为,有创造力的人在运用分析性智力解决问题和制定决策中会自觉地利用自己的元认知来准确地辨认问题,并对问题恰当地定义,然后形成有效策略,合理分配认知资源以及对自身的行为进行监控与评价。

2.创造性智力:斯腾伯格认为,创造性智力是一种能超越已知给定的内容产生新异有趣思想的能力。它指的是能运用现有的知识和才能创造出更好的有价值的产品。它可以帮助我们一开始就形成好的问题和想法。但是用创造性智力找对问题必须具备以下条件:

①具有成功智力的人能主动寻找行为角色的楷模而后他们自己也成为这些楷模。

②具有成功智力的人会对假设提出质疑,同时也鼓励别人这么做。

③具有成功智力的人允许自己犯错误,也允许别人犯错误。

④具有成功智力的人倾向于合理冒险,也鼓励别人这么做。

⑤具有成功智力的人为他人和自己寻找发挥创造力的任务和工作。

⑥具有成功智力的人主动地对问题加以定义和再定义,同时也帮助别人这么做。

⑦具有成功智力的人寻求创造力的奖赏和自我奖赏。

⑧具有成功智力的人给自己和他人以时间来进行富有创造性的思考。

⑨具有成功智力的人能够忍受模棱两可,也鼓励他人忍受模糊不清。

⑩具有成功智力的人了解创造者必须面对和克服创造活动中所遇的困难。

⑪成功智力的人能够把握成长的关键期,而且愿意成长。

⑫具有成功智力的人了解个人、环境相适应的重要性。

3.实践性智力:斯腾伯格认为,实践性智力是一种可在日常生活中将思想及其分析的结果以一种行之有效的方法来加以使用的能力。它指的是能够将理论转化为实践,抽象思想转化为实际成果的能力。创造力投资理论的另一层含义是:好的思想不会自动的受到别人的青睐,我们必须走出去,让他人了解它的价值所在。因此,实践性智力不能等同于学业智力。有些人在学校里成绩出众但在现实世界中却表现平平,相反,有些人在学校里表现平平,在现实世界中却处处得心应手、业绩突出。可见,实践性智力能使一个人产生解决实际生活问题的好办法,它主要来源是经验。因此,斯腾伯格认为,在学业上的分析性智力随着年龄的增长而下降的同时,实践性智力反而会随着年龄的增长而增长。

(资料来源:百度文库:斯滕伯格成功智力理论简介。网址:http://wenku.baidu.com/view/4226697fzf61fb7360b4c65ac.html)

【管理能力训练】

训练一:团队管理

讨论问题:

1.领导者天生就具有领导特质,一个人之所以会成为领导者,是因有其不可比拟的天赋和个人品质。

2.领导者是可以培养的,有效领导者的行为可以通过培训养成。

讨论目标:

1.激发团队成员的创造性思维。

2.创造一种氛围。

3.团队中的每个成员不但有责任提出自己的好主意,而且也有责任促进和协助团队其他成员这样做。

讨论说明:

根据上课班级人数分组,每组10~12人。针对讨论问题,讨论分两轮,第一轮讨论,讨论的问题是:领导者天生就具有领导特质,一个人之所以会成为领导者,是因有其不可比拟的天赋和个人品质。第二轮讨论,讨论的问题是:领导者是可以培养的,有效领导者的行为可以通过培训养成。

讨论程序:

第一轮讨论:每小组5~6人围圈坐着,另5~6人站在其身后。坐着的人为讨论者,站着的人为讨论者的咨询者。讨论分两次进行:第一次讨论,讨论时间5~7分钟,然后暂停,由讨论者与咨询者商议,明确观点和理由,商议时间2~4分钟。第二次讨论,讨论时间5~7分钟。在第一轮讨论后,每个小组形成自己的讨论结果,由1人主汇报,另1~2人可做补充。

第二轮讨论:讨论者与咨询者互换位置,讨论依然分两次进行。第一次讨论,讨论时间5~7分钟,然后暂停,由讨论者与咨询者商议,明确观点和理由,商议时间2~4分钟。第二次讨论,讨论时间5~7分钟。在第二轮讨论后,每个小组形成自己的讨论结果,由1人主汇报,另1~2人可做补充。

讨论思考问题:

1.作为讨论者,你认为两轮讨论之间有什么区别?是讨论观点、激烈程度、语气还是方法?

2.你从这个训练中是否得到了某些有用的东西?如果得到了,为什么?如果没有得到,为什么?

3.如果将来让你领导一个团队,在团队管理方面,你认为有哪些团队工作的技巧可以运用到工作中?

总结——团队目标:

1.完成任务。为能成功完成任务,成员们需提供任务行为,包括组织、总结、协调各种信息。

2.维护成员间合作融洽关系。为维护成员间良好关系,成员们需提供维护行为,如相互鼓励参与团队行为、促进彼此交流、认真听取他人意见等。

这两个目标,不只是团队领导的事情,每个成员都会主动执行。

团队技巧测试:

下列测试能帮助你检查自己是否具有团队技巧。下列每一种都陈述了一个团队行为,根据自己表现这种行为的频率打分:

总是这样(5分)   经常这样(4分)   有时这样(3分)

很少这样(2分)   从不这样(1分)

当我是小组成员时：

1.我提供事实和表达自己的观点、意见、感受和信息以帮助小组讨论(提供信息和观点者)。

2.我从其他小组成员那里寻求观点、意见、感受和信息以帮助小组讨论(寻求信息和观点者)。

3.我提出小组后面的工作计划，并提醒大家注意需完成的工作任务，以此把握小组的方向，我向不同的小组成员分配不同的责任(方向和角色定位者)。

4.我集中小组成员相关观点或建议，并总结复述小组所讨论的主要论点(总结者)。

5.我带给小组活力，鼓励小组成员努力工作以完成我们的目标(鼓舞者)。

6.我要求他人对小组讨论内容进行总结，以确保他们理解小组决策，并了解小组正在讨论的材料(理解情况检查者)。

7.我热情鼓励所有成员参与，愿意听取他们的观点，让他们知道我珍视他们对群体的贡献(参与鼓励者)。

8.我利用良好的沟通技巧帮助小组成员交流，以保证每个小组成员明白他人的发言(促进交流者)。

9.我会讲笑话，并建议以有趣的方式工作，借以减轻小组中的紧张感，并增加大家一起工作的乐趣(释放压力者)。

10.我观察小组的工作方式，利用我的观察去帮助大家讨论小组如何更好地工作(进程观察者)。

11.我促成有分析的小组成员进行公开讨论，以协调思想，增进小组凝聚力。当成员们似乎不能直接解决冲突时，我会进行调停(人际问题解决者)。

12.我向其他成员表达支持、接受和喜爱，当其他成员在小组中表现出建设性行为时，我给予适当的表扬(支持者与表扬者)。

以上1~6题为一组，7~12题为一组，将两者的得分相加对照下列解释：

A(6,6)只为完成工作付出了最小的努力，总体上与其他小组成员十分疏远，在小组中不活跃，对其他人没有什么影响。

B(6,30)你十分强调与小组成员保持良好的关系，为其他成员着想，帮助创造舒适、友好的工作气氛，但很少关注如何完成任务。

C(30,6)你着重于完成工作，却忽略了维护关系。

D(18,18)你努力协调团队的任务与维护要求，终于达到了平衡，你应继续努力，创造性地结合任务与维护行为，以促成最佳效果。

E(30,30)祝贺你，你是一位优秀的团队合作者，并有能力领导一个小组。

训练二：成功领导者特质分析

训练要求：

1.每位同学网上查阅一位成功者资料(企业家、政治家，中外古今均可)。

2.分析其成功者特质及原因。

训练准备：

1. 根据上课班级人数,将全班分为几个小组,每小组6~8人。

2. 每小组准备一个"成功领导者"资料:成功领导者生平简介、个性特征、成功原因分析、关键事件等。

3. 每个小组准备小组成员分工情况,本小组特点与优势:小组成员个人简介——展示个人风采(长处),体现团队精神风貌。

4. 将成功领导者资料和小组成员分工以及小组成员个人情况制作成PPT,每小组至少由三人分别进行汇报。

训练目的:

1. 充分理解和掌握领导特质理论,将领导特质理论与某一成功领导者相联系。

2. 学会收集整理资料,学会制作PPT。

3. 学会展示自己的优点与特长,强化团队合作精神。

4. 锻炼表达能力。

第9章 激 励

1.理解人的行为产生的原因,以及激励的原理;
2.了解并掌握主要激励理论,并能领会其精髓。

1.了解有效激励的方法和艺术;
2.学习运用相关激励理论解决实际问题。

9.1 激励概述

激励是一门科学,也是一门艺术。组织中员工的创造性和积极性是组织生命力得以保持的源泉。作为管理者,懂得如何运用激励的方法和艺术,更加有效地激发和鼓励员工是管理者所必须解决的重要问题。

9.1.1 对"人性"的认识

人们对人性的基本看法一直以来就存在广泛的争议,比较典型的有这样几种模式:

1)理性的还是感性的

理性模式认为:人是非常有理智的实体,人的行为依据于他们的理性思考。人都具有较强的思维能力,当他们面临某种情况时,首先会系统地搜集和评价各种资料,对各种可供选择的方案进行客观分析,然后在此基础上作出决策,确定应如何行动。持有这种观点的管理者一般在理性的基础上与员工交往,处事严肃认真。

感性模式认为:人的行为主要是由感情支配的,而且其中的许多感情是不可控制的,是无意识地反应。因此,人常常在周围环境的影响下,无意识地形成自己的行为。这种模式很受弗洛伊德学派的推崇,具有这种观点的管理者在与员工打交道时,总是力图揭示支配员工行为的心理因素。

2)行为主义的还是人本主义的

行为主义认为人只能根据其行为来描述,而其行为的形成主要取决于其所处的环境。沃森(John B.Watson)曾提出,在他所指定的环境中,他可以把一个健康的婴儿培养成人和一个行业中的专家,至于这个孩子的天资、爱好、性格、能力、倾向和祖先的种族是什么都无所谓。根据行为主义的论点,管理者可以通过改变环境的办法使下属人员做出组织所期望的行为。

人本主义则认为人是复杂的动物,人能通过自觉的思维来克服非理性的冲动,从而控制自己的行为和命运。因此,人的潜力是无穷无尽的,管理者可以通过教育等手段来提高下属的觉悟,并充分发挥其积极性。

3)追求个人利益还是追求自我实现

科学管理时期、早期行为科学和后期行为科学时期的"经济人"假设、"社会人"假设和"自我实现人"假设,以及 20 世纪 60 年代末、70 年代初现代西方管理理论流派提出的"复杂人"假设等,在不同的人性假设指导下,管理者采用不同的方法和手段来激励人,获得了一定的启示和帮助。

根据"经济人"假设的观点,人的行为受自我利益的支配。每个人都以追求自身利益或效用的最大化作为个体行为的基本动机,当一个人在经济活动中面临若干不同的选择机会时,他总是倾向于选择能给自己带来更大经济利益的那种机会,即总是追求最大的利益。经济型的人天生自私而且好争,唯一关心的就是自身的生存。持有这种观点的管理者,常常把金钱等物质利益作为促使下属努力工作的主要手段,并努力创造一种促使人们只关心个人利益的竞争环境。科学管理学派所提出的劳动定额化、工作职责专业化和超额奖励制度等就是建立在经济人观点上的。

"社会人"假设认为在社会上活动的员工不是各自孤立存在的,而是作为某一个群体的一员有所归属的"社会人",是社会存在。人具有社会性的需求,人与人之间的关系和组织的归属感比经济报酬更能激励人的行为。"社会人"不仅有追求收入的动机和需求,他在生活工作中还需要得到友谊、安全、尊重和归属等。持有这种观点的管理者,注重对员工的关心和需要的满足,重视员工之间的关系,注重员工归属感和整体感的培养,提倡集体的奖励制度,而不主张个人奖励制度。

"自我实现人"假设则认为,每个人都渴望个人的成长、发展和完善。所谓自我实现,指的是人都需要发挥自己的潜力,表现自己的才能,只有人的潜力充分发挥出来,人的才能充分表现出来,人才会感到最大的满意。持有这种观点的管理者一般致力于建立一种使人们能实行自我指导并因而得以发挥其才能的环境。

4)X 理论和 Y 理论

"X 理论"和"Y 理论"是由麦格雷戈提出的两组假设,是关于人性的另一种分类。在本书第 2 章已做详细介绍,此处不再赘述。

对于人性的看法,上述的各种观点中,哪一种是正确的呢?人们可以发现,在各种不同的模式中,有许多是相似的,而且任何一种单独模式都不足以解释清楚个人行为的各个方面。应该说,关于"人性"的各种解释和观点,适应了管理理论与实践发展的需要,有其合理的内涵。然而,现实中的人的需求是复杂的,也是变化的,没有一种适用于一切人的最好的"人性"假设。因此,有效的管理者只能从不同的模式中吸取精华,采用一种相对应该折中的方法,根据不同的人、不同的情况用"权变理论"做指导,来达到激励人的目的。

9.1.2　动机过程

动机是一个基本的心理过程。许多人将行为的原因与动机联系在一起,然而,行为产生的原因多种多样,并且很复杂,很难用动机这一个因素来进行解释。动机是一个过程,开始于个体生理上或者心理上的缺失,从而激发行为或者驱使个体向着特定的目标而努力。由此可见,在理解动机这个概念的过程中,最关键的因素是理解需要、驱力和诱因这三个概念的意义以及他们相互之间的关系。如图9.1形象地说明了动机的过程。

| 需要 | → | 驱力 | → | 诱因 |

图9.1　基本动机过程

需要唤起了指向诱因的驱动力,这就是动机的最基本的过程。从一个系统的观点上来讲,动机存在这三个既相互作用又相互独立的因素:

1) 需要

当个体在生理上或者心理上产生不平衡的时候,需要就产生了。需要是个体缺乏某种必需的东西(物质的或精神的)时,在内在心理上产生的一种具有紧张感的主观状态。这种主观状态,即我们通常说的欲望。例如,当我们的身体缺少食物和水的时候,对食物和水的欲望,即需要就产生了。或者是一个人缺少朋友和同伴的时候,需要也会产生。

2) 驱力

驱力主要是用来缓解需要。生理上的驱动力的定义比较简单,主要是指由行为指向的缺失状态。某种需要未能满足时,就会促使人处于一种不安和紧张状态之中,从而成为做某件事的内在驱动力。生理上和心理上的驱动力是行为导向的,为指向目标的行为提供了动力。

3) 诱因

动机环路中的最后一个环节是诱因,指的是可以减轻需要的程度、降低驱力水平的任何事物。这样,诱因就可以重新恢复生理上或者心理上的平衡,减轻或者消除驱力的影响。例如,饮食、喝水和交朋友都可以使我们恢复平衡,减轻相应的驱力。在上面这些例子中,食物、水和朋友都是诱因。

9.1.3　激励的原理

1) 激励的含义

"激励"(motivation)一词,原本是心理学术语,是指激发人的动机的心理过程。通过激励,在某种内部或者外部刺激的影响下,使人始终维持在一种兴奋状态中。

懂得如何运用激励的方法和艺术,更加有效地激发和鼓励员工,保持其工作的热忱和创造性是管理者所必须解决的重要问题,因此,激励逐渐在管理学中得到了普遍的重视和发展。

通常所说的激励,是指通过影响人们的内在需求或动机,从而加强、引导和维持行为的活动或过程。对激励的定义要能够解释个体为了达到某个目标所体现的工作强度、工作取向和工作持久性等特征的过程。个体是否受到了激励取决于三个关键要素,强度、取向和持久,强度说明了一个人有多么努力。然而,高强度却不太可能导致有利的工作成果,除非努力的方向对组织有利。因此,我们在考虑强度的同时也考虑努力的质量。朝向组织目标并和组织目标一致的努力是我们应当追求的。最后一点是激励的持久性维度。这一点衡量了一个人能够持续努力多长时间。受到激励的个体会为了完成任务而坚持很长时间。

2) 激励的过程

激励是一个过程,而不是行为中的某一个独立于需要或动机的环节。这一过程由需要、动机和行为三个主要部分组成。人的需要引起动机,动机引起行为,行为又指向一定的目标。

当人产生某种需要而又未得到满足时,会产生一种不安或紧张的心理状态中;这种心理状态会成为做某件事的内在驱动力,即产生动机。动机产生以后,人们就会寻找、选择能够满足需要的策略和途径,而一旦策略确定,就会进行满足需要的活动,产生一定的行为。行为的结果如果未能使需要得到满足,人们会继续努力,或采取新的行为(积极的或消极的),或调整期望目标。如果行为的结果使作为行为原动力的需要得到满足,则人们往往会被自己的成功所鼓舞,产生新的需要和动机,确定新的目标,产生新的行为。因此,从需要的产生到目标的实现,人的行为是一个循环往复、不断升华的过程。

需要、动机、行为、目标等正是激励过程的关键要素。需要、动机与行为之间存在着直接的、因果式的关系。需要是动机产生的基础,动机是行为的驱动力,动机的目标又是为了满足需要。因此,四个关键因素相互作用,则构成了激励过程的基本模式,如图 9.2 所示。

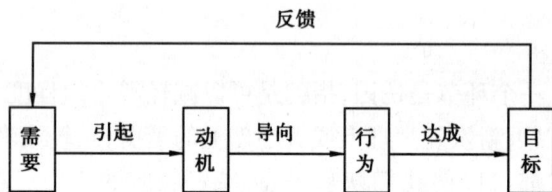

图 9.2　激励过程的基本模式

然而,在现实生活中,激励过程绝不是那样简单而清晰的,而是复杂和多变的。这是因为:

第一,我们只能推断动机的强弱,不能直接观察动机的内容。例如,两个员工的岗位、任务、年龄、文化程度、工作能力等都基本相同,但是他们每天的工作效果却相差较大。我们可以根据他们两个人所表现出来的行为,来推断每个人工作的动机的强弱,即工作积极性的高低,但是我们不能直接观察到他们各自的内在动机到底是什么。

第二,动机不是固定不变的。任何时候,每个人都会有各种不同的动机(需要、愿望或期望),但是这些动机是会随着主客观条件的变化而变化的,彼此之间还可能产生矛盾和冲突。这正是激励过程复杂性的集中体现。例如,一个员工把所有精力都投入到工作中,没有太多照顾家庭的时间,那么这使他和家人团聚的需要满足就产生了矛盾。

第三,动机并不是单一的。在很多时候,人的动机并不只是一种,而是可能同时存在多种动机,并且在追求这些动机的驱动力方面存在很大的差异,因此,激励人们工作的因素也因人而异。

可见,一个人的工作业绩的好坏和动机的强弱受到个人、组织和社会等多种因素的影响,激励员工已经变得越来越困难。现代人越来越趋向于多样化和个性化,传统的激励方法——晋升和金钱刺激等已经变得不是那么有吸引力,在这种情况下,管理者必须理解和掌握更多的激励人的动机的理论和方法,并运用于实践。

9.2 激励理论

激励理论可以分为内容型和过程型。内容型激励理论试图明确导致人的行为的各种因素,包括需求内容和激励手段,例如自我实现、责任和成长等。具体内容在本书第2章已做详细介绍,本章主要介绍过程性激励理论。内容型激励理论研究了行为产生的原因,但未能解释人的行为是如何形成的,又是如何发展的过程,以及行为与员工的满意度、工作绩效之间的关系。管理人员不但要判断一个人的动机,还需要知道动机是如何转化成为组织所希望的行为的,以便通过为这种转化提供相应的条件来引导员工的行为。这就是过程型激励理论所要研究的重点。过程型激励理论主要包括期望理论,公平理论和强化理论。

9.2.1 期望理论

1) 期望理论的基本观点

期望理论(expectancy theory),又称作"效价—手段—期望理论",是由北美著名心理学家和行为科学家维克托·弗鲁姆(Victor H.Vroom)于1964年在《工作与激励》中提出来的激励理论。

弗鲁姆认为,人们采取某项行动的动力或激励程度取决于其对行动结果的价值评价和预期达成该结果可能性的估计。换言之,激励程度取决于该行动所能达成目标并能导致某种结果的全部预期价值乘以他认为达成该目标并得到某种结果的期望概率。用公式可以表示为:

$$M = \sum V \times E$$

M 表示激励程度,是指调动一个人的积极性,激发人内部潜力的强度。V 表示效价,是指达到目标对于满足个人需要的价值。E 表示期望值,是人们根据过去经验判断自己达到某种目标或满足需要的可能性是大还是小,即能够达到目标的主观概率。

期望理论除可作上述的公式外,还可作如图9.3的图式:

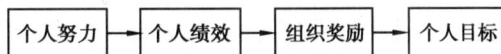

个人努力 → 个人绩效 → 组织奖励 → 个人目标

图9.3 期望理论图式

弗鲁姆认为,根据期望理论的这一模式,为了有效激发组织成员的工作动机,需要兼顾三个方面的关系。

(1)努力与绩效的关系

如果我付出了最大努力,能否达到组织要求的工作绩效水平?是否会在绩效评估中体现出来?

人们总是希望通过一定的努力达到预期的目标,如果个人主观认为达到目标的概率很高,就会有信心,并激发出很强的工作力量。反之,如果他认为目标太高,通过努力也不会有很好绩效时,就失去了内在的动力,导致工作消极。

(2)绩效与奖励的关系

如果达到这一绩效水平,组织会给我什么样的奖赏或报酬?

绩效与奖励的关系即指个体经过努力取得良好工作绩效所带来的对绩效的奖赏性回报的期望。人总是希望取得成绩后能够得到奖励,当然这个奖励也是综合的,既包括物质上的,也包括精神上的。如果他认为取得绩效后能得到合理的奖励,就可能产生工作热情;否则就可能没有积极性。由此个体会思考奖励与个人目标的关系。

(3)奖励与个人目标的关系

这一报酬是否是我所急需的?对我重要吗?

任何结果对个体的激励影响的程度,取决于个体对结果的评价,即奖励与满足个人需要的关系。人总是希望自己所获得的奖励能满足自己某方面的需要。然而由于人们在年龄、性别、资历、社会地位和经济条件等方面都存在着差异,他们对各种需要要求得到满足的程度就不同。因此,对于不同的人,采用同一种奖励办法能满足的需要程度不同,能激发出的工作动力也就不同。

2)对期望理论的评价

(1)期望理论的贡献

①期望理论清晰地说明了个人与组织目标之间的关系,提出了目标设置与个人需求相统一的理论。期望理论假定个体是有思想、有理性的人。对于他们生活和事业的发展,他们有既定的信仰和基本的预测。因此,在分析激励雇员的因素时,我们必须考察人们希望从组织中获得什么以及他们如何能够实现自己的愿望。

②期望理论为人类行为的描述提供了新的有力工具。期望理论主张以预期的报偿或结果刺激行为,不必一味地以直接报偿对特定行为反复诱导以期求得条件反射式的反应。它认为在刺激与行为之间、期望与结果之间,间接经验、推断与联想之间同样可以建立起相互连接的桥梁。这种观点,无疑为人类行为描述提供了新工具。

(2)期望理论的局限

期望理论可以帮助管理者理解和分析员工的动机,并确定其中的一些相关变量,但是它并不能提出具体的解决方案,在应用上相对较难理解和应用。换句话说,期望理论只是试图描述复杂的动机过程,而没有试图描述动机的决策是如何完成的,以及如何来解决管理者面临的激励问题。同时,期望理论假定人都是理性的,可以完成逻辑的计算,这样的假设过于理想化,也限制了其在实践中的具体应用。

9.2.2 公平理论

1) 公平理论的基本观点

公平理论又称社会比较理论,由美国心理学家约翰·斯塔希·亚当斯(John Stacy Adams)于1965年提出。该理论是研究人的动机和知觉关系的一种激励理论,理论认为员工的激励程度来源于对自己和参照对象的报酬和投入的比例的主观比较感觉。

公平理论认为:人的工作积极性不仅与个人实际报酬多少有关,而且与人们对报酬的分配是否感到公平更为密切。人们总会自觉或不自觉地将自己付出的劳动代价及其所得到的报酬与他人进行比较,并对公平与否做出判断。公平感直接影响员工的工作动机和行为。因此,从某种意义来讲,动机的激发过程实际上是人与人进行比较,作出公平与否的判断,并据以指导行为的过程。

公平理论可以用公平关系式来表示。设当事人 a 和被比较对象 b,则当 a 感觉到公平时有下式成立:

$$\frac{op}{ip} = \frac{oc}{ic}$$

式中　op——自己对所获报酬的感觉;

　　　　oc——自己对他人所获报酬的感觉;

　　　　ip——自己对个人所作投入的感觉;

　　　　ic——自己对他人所作投入的感觉。

除了横向比较之外还会做纵向比较,即把自己目前投入的努力与目前所获得报酬的比值,同自己过去投入的努力与过去所获报偿的比值进行比较。只有相等时他才认为公平,如下式所示:

$$\frac{op}{ip} = \frac{oh}{ih}$$

式中　op——自己对现在所获报酬的感觉;

　　　　oh——自己对过去所获报酬的感觉;

　　　　ip——自己对个人现在投入的感觉;

　　　　ih——自己对个人过去投入的感觉。

当等式成立,人便觉得公平,否则,就会觉得心理失衡,产生不公平感。如果左端小于右端,则会产生比别人吃亏或今不如昔的不满情绪;如果左端大于右端,则会因为投入少、得到多而产生负疚感。亚当斯的研究表明,当一个人产生较强的不公平感时,可能会选择以下六种行为:

①改变自己的投入;

②改变自己的产出;

③扭曲对自我的认知;

④扭曲对他人的认知;

⑤选择其他参照对象;

⑥辞职。

2）公平理论的运用和启示

（1）公平理论运用过程中的影响因素

公平理论提出的基本观点是客观存在的，但公平本身却是一个相当复杂的问题，在实际运用过程中的实用性受到多种因素的影响，主要表现在：

①它与个人的主观判断有关。既然公平感是一种主观感受，那么，主观认识就会极大地受认知主体的价值观念、知识经验、意识形态、世界观等的影响。所以，不同个体对同种报酬的效用、同种投入的价值的评价都有可能不同。如有的人把工资（奖金）看得比晋升更重要，而有的人却把晋升看得更重要；有的人认为学历更重要，而有的人则认为经验更重要等。这就使"比较"失去了客观标准，即便两个人的投入产出比完全相当，但两个人均可能感到不公平。

②它与个人所持的公平标准有关。公平理论的核心是与他人比较，所以比较的结果是否符合客观实际，取决于人们对比较对象的投入和产出情况是否具有完全信息。而在现实中，人们往往不能够对比较对象的投入和产出情况有足够的了解，往往把自己的实际情况和他人的不完全信息进行比较。于是，对本来客观合理的现实，主观上也可能感到不公平。人们往往有"看人挑担轻松"的知觉心理，过高地评价自己的成绩，低估他人的成绩，甚至只比拿钱多少，不比贡献大小。

③它与业绩的评定有关。我们主张按绩效付报酬，并且个人之间应相对平衡。但如何评定绩效？是以工作成果的数量和质量，还是按工作能力、技能、资历和学历？不同的评定办法会得到不同的结果。多数情况下，人们付出的劳动与获得的报酬都不易计量，缺乏可比性，这导致了公平理论难以在实际中得到应用。

④它与评定人有关。绩效由谁来评定？是领导者评定还是群众评定或自我评定？不同的评定人会得出不同的结果。由于同一组织内往往不是由同一人评定，因此会出现松紧不一、回避矛盾、姑息迁就、抱有成见等现象。

（2）公平理论的启示

公平，即公认的平衡，而公平理论强调的是个体之间的横向与纵向比较所产生的公平感与不公平感。公平感是一种主观感受，受个人价值观念的影响很大。事实上，无论采取多么有效及完善的措施，也无法使每一个人总感到公平。公平感是每一个人价值计算标准下的一个主观结果，影响激励效果的不仅有报酬的绝对值，还有报酬的相对值；要想保证组织公平感的形成，需要管理者在激励员工时综合运用多种激励方式，在组织内部倡导公平、公开、公正的管理氛围，使等式在客观上成立，尽管可能出现主观判断的误差，也不致造成严重的不公平感。同时，在激励过程中应加强同员工的沟通，注意对员工公平心理的引导，使其树立正确的公平观，引导员工进行正确的比较，客观公正地选择比较基准，避免盲目攀比而造成不公平感。

9.2.3　强化理论

1）强化理论的主要观点

美国心理学家斯金纳（B.F.Skinner）在研究中特别重视环境对行为的影响作用，认为不应从人的内在心理状态来找对人的行为的解释,而应从决定行为的那些外部条件来解释人的行为,从而提出"强化理论"。

强化理论认为:人的行为是由外部因素控制的,控制行为的因素称为强化物。强化物是在行为结果之后紧接着的一个反应,它提高了该行为重复的可能性,行为是其结果的函数。当人们因采取某种理想行为而受到奖励时,他们最有可能重复这种行为。当这种奖励紧跟在理想行为之后,则奖励最为有效;当某种行为没有受到奖励或是受到惩罚时,其重复的可能性则非常小。因此,管理者可以通过各种强化方式,有效地调控或预测员工的行为。

2) 强化的具体方式

(1) 积极强化

积极强化(也称正强化),是指奖励那些符合组织目标的行为,以便使这些行为得以进一步地加强、重复出现。

(2) 消极强化

消极强化(也称负强化),强调的是一种事前的规避,通过人们不希望的结果的结束,而使行为得以强化。比如,上课不遵守纪律的学生受到了老师的批评,不想受到批评的学生就会自觉遵守课堂纪律。消极强化可增加某种预期行为发生的概率,而使一些不想要的行为结束或消退。

(3) 惩罚

惩罚是对不良行为给予批评或者处分。当员工出现一些不符合组织目标的行为时,采取惩罚的办法,可以约束这些行为少发生或不再发生。惩罚是力图使所不希望的行为逐渐削弱,甚至完全消失。

(4) 消退

消退(也称衰减),是对已出现的不符合要求的行为不采取任何措施,不奖励也不惩罚,以终止行为或者降低行为重复出现的可能性。

3) 强化的原则

强化理论的意义在于用改造环境的办法来保持和发挥积极行为,减少或消除消极行为,把消极行为转化为积极行为。在管理实践中,适当应用强化理论来指导管理工作,对激励员工可起到积极作用。但是在实际应用中,关键在于如何使强化机制协调运转并产生整体效应,为此,应注意以下四个方面:

(1) 要因人制宜,采用不同的强化方式

由于人的个性特征及其需要层次不尽相同,不同的强化机制和强化物所产生的效应会因人而异。比如,有的人更重视物质奖励,有的人则更重视精神奖励。因此,在运用强化手段时,应采用有效的强化方式,并随对象和环境的变化而相应调整。

(2) 目标明确,标准清晰

对于员工的激励,首先要设立一个明确的、切实可行的目标,并制订相应的行为标准,只有目标明确、标准清晰时,才能进行衡量和采取适当的强化措施,引导员工的行为。

(3) 要以积极强化方式为主

根据心理学分析,表扬等积极强化可使人产生一种积极的情绪体验,使人受到鼓舞,而消极强化和惩罚应用得当对于消除不良行为有一定的效果,但只是暂时性的,应用不当则会带来一些消极影响,可能使人由于不愉快的感受而出现悲观、忧虑等心理反应,甚至发生对抗性消极行为。在运用惩罚时,须尊重事实,讲究策略,依据准确公正,尽量消除其负面作用。因此,在强化手段的运用上,应以积极强化为主,消极强化、惩罚为辅,做到奖惩结合。

(4)及时反馈

一般而论,强化应及时,及时强化可提高有效行为的强化反应程度。所谓及时反馈就是通过某种形式和途径,及时地将工作结果告知行动者。如果对于组织希望发生的行为发生时,但是行动者没有任何信息反馈,那么这种行为重复发生的可能性就会减小以至消失,无法取得激励效果。因此,及时反馈对于提高激励效果至关重要。

9.3 激励实务

9.3.1 有效激励的步骤

将具体的激励方法运用到实践不是一件容易的事情,除了激励方法的综合运用之外,建立合理的激励步骤至关重要。有效的激励一般包括四个步骤:

①确定组织需要达到的激励目标。
②诊断员工的绩效状况,并增强其工作动机。
③制订有效的激励计划。
④实现组织目标与个人目标的平衡。

1)确定组织需要达到的激励目标

组织目标是指一个组织未来一段时间内要实现的目的,它是管理者和组织中一切成员的行动指南,是组织决策、效率评价、协调和考核的基本依据。对管理者来说,只有确定了组织的激励目标,才能为员工指明努力的方向,确定员工应在哪些方面取得成就的标准。

2)诊断员工的绩效状况,并增强其工作动机

诊断员工的绩效,就是分析引起各种绩效问题的原因,通过沟通寻求支持与了解的过程。员工很多时候并不清楚自己是否存在绩效不佳的状况,管理者可以通过一些问题,帮助他们分析自己的绩效,比如:

> "你怎么知道自己的工作绩效如何?"
> "你如何衡量你的表现?"
> "当你做错事时,你是怎么知道自己做错了的?"
> "叙述一下怎样才叫好的表现?"
> "叙述一下怎样才叫不好的表现?"

通过绩效诊断,可以帮助员工分析原因,制订绩效改善计划,增强工作动机,最终提高绩效。

3)制订有效的激励计划

一份有效的激励计划,应该包含四个核心要素:

(1)清楚的绩效目标

首先,目标应该是具体的、清晰的和可执行的;其次,目标应该是一致的,否则,会引起执行者的挫折感和混乱;再次,目标应该具有适当挑战性,太容易的目标往往不具有激励作用;最后,目标需要反馈,提供反馈才能重新确定和调整目标发展方向。

(2)良好的激励环境

设定目标后,管理者应该积极促成目标的实现,这就需要培育和改善激励环境,消除激励的障碍。不同的领导风格、员工参与程度以及公平的奖励机制都是激励环境中的一些重要因素。

(3)奖励促进绩效的行为

对于实现组织目标有促进作用的行为,需要及时地给予奖励。这里相应的诊断问题是:"下属是否觉得高绩效者所得的报酬比只有低绩效或平均绩效的人多?"奖励要与绩效相联系,而不是身份或者资历,否则,会导致员工的不满意,降低绩效。同时,管理者可以适当利用惩戒来消除破坏绩效的行为。

(4)提供突出的奖励

"奖励"能够真正影响一个具体的绩效改善行为的可能性主要取决于受奖者看中这个特定结果的程度、相信奖励分配程序的公正程度以及接受奖励的适时程度。可以用问题"下属是否觉得用于鼓励高绩效的奖励是值得为之付出努力的?"来进行讨论。要突出奖励的效果,需要管理者更好地理解员工的个人需求和动机之间的关系。

4)实现组织目标与员工个人目标的平衡

组织目标与员工个人目标是否协调一致以及一致程度直接影响着组织目标能否实现以及实现目标的效率。在激励过程中,组织目标有可能与个人目标出现不相一致,甚至冲突的情况。因此,组织需要广泛了解员工的需求,灵活选择激励方式,协调组织和个人目标之间的关系,以求得双方目标之间最大限度的一致性,实现二者的平衡,达到激励的效果。

9.3.2　激励的基本方法

伴随着激励理论的发展,管理者激励员工的方式和手段也在不断变化和调整。其中,主要的方法是:工作激励、目标激励、绩效激励和薪酬激励。工作激励是指通过设计合理的工作内容,分配恰当的工作等方式改变工作及工作环境,以激发员工内在的工作热情;目标激励就是指设置适当的目标,激发员工的动机,达到调动员工积极性和主动性;绩效激励是指相对科学、公平地评估员工的工作过程和工作结果,帮助员工改善绩效;薪酬激励是指针对员工的工作结果给予公平、合理的奖励,包括物质激励和非物质激励。

1)工作激励

工作激励指员工所从事的工作给员工带来的激励,包括工作目标激励、工作过程激励和工作完成激励。工作目标激励是指由员工和管理者一起提出具有一定挑战性的员工工作目标;工作过程激励是指员工工作本身所具有的重要性、挑战性、趣味性、培养性等会激励员工珍惜自己的工作和努力干好工作;工作完成激励是员工完成工作任务时产生的对企业、社会和国家的贡献感,对自己的抱负和价值得到实现的自豪感,自己能力得到发挥的得意感,以及由此而产生的成熟感、成就感等导致员工内在性需要得到满足而产生的激励。工作激励的这三部分内容实际是相辅相成的。

除了传统的工作设计(job design)之外,工作再设计受到普遍重视,在很多情况下被视为改善员工工作生活质量的工具之一。工作设计是对工作完成的方式以及某种特定工作所要求完成的任务进行界定的过程,重新设计员工的工作职责、内容、方式等,只注重效率的提高和工作任务的完成;而工作再设计是指重新确定所要完成的具体任务及方法,同时确定该工作如何与其他工作相互联系起来的过程,以提高员工的工作绩效。它以员工为中心,让员工参加工作的设计过程,员工可以提出对自己工作改进的意见、建议,参与编制工作再设计的具体内容。

(1)工作特征模型

工作特征模型(job characteristics model, JCM)是由 J. 理查德·哈克曼(J. Richard Hackman)和格雷格·奥尔德汉姆(Greg Oldham)提出的,该模型认为工作内容本身对员工具有一种内在的激励效果,因此,受到内在激励的员工会有优异的工作业绩,进而具有好的心理感受。而这种好的心理感受会使员工继续保持优秀的业绩水平,于是形成一个良性的循环。根据工作特征模型,任何工作的内容都隐含着五种核心特征:

①技能多样性(skill variety),指的是工作的内容需要员工应用多种技能和能力的程度才能完成。

②任务完整性(task identity),指的是一项工作任务要求完成一整项界限清晰的任务。

③任务重要性(task significance)指的是工作结果对他人(含组织内部与外部)的工作或生活造成的影响程度。

④自主性(autonomy),指的是工作方式允许员工自由地和独立地安排工作进度和具体实施方式的程度。

⑤反馈(feedback),指的是员工能从工作本身得到关于自己工作效果的信息反馈的程度。

这五个维度对员工的内在激励水平具有重要的影响,其核心特征将影响到员工的关键心理状态。具体而言,技能多样性、任务整体性和任务的重要性会使员工感受到自己工作的意义;工作自主性会使员工感受到自己工作结果的责任;反馈会使员工了解自己工作活动的结果。这些关键的心理状态将对员工的态度和行为乃至业绩产生重要的影响。

(2)工作再设计的方法

工作再设计的目标一方面是使工作更有效,同时能给员工更多的自我激励和工作满意感。工作再设计的主要方法有:

①工作轮换。工作轮换(job rotation)是让员工从执行一项任务转向执行另一项任务,从而克服工作的单调感,并提升员工的综合工作技能。

每种类型的工作设计方法所具有的内容是不相同的,工作轮换是在工作流程不进行很大改变的前提下,隔一个阶段从一种工作岗位换到另一种工作岗位。主要目的是使员工在不同工作岗位上轮换操作,给他们提供发展技术及较全面地观察和了解整个生产过程的机会,从而可以使单一的常规性工作产生的厌烦和单调减少到最低程度。工作轮换一般来说有两种类型:纵向轮换和横向轮换。纵向轮换指的是升职或降职;而横向轮换指在水平方向上的工作变化,通常所说的工作轮换就是横向轮换。

工作轮换对组织具有激励员工、促进员工职业成长、适应组织变化等作用。工作轮换可以满足员工内在需求,减少员工工作的单调性,提高员工的工作生活质量,从长期的角度来提高企业的生产率,然而,工作轮换会带来培训成本上升,因调离原有熟悉岗位到新岗位后导致工作效率降低等问题。

②工作扩大化。工作扩大化(job enlargement)是指通过增加工作内容,使员工的工作变化增加,要求更多的知识与技能,从而提高员工工作兴趣。

工作扩大化的特点是横向扩大工作水平与工作条件相似的工作范围,使员工的工作内容多样化,每个员工不仅在每道工序工作,而且还要参加相似的、邻近的、前道—后道工序的工作。工作扩大化在一定程度上降低了工作的单调感,增多了员工的工作技能,加大了工作责任感,提高了员工的工作满意度。不过,工作扩大化的做法是扩展一项工作包括的任务和职责,但是这些工作与员工以前承担的工作内容非常相似,只是一种工作内容在水平方向上的扩展,不需要员工具备新的技能。由于新增加的工作在职责和难度上与原来的工作并没有区别,员工一般都能很快适应,因此,带给员工的满足感和激励作用相对有限。

③工作丰富化。工作丰富化(job enrichment)是指增大员工计划、组织、控制与评估自己工作的自主性与责任感。

工作丰富化和工作扩大化与工作轮换不同,它不是水平增加员工的工作内容,而是通过增加计划与评价职责,使工作纵向扩展,增加工作的深度。它注重赋予员工更多工作职责,让员工做一些通常由他们的主管完成的任务,让员工在工作中获得更多的自主权、独立性、责任感以及对工作绩效的反馈,改变了员工完成工作任务的方式。研究表明,工作的激励属性与工作中对员工的智力能力要求成正相关性。工作丰富化给了员工获取更多、更复杂技能的机会,更容易使员工产生成就感和满意感,从而更好地激发员工工作积极性。

(3)其他工作安排方式

①弹性工作制。弹性工作制(flextime)是一种允许员工自由选择工作时间的工作日程安排。除了每天的核心工作任务必须完成以外,员工可以自由决定上下班的时间。研究表明,弹性工作制既可以提高10%左右的工作效率,又可以提高员工的满意水平。工作再设计必须进行整体考虑,在主要设计工作开始前,要考虑组织的环境因素和工作设计本身的因素,如工作内容、工作自主、工作难度、信息流程、责任、职权关系、协作要求、与其他人交往建立友谊的机会、集体合作的要求等,设计关注的目标在于绩效成果因素(如生产率、员工反应—满意度、出勤率、离职率)和员工的个人特征如个人需求、价值观倾向、个性及学习等。

②工作分担制。工作分担制(job sharing)是指两人或两人以上共同承担一项工作,能使组织的一个职位利用多个人的才能,同时也增加了员工的灵活性。如,一个人可从上午8:00

工作到 12:00,而另一个人从下午 1:00 到下午 5:00,或者他们可能都工作一整天,但两人互相轮换。

对于员工来说,工作分担能够让工作灵活一些,提高激励和满意度,提供工作时间的新选择。但是,工作分担制最大的缺点是很难找到可以搭档的员工并成功协调其中的复杂性,需要管理者做好分担者的沟通、协调工作。

③压缩工作周。压缩工作周(compressed workweek),也就是减少每周工作的天数。一些企业可采取每周工作四天,每天工作 10 小时,休息 3 天的办法。压缩工作周既增加了员工从事休闲、学习、旅游等活动的时间,又有利于提高员工的工作热情。

④远程办公。远程办公(telecommuting),是指员工在家工作,有关的信息传递与业务往来均通过信息技术,如计算机、手机等,这样既节省了物业费用,又使员工不再因上班、下班而疲于奔波。远程办公主要适应于一般性信息处理岗位、流动性质的工作岗位以及一些专业或和知识相关的岗位。多数时间在电脑前工作的作家、律师、分析师和员工,或者多数时间在电话前工作的电话营销人员、客户服务代表、票务预订员以及产品支持专家等都适合远程办公。

远程可能在吸引人才、提高工作效率、减少办公费用的方面有好处,但是对于管理者来说,无法直接监督员工的工作是其最大的缺点,同时不利于员工之间信息互动与协作,甚至产生孤独感,降低工作满意度。

2)绩效激励

管理人员采取的一些传统绩效措施主要包括进行正式的绩效考核、奖励、对高绩效的认可,以及对绩效不足提供补救性的行动。但如何有效地辅导员工,让员工的工作自主性和工作满意度能够持续,最终提高积极性和绩效,是一个值得深入探讨的话题。管理者可以尝试运用某种管理方式来激励员工为实现包括员工个人目标在内的组织目标而奋斗,即通过目标管理指导和激励员工取得高绩效,使员工的个人目标和组织目标能够协调统一。目标是一种较为有效的绩效激励方式。

目标是激发人们动机的诱因。马斯洛认为,人的需要是多层次的,其中,自我实现需要是最高层次的需要。自我实现需求高的人,几乎都遵循“选定合适的目标—努力奋斗去实现—达到目标—制订更高的目标—再奋斗”这样的活动规律,不断循环,不断提高目标层次。

通过具体的、富有挑战性的目标设置,能够对人们产生更高的激励。具体的目标能够引导员工将他们的注意力集中在具体的目标上,激励他们为实现这些目标而努力,积极面对挫折,并采取新的方式来更好地应付复杂性挑战,从而提高员工的积极性和绩效;而富有挑战性的目标常常为员工带来有价值的回报,如上司的认可、晋升和收入的提高。目标还使工作变得有意义,人们会觉得是在为实现有价值的目标而工作,而这可以减少工作的枯燥感。同时,实现目标还可以提高员工的个人满意度,提高员工对组织的承诺,降低离职率等。

目标激励应该遵循的步骤:

第一,设置和分解目标。这个过程需要由组织总体目标分解到部门目标,再由部门目标分解到个人目标,鼓励员工参与,使员工努力工作提高绩效,实现目标。在目标设置时,需符合 SMART 原则(五个英文单词第一个字母的缩写):S 代表的是 specific,意思是指目标要是

"具体的";M 代表的是 measurable,意思是指"可度量的";A 代表的是 attainable,意思是指"可实现的";R 代表的是 realistic,意思是指"现实的";T 代表的是 time-bound,意思是指"有时限的"。

第二,实施目标的过程管理。目标设定以后,各级主管需要按照目标,制订行动计划,并积极促成目标的完成。管理者需要适当授权,使员工对自己的目标任务能够自我控制与调节,自行判断和处理问题,独立完成目标。同时,管理者在下级完成目标的过程中,要加强与员工的充分沟通,并给予必要的人力、物力等方面的支持和协助,以及帮助员工协调部门间的团队合作,共同完成目标。

第三,评价目标成果。对于目标的完成情况,需要及时检查和信息反馈才能保证管理效果的提高。这需要管理者按照事先设置的目标,加强实施过程的监督和控制,然后不断地将执行结果反馈给各级目标负责人,及时纠正偏差,完善目标及实现目标的措施,以提高效率和效果。

3)薪酬激励

薪酬是员工工作业绩的显示器,是对员工工作业绩、综合素质、能力的认可和回报。在员工心目中,薪酬不仅是一定数量的金钱,它还代表身份、地位以及在公司中的工作绩效,甚至个人的能力、品行、个人的发展。薪酬激励不单单是物质激励,它还隐含着成就的激励、地位的激励等,巧妙地运用薪酬激励方式,才能调动员工的高昂士气和工作激情。薪酬虽不是提高工作满意度的首要因素,但是它的激励作用却不容忽视,是所有激励方式中最根本、最直接的关键因素。

根据全面薪酬概念,企业向员工提供的薪酬,既包括经济性的,也包括非经济性的。经济性薪酬能够用金钱数量多少来衡量,属于物质性因素,包括直接的和间接的。直接薪酬包括基本工资、奖金、股票期权、利润分享等;间接薪酬包括公司为员工提供的各种福利,如保险、免费工作餐、带薪休假、娱乐设施等。非经济性报酬无法用确切的数量概念衡量其大小,属于非物质性因素,主要指工作环境与组织环境,为员工提供的培训学习等发展机会,组织管理与组织文化以及组织发展带来的机会和前景等。

有效的薪酬激励是由以下几个要素构成的:

(1)公平合理的薪酬结构

薪酬结构是对同一组织内部的不同职位或者是技能所得到的薪酬进行的各种安排,是依据公司的经营战略、经济能力、人力资源配置战略和市场薪酬水平等为公司内价值不同的岗位制订不同的薪酬水平和薪酬要素,并且提供确认员工个人贡献的办法。如何建立公平合理的薪酬结构,进而发挥薪酬的最佳激励效果,以求企业能够有效地吸引和留住人才,实现企业的可持续发展,是企业薪酬决策的一项非常重要的工作,主要包括以下几个方面:

①建立基本薪酬支付的客观标准。组织基本薪酬的确定机制可以分为以工作为中心或以人为中心两大类。职位薪酬体系是一种以职位或工作为基础的基本薪酬体系,根据职位或工作的性质及其对组织的价值来决定某种职位或工作的薪酬水平。技能、能力薪酬体系则是一种以人为基础的基本薪酬体系,个人为组织作出贡献的能力在薪酬决策过程中起主导作用,它所关注的是员工对组织作出贡献的能力的提高。这两类确定机制各有利弊,根据

组织自身的特点和价值理念选择适合自己的模式。值得注意的是,选择任何一类基本薪酬支付标准时,都要能够体现职位或技能的价值差异与薪酬差异之间的对等关系,即职位与员工价值的大小。

②确立合理的薪酬等级制度。基本薪酬的确定机制反映的是组织的一种价值取向,确立薪酬等级制度是建立在此基础之上的,主要是指根据具体工作的复杂程度和责任大小,将工资划分为不同的级别,工作性质不同,划分方式则不同。薪酬等级制度的类型可以包括能力薪酬制度、工作薪酬制度和综合薪酬制度。

③合理分配各薪酬模块的比例。员工的薪酬可以由多个模块构成,包括基本工资、奖金、福利、股权等。组织可以将员工按照高层、中层和基层进行分层,同时,还可以根据工作性质的相似程度,将职位划分为行政、生产、技术和销售等类型。在进行薪酬激励时,根据不同层次和不同类型的员工,薪酬模块的构成以及各个构成部分之间的比例关系可以不同,既表现薪酬体系的职位差异化,又可以充分体现各个模块的职能,为员工提供多渠道的薪酬增长空间,以有效激励员工。

(2)灵活的激励薪酬制度

激励薪酬也称为可变薪酬,是根据员工的工作结果或者预先设定的工作目标而给予奖励的一种薪酬体系,它既需要根据员工实际的工作结果来支付,也侧重对员工未来行为和绩效的激励。根据激励对象和激励目标的不同,可以分为三大类型,个人、团队和全员激励薪酬。个人激励薪酬是对员工个人绩效的奖励,它是从早期的计时与计件工资发展而来,以后逐步发展成为以个体绩效为基础的付薪形式;团队激励薪酬是对部分员工群体进行薪酬激励,包括收益分享、部门激励、团队或小组激励等薪酬形式;全员激励薪酬,是基于企业全体员工绩效的奖励,包括利润分享、股票期权等薪酬形式。

(3)建立自助式福利体系

只有满足需要的东西才会引起员工的兴趣,达到激励员工的目的。福利设计也要遵循这个原则。员工需求在不同阶段、不同时期有显著差异,比如年轻员工会在直接工资和晋升机会、发展机会等方面有较大期望;而随着年龄的增大,员工可能更加关注间接工资、生活质量等方面。所以在控制薪酬总成本的前提下,如果设计出更灵活的薪酬方案,建立自助式福利体系,将会更有激励效果。自助式福利也称弹性福利、菜单式福利等,可以令激励个性化,员工可以从公司所提供的各种福利项目中选择最适合自己当前需要和状况的福利方案。

总之,薪酬激励机制是现代企业人力资源管理的核心问题,是一个非常重要、也很容易为管理者运用的激励方法,企业管理者必须认识到薪酬对激励员工的重要意义,建立科学合理的薪酬激励机制,发挥薪酬的最佳激励效果。

(4)非物质激励的灵活运用

一方面应该尽可能实现薪酬本身的激励作用,拉大薪酬层级内部幅度设计;另一方面,应该采取一些货币薪酬之外的激励方式,比如,学习培训、自助式福利、弹性工作时间等。这主要是因为,虽然薪酬具有很强的激励作用,但是当薪酬能够满足一定水平的生活需要时,经济性薪酬的激励效果大大降低,尤其是一些对于自我实现要求比较强烈的员工,单纯的物质激励已经没有太大的吸引力。如果组织不提供其他的非物质激励方式,很容易导致员工心理倦怠。所谓非物质激励,是指通过非货币形式激励手段,激发员工工作动机,使之产生实现组织目标的特定行为的过程,它主要从精神层面来提高员工的自觉性、主动性和首创性,挖掘员工潜能,以实现员工和企业的价值。除了前面介绍的工作激励之外,还有一些常见的非物质激励方式,具体如下:

①尊重与认可激励。需要别人的尊重和认可,是员工一般的心理要求,特别是能够得到领导的尊重和认可,员工就会有一种愉悦的心理体验,而这种心理体验会提高员工的忠诚度和工作积极性。

尊重基层员工的人格,需要注意以下几点:

第一,用建议的口吻给员工下达指标。建议性指令方式会使员工产生被重视的感觉,同时也会引起他对指标的重视。

第二,将员工的名字常挂在嘴边。这是使员工觉得他们重要的最有效地方法。在一个企业中,一个中高层管理者记住了下属的名字对员工们来说就能带给他们心理上的满足与精神上的激励,他们的工作热情会被带动起来。

第三,有事找员工商量。让员工参与企业的某些决策,尤其是与他们利益相关联的事务,会使员工产生积极的归属感与主人翁意识,并且能够带动他们工作的积极性。

第四,正确处理功劳与责任的归属。不要随意占有他人的劳动成果,对于员工来说,他们是非常看重工作成果的。企业所创造的业绩,应该由其中的每一个人来共同分享,管理者不应该成为功绩的占有者,这样会打击员工的工作热情。与之相反,在承担责任时,管理者应首当其冲,应做出表率,勇于承担责任,这样才能培养员工自觉承担责任的意识。

尊重基层员工的劳动,即认可基层员工对企业的贡献。作为每一个员工来说,他们都在为企业的发展作贡献,作为企业的管理者,一定要尊重基层员工为取得劳动成果而付出的心血和代价,要及时对员工的工作成果进行肯定和嘉奖。

尊重基层员工的意见。作为激励的实施者即相关的管理者,要经常和员工进行思想交流,要重视和尊重员工提出的意见,这也会让他们感受到尊重。

②沟通激励。沟通激励包括工作上的沟通和生活上的沟通。实施过程中要注意以下几点:

第一,工作上要充分沟通。基层员工只有明确了工作内容、上级下达的任务指标等,才能很好地完成工作职责内的任务,这应该是相关的管理者或者激励的实施者应该做到的。

第二,采用关怀激励,在生活上关心基层员工的需要。这需要激励实施者与员工进行充分的沟通,发掘其特殊需要,并帮助其解决。例如,有些老员工对子女问题十分关注,有些员工在住房、家庭生活、身体健康等方面存在困难,如果企业的领导者能够关心员工的这些生活问题,并能提供相应的帮助,会对员工起到强烈的激励作用。

③信任激励。首先,对基层员工本职工作进行授权,允许员工适当安排自己的工作进程,允许员工对工作内容产生质疑并加以改进或完善等;其次,不要干涉基层管理者的职权,中高层管理者应尊重基层管理者的决策。

④能力提升和晋升激励。

第一，企业为基层员工提供轮岗机会，让他们全面接触企业的业务，拓宽基层员工的工作范围，从而提升基层员工的整体素质。

第二，工作内容丰富化。同一个岗位，增加其工作的广度和难度，同样可以锻炼员工的能力，使其得到提高。

第三，为基层员工提供技能和能力培训。培训是能力提高最直接也是最有效的一种方式，企业应该注重基层员工技能和能力方面的培训，这不仅可以有效地提高劳动生产率，还能够对员工起到激励作用。

⑤培训激励。企业要建立有效的培训制度，加强员工培训需要的调查研究，采取科学有效的方法进行培训，并切实提高培训效率，由此全面调动员工工作的积极性。给予员工培训激励能够很好地调动他们学习的积极性和主动性，并全面提升自身素质。

⑥参与激励。当企业要作出决策或者制订计划时，广泛征求员工的意见和建议，不仅能够激发员工的潜力，还能够使员工产生强烈的责任感，真正感觉到自己与企业的命运息息相关，从而自觉热情地为企业工作。

【案例分析】

1.薪酬的作用

施迪闻是富强油漆厂的供应科科长，前一阶段，常听施科长说："咱厂科室工作人员的那套奖金制度，是彻底的'大锅饭'。奖金总额不跟利润挂钩，每月按工资总额拿出5%当奖金，说是要体现'多劳多得'原则，可是谈何容易，总共就那么一点点，还玩得出什么花样？"

最近，施科长说："上个月，我去参加管理干部培训班。一位教授作演讲，说企业对职工的管理，不能太依靠高工资和奖金。钱并不能真正调动人的积极性。能影响人积极性的因素很多，最要紧的是'工作的挑战性'，要给自主权，给责任；还有什么表扬啦，跟同事们关系友好融洽啦，工资和奖金是摆在最后一位的，最无关紧要。

"那教授还说，这理论也有人批评，说那位学者研究的对象全是工程师、会计师、医生这类高级知识分子，对其他类型的人未见得合适。

"回到科里，正赶上年末工作总结考评，要发年终奖金了。我那科里，论工作，就数小李最突出。我把他找来，先强调了他这一年的贡献，特别表扬了他的成就，还细致讨论了明年怎么能使他的工作更有趣，责任更重，也更有挑战性……最后才谈到这最不要紧的事——奖金。我说，这回年终奖，你跟大伙儿一样，都是那么多。

"可是，小李蹦了起来说：'什么？就给我那一点？说了那一大堆好话，到头来我就值那么一点？得啦，您那套好听的请收回去送给别人吧，我不稀罕。表扬又不能当饭吃！'

"这是怎么一回事：美国教授和学者的理论听起来那么有道理，小李也是知识分子，怎么就不管用了呢。"

（资料来源：黄雁芳，宋克勤.管理学教程案例集［M］.上海：上海财经大学出版社，2001：163-165.有删减）

讨论:

1.你对教授说的"钱并不能真正调动人的积极性"如何理解?

2.请根据薪酬激励,分析小李生气的原因。

2.他们到底需要什么?

帕特·利弗勒是美国中西部一家中型制药厂中负责生产和运作的副总裁。帕特拥有化学的博士学位,但是在这20年中,他从来没有亲自参与过研究和开发新产品的工作。从学校毕业以后直接进入了管理工作。公司并不存在员工离职的问题,但是对于帕特和其他高层管理人员而言,很明显,自己的员工仅仅是在8小时的时间内完成分内的工作,他们并没有充分发挥自己的潜能。帕特对于这样的情况非常失望,因为面对日益增长的成本,公司解决这个问题的唯一途径是提高员工的工作效率。

帕特请来了人力资源部门的经理,卡门·洛佩兹。面对一大堆图表,帕特说:"我们的员工到底怎么啦? 我们的薪酬调查的报告结果表明我们的薪水在同类行业中已经是最高的了,我们的条件是非常优越的。但是我们的员工还是不能得到激励。他们到底需要什么?"卡门回答:"我已经告诉你和总裁不止一次了,仅仅是钱、环境和福利还是不够的。员工需要其他的因素来进行激励。同时,我也秘密进行了一些随机的调查,他们告诉我,他们非常沮丧,不论他们多么努力地工作,他们得到同样的薪水,与他们那些吊儿郎当的同伴相比,他们晋升的机会也是相等的。"帕特回答道:"很好,你是激励方面的专家,我们应该在这个方面怎么做? 我们必须提高他们的绩效!"

(资料来源:鲁森斯.组织行为学[M].王垒,等,译.9版.北京:人民邮电出版社,2003.)

问题:

1.用一个或者几个过程理论来解释这个公司员工的激励问题。基于那些保密的调查的结果,你可以猜测一下这个公司员工的期望、效价以及不公正是什么? 帕特应该如何应对?

2.如果你是这个公司的人力资源经理,你应该如何回答帕特的最后一个问题?

【思考题】

1.需求、动机、行为之间有什么关系? 试阐述基本动机过程。

2.请结合实际,阐述期望理论、公平理论、强化理论的基本内容。

3.简述有效激励的一般步骤。

4.工作再设计的方法有哪些? 实行弹性工作制有何作用?

5.试述非物质激励的方法,以及在实际运用中需要注意的问题。

6.如何通过薪酬对员工进行激励?

【本章小结】

本章主要探讨什么是激励以及激励的原理,介绍过程型激励理论及运用,重点分析了激励在实践中的运用步骤及方法。主要内容包括:

1.对于人性的看法存在各种观点,包括理性模式和感性模式;行为主义的和人本主义的;"经济人""社会人""自我实现的人"和"复杂人"假设;以及"X 理论"和"Y 理论"等。任何一种单独模式都不足以解释清楚个人行为的各个方面。有效的管理者应该用"权变理论"做指导,来达到激励人的目的。

2.动机是一个过程,开始于个体生理上或者心理上的缺失,从而激发行为或者驱力使个体向着特定的目标而努力。

3.激励是指通过影响人们的内在需求或动机,从而加强、引导和维持行为的活动或过程。激励过程由需要、动机和行为三个主要部分组成,人的需要引起动机,动机引起行为,行为又指向一定的目标。

4.过程型激励理论主要包括期望理论,公平理论和强化理论。过程型激励理论研究的重点在于不但要判断一个人的动机,还需要知道动机是如何转化成为组织所希望的行为的,以便通过为这种转化提供相应的条件来引导员工的行为。

5.有效的激励一般包括四个步骤:①确定组织需要达到的激励目标;②诊断员工的绩效状况,并增强其工作动机;③制订有效的激励计划;④实现组织目标与个人目标的平衡。

6.激励的主要的方法包括:工作激励、绩效激励和薪酬激励三个大的方面。

【扩展知识】

程序公平和互动公平

20 世纪 70 年代中期开始,学术界开始重视对程序公正性的研究。这就引出了对公平的过程进行研究,也就是采用什么制度和方法来保证公平感的产生。研究人员发现,人们不但关心决策结果是否公正,而且非常关心决策过程的公正性。不少研究证明,如果员工认为企业的决策程序是公正的,即使决策结果对自己不利,员工往往也会接受这些结果。与强调决策的公平理论相比,程序公正理论用来检验制定决策过程的影响。被认识的规定和程度的公平,称为程序公正。

1975 年,瑟保特(Thibaut)和沃尔克(Walker)研究了法律程序中的公平问题,提出了程序公平的概念,认为只要人们有对过程控制的权利,不管最终结果如何,人们的公平感都会得到显著增加。这一理论的提出引发了对程序公平的研究,使组织公平感的研究进入了一个新的阶段。

1980 年,莱文瑟尔(Leventhal)等人把程序公平的观点应用到组织情境中。程序公平模式认为,当雇员认识到用来制定关于结果的分配方面的决策的程序是公平的时候,他们会受到更多的激励,会更卖力地工作。雇员受到激励,就会去实现决策制定过程中的公平以及决策自身的公平。

1986 年,毕斯(Bies)和牟格(Moag)开始关注分配结果反馈执行时的人际互动方式对公平感的影响,将其称为"互动公平"。他们发现,互动公平也会影响结果公平。人力资源管理中的互动公平指员工在与上级的人际交往中所感受到的公正待遇的程度。毕斯等人认为,程序公平从制度上保证了管理人员与员工之间双向沟通的实现,互动公平则侧重于这种沟通的恰当方式。管理人员真诚、礼貌、平等地与员工交往，能够提高员工感觉中的交往公平性。互动公平能体现管理人员对下属的尊重，有助于管理人员赢得员工的信任。

后来，格林伯格(Greenberg)又提出将互动公平分成两种：一种是"人际公平"，主要指在执行程序或作出决定时，权威或上级对待下属是否有礼貌、是否考虑到对方的尊严、是否尊重对方等；另一种是"信息公平"，主要指是否给当事人传达了应有的信息，即要给当事人提供一些解释，如为什么要用某种形式的程序或为什么要用特定的方式分配结果。

(资料来源:孙伟,黄培伦.公平理论研究评述[J].科技管理研究,2004(4).)

【管理能力训练】

训练一:工作动机测验

请在下列各题被选答案中选择最合适你的一项。

1.我认为一个人在事业上的成功主要取决于:

A.命运、机遇　　　　　B.奋斗　　　　　　　C.两者同等重要

2.我对生活、工作上遇到的矛盾、困难所持的态度是:

A.得过且过　　　　　B.创造条件,加以改善　　C.调整自己,努力适应

3.对挫折、失败和受到的不公正待遇总是:

A.悲观失望　　　　　B.总结教训,重新开始　　C.怨天尤人

4.对你来说,在兴趣相同的情况下,你喜欢:

A.轻松的工作　　　　B.紧张的工作　　　　C.体面的工作

5.对现任工作所抱的希望是:

A.干得和大家差不多就行了

B.干出成绩,出人头地

C.干得比一般人好,但不冒尖

6.你单位需要一个管理某项工作的负责人,你认为自己可以胜任这项工作,那么你:

A.当仁不让,积极争取

B.让干就干,不让干就算

C.没兴趣,让干也不想干

7.晚上9点突然停电,这时你正在读书,那你怎么办?

A.赶忙查询停电原因,设法排除故障

B.待在房间里等待来电

C.时间不早了,休息

8.你知道比你漂亮的姑娘(小伙子)正在追求你心爱的小伙子(姑娘),那么你:

A.向她(他)挑战

B.并不在乎,一如往常

C.心甘情愿,退避三舍

9.如果你在学习中有一门功课如物理,尽管你努力学习,但结果仍败给对手,你该怎么办?

A.在其他学科上竞争取胜

B.尽管不行还是继续干

C.感到不行,认输

10.下面是关于速度的几个词,请你选择一条比较喜欢的形容词。

A.百米冲刺

B.行驶在大街上的公共汽车

C.月光下的漫步

评分与解释:

题号 \ 答案(得分)	A	B	C
1	1	5	3
2	1	5	3
3	1	5	3
4	1	5	3
5	5	3	1
6	5	3	1
7	5	3	1
8	5	3	1
9	5	3	1
10	5	3	1

计算你的得分:

10~18分:成就动机弱。

19~38分:成就动机中等。

39~50分:成就动机强。

第 10 章　管理沟通

1.了解管理沟通的内涵,熟悉管理沟通的类型,掌握管理沟通的基本过程;

2.了解人际沟通的特点和功能,熟悉组织沟通类型;

3.了解人际沟通与组织沟通的障碍与策略;

4.了解冲突类型,熟悉和掌握冲突的处理方式;

5.了解信息技术对沟通的影响。

能力目标

1.能判断沟通中所存在的问题,并及时调整自己的沟通技能;

2.能够分析人际沟通障碍产生的原因,并能够采取合理的处理方式;

3.能够分析冲突类型,并能够采取适当的处理方式。

10.1　管理沟通概述

管理沟通对于每一位管理者而言,如影随形,无处不在,它是管理者职业生涯中的重要组成部分。

10.1.1　管理沟通的含义与作用

1)管理沟通的涵义与特性

(1)管理沟通的涵义

"沟通"一词源于拉丁文 communis,意为共同化,英文表示为 communication,在《美国传统双解词典》中的解释为:"交流、交换思想、消息或信息",即是说沟通是人与人之间传递信息、指令、感情或观念的过程。

管理沟通是指社会组织及其管理者为了实现组织目标,在履行管理职责,实现管理职能过程中的有计划的、规范性的职务沟通活动和过程。换言之,管理沟通是管理者履行管理职责,实现管理职能的基本活动方式,它以组织目标为主导,以管理职责、管理职能为基础,以计划性、规范性、职务活动性为基本特征。

（2）管理沟通的特殊性

首先，从管理沟通的性质看。虽然管理沟通是一种沟通，并且也一定是管理活动中的沟通，但正如沟通发生在任何其他情况下都会形成相应的沟通类型或形式一样，发生在管理活动中的沟通，必然会是一种独特类型或形式的沟通。这种类型的沟通是管理者在履行管理职责的过程中，为了有效地实现管理职能而进行的一种职务沟通活动。因此，管理沟通不仅是与管理有联系，其实它本身就是管理的内容。

其次，从管理沟通的内容看。作为管理活动之内容的沟通有别于任何随意的、私人的、无计划的、非规范的沟通。尽管管理沟通也可能是信息、思想、观点、感情、意见等任何内容的交流，但这些交流却与组织目标、任务和要求等密切相关。管理沟通的任何内容的实施和展开都是受组织目标导引的一种有计划的自觉的规范性的活动和过程。

第三，就管理沟通的形式看。管理沟通虽然也表现为诸如人际沟通、组织沟通、网络沟通等，但它更应该包括现代组织信息活动与交流的一般管理要求和现代管理方式在内。这意味着管理沟通不仅是一种活动，同时也是一种制度或体制。具体说来，就是组织结构的选择和组织制度、体制的建设要成为为了有效沟通和有利于组织特定管理沟通要求的形式或模式。

此外，就其必要性来说，管理沟通是管理活动的本质要求。一般地讲，就是组织大家共同完成某个任务，实现某种目标的活动过程。这个过程以持续的、复杂的、大量的沟通活动为基础，因此，管理沟通是管理者的基本职责之一，是管理行为的基本构成要素。不仅如此，管理沟通作为一种新兴的现代管理理念，在当代文化管理、软管理以及学习型组织、团队合作、忠诚、共赢、共同成长和复杂系统建构与运作等一系列新兴的管理理论与理念的支撑下，已经凸显为整个管理的核心内容。

2）管理沟通的作用

沟通不仅是一个人获得他人思想、感情、见解、价值观的一种途径，而且是一种重要的、有效地影响他人的工具和改变他人的手段。在以人为本的管理中，沟通的地位越发重要，管理者所做的每一件事都需要信息沟通。

管理沟通的作用可以从信息、情绪表达、激励和控制四个方面去理解。

①收集信息，使决策能更加合理和有效。沟通的过程实际上就是信息双向交流的过程，主管人员需根据信息作出决策。任何组织的决策过程，都是把信息转变为行动的过程。准确可靠而迅速地收集、处理、传递和使用信息是决策的基础。

②改善人际关系，稳定员工的思想情绪，统一组织行动。沟通是人际交往的重要组成部分，它可以解除人们内心的紧张等不良情绪，使人感到愉悦。在相互沟通中，人们可以增进了解，改善关系，减少不必要的冲突。

③通过多种途径来激励员工。沟通就是要使组织成员明确目标是什么、如何实现目标、如何改进等。目标设置和实现过程中信息的持续反馈和沟通对员工都有激励作用。

④控制组织成员的行为。组织的规则、章程、政策等是组织每一个成员都必须遵守的，对成员的行为具有控制作用。成员则是通过不同形式的沟通来了解、领会这些规则、章程、

政策的,因此,沟通对组织成员的行为具有控制作用。

10.1.2 管理沟通的基本过程

信息沟通必须具备四个要素:信息的发送者,信息的接收者,所传递的信息内容以及信息沟通渠道。图10.1描述了沟通的过程。

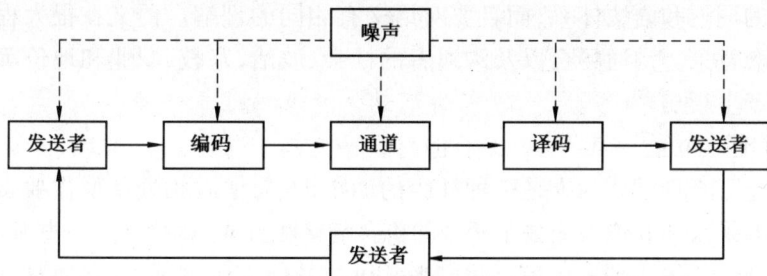

图10.1 沟通过程模型

沟通过程由发送者开始,发送者首先将头脑中的思想进行编码,形成信息,然后通过传递信息的媒介物——通道发送给接收者。接收者在接收信息之前,必须先将其翻译成可以理解的形式,即译码。发送者进行编码和接收者进行译码都要受到个人的知识,经验、文化背景和社会系统的影响。沟通的最后一环是反馈,是指接收者把信息返回给发送者,并对信息是否被理解进行检查,以纠正可能发生的某些偏差。整个沟通过程都有可能受到噪声的影响。所谓噪声是指信息传递过程中的干扰因素,包括内部的和外部的,它可能在沟通过程的任何环节上造成信息的失真,从而影响沟通的有效性。

管理沟通遵循沟通的过程模型,是管理者在履行管理职责的过程中,将管理内容通过各种方式和渠道发送给被管理者,被管理者在接收信息后,经过加工提炼,又将自己理解的管理内容发送给管理者,如此往复,达成共识,以实现管理目标的达成。在这个过程中,管理者的管理风格会影响沟通的往复,权威型的管理者倾向于单向沟通,民主型的管理者倾向于双向沟通,组织的制度、体制和文化会影响信息交流的过程,从而影响沟通的效果。

10.1.3 管理沟通的类型

1) 人际沟通

(1) 人际沟通的定义

人际沟通是人与人之间在共同活动中彼此交流思想、感情和知识等信息的过程。它是沟通的一种主要形式,主要是通过言语、副言语、表情、手势、体态以及社会距离等来实现的,是信息的双向流动过程。

(2) 人际沟通的特点

第一,在人际沟通中,沟通双方都有各自的动机、目的和立场,都设想和判定自己发出的信息会得到什么样的回答。因此,沟通的双方都处于积极主动的状态,在沟通过程中发生的不是简单的信息运动,而是信息的积极交流和理解。

第二,人际沟通借助言语和非言语两类符号,这两类符号往往被同时使用。二者可能一致,也可能矛盾。

第三,人际沟通是一种动态系统,沟通的双方都处于不断的相互作用中,刺激与反应互为因果,如乙的言语是对甲的言语的反应,同时也是对甲的刺激。

第四,在人际沟通中,沟通的双方应有统一的或近似的编码系统和译码系统。这不仅指双方应有相同的词汇和语法体系,而且要对语义有相同的理解。语义在很大程度上依赖于沟通情境和社会背景。沟通场合以及沟通者的社会、政治、宗教、职业和地位等的差异都会对语义的理解产生影响。

(3)人际沟通的功能

①心理功能。心理学认为人是一种社会的动物,人与他人相处就像需要食物、水、住所等一样重要。如果人与其他人失去了相处的机会与接触方式,就会产生一些症状,如产生幻觉、丧失运动机能、变得心理失调等。我们平常可与其他人闲聊琐事,即使是一些不重要的话,但我们却能因此满足了彼此互动的需求而感到愉快与满意。

②社会功能。人际关系提供了社会功能,且借助社会功能我们可以发展和维持与他人之间的关系。我们必须经由他人的沟通来了解他人。由沟通的历程,关系得以发展、改变或者维系下去。因此,在与某人做第一次的交谈后,可能会决定和此人保持距离或者接近他抑或远离他。

③决策功能。人类除了是一种社会的动物之外,也是一种决策者。我们时时刻刻都在作决策,不论接下来是否要去看电视,明天要穿哪一套衣服,或者该给对方一个微笑与否,都是在作决策。但有时可能是靠自己就能决定的,有时候却是和别人商量后一起作的决定。而沟通满足了决策过程中两个功能:一是沟通促进资讯交换,二是沟通能影响他人。而正确和适时的资讯是作有效决策的前提。有时是经由自己的观察,有时是从阅读,有时是从传播媒体得来的资讯,但也有时是经由与他人沟通而获得的许多资讯。借助沟通来影响他人的决策也很常见,如和朋友去买衣服,他的询问意见与你的传达意见之间的互动就可能会影响到结果。

2)组织沟通

(1)组织沟通的定义

组织沟通就是在组织结构环境下的知识、信息以及情感的交流过程,它涉及战略控制及如何在创造力和约束力之间达到一种平衡。

组织沟通具有明确的目的性,即影响组织中每个人的行为,使之与实现组织的整体目标相适应,并最终实现组织目标。作为日常管理活动,组织沟通按照预先设定的方式,沿着既定的轨道、方向和顺序进行。

(2)组织沟通的类型

①组织纵向沟通。这是组织内规章制度所规定的沟通方式,遵循组织结构的设置路径。根据沟通的方向,又可分为自上而下与自下而上的沟通方式。

自上而下的沟通方式,又称下行沟通,是指从较高的组织层次向较低的组织层次进行的沟通。通常,这种方式用于上级向下级传达组织目标、规章制度、工作程序,或者向下属指派工作任务、提供下级工作绩效的反馈、指出工作中需要注意的问题等。但这种沟通过于强调自上而下的等级差别,容易影响士气,造成下级参与意识减少,同时由于下级的抵触、曲解等因素会使传递的信息减少和歪曲。在实际工作中,常常辅以上行沟通的方式,以弥补其不足。

相反地,自下而上的沟通方式,又称上行沟通,则是指从较低的组织层次向较高的组织层次进行的沟通。通过这种沟通方式,员工向上级提供反馈,汇报工作进度,并告知当前存在的问题。但是如果信息的上传经过多个层次,往往也会使信息的许多细节在传递过程中丢失。上级应鼓励下级积极向上反映情况,只有上行沟通渠道通畅,上级才能掌握全面情况,作出符合实际的决策。上级应通过多种渠道如与下属座谈、设立意见箱、建立定期的汇报制度等,确保上行沟通通畅。

②组织横向沟通。组织横向沟通是指沟通信息在层级结构的同一水平上的流动,也称水平沟通。横向沟通经常发生在工作群体内部成员之间、两个工作群体之间、不同部门的成员之间以及直线部门参谋部门的员工之间。横向沟通的宗旨在于为组织协调与合作提供一条直接的渠道,使组织内不同部门间能够信息共享、相互协作,消除内部冲突,化解成员之间的矛盾,提高士气,增加员工满意度。由于水平沟通通常能节省时间、促进合作,因而保持信息的水平沟通,是组织沟通的一个重要手段。

③组织中的非正式沟通。纵向沟通和横向沟通都属于组织中的正式沟通,它们是通过组织中的正式渠道来进行的。在组织中,除了正式沟通之外,还存在大量的非正式沟通,这种无须经由管理层批准或认可,不受等级结构限制的交流往往比正式沟通更需引起关注。这种非正式沟通方式最典型的表现形式就是"小道消息"。由于小道消息的传递都是非正式的,比较难以查询信息来源,组织中的每个人都有可能成为小道消息的发送者和接受者。

与正式沟通相比,非正式沟通具有信息交流速度快、效率较高、能够满足员工情感需要和不确定性等特点。但由于信息来源的不确定性,夸大真实信息、散布谣言、传播员工抵触情绪等因素充斥其间,会对组织造成一定的消极影响,因此,在组织沟通中,管理者需要重视非正式沟通的负面影响。

3)网络沟通

(1)网络沟通概念

网络沟通涉及管理沟通的外部技术环境,是随着信息技术、多媒体技术、网络技术等的不断发展而日益丰富,特别是20世纪70年代以来出现个人电脑后,组织广泛应用计算机系统协助解决组织内部问题,至20世纪80年代中后期形成的一种崭新的沟通方式。其主要形式有电子邮件、网络电话、网络传真、网络新闻发布和网络聊天工具(如BBS、MSN 、QQ、手机微信)等。

(2)网络沟通特点

网络沟通是一个集成性的名称,包括了全部通过网络完成的、以解决管理问题为目的的沟通形式。这种网络沟通具有以下特点:

①沟通便利,节约成本。人们只要把计算机连通到网络上,就可以进行沟通,与传统书

面沟通相比,既节约了大量的成本,又大大提高了便捷性,具有很高的性价比。

②沟通信息立体、直观。人们可以利用 MSN、QQ、手机微信等工具进行语音、文字乃至视频聊天,可以通过视觉、听觉等进行同一时间、不同空间的信息交流,使信息沟通的方式立体、直观、全面。

③超时间性和超地域性。通过互联网,一台电脑可以将任何时间、任何地点的需要沟通的双方联系起来,不受时间、空间的限制,让人感觉地球真的是"一个村",这比以往任何沟通工具都更快捷方便。

④沟通双方互动性高。由于不受时间和空间的限制,沟通双方可以通过网络,在同一时间、不同空间直接进行面对面的信息交流;也可以在不同时间、不同空间进行留言互动。

(3)网络沟通的不足

尽管网络沟通有着过去沟通工具不可比拟的特点,但也存在着一些问题。主要体现在以下几点:

①横向沟通扩张,纵向沟通弱化。网络超越时空限制,可在横向层面认识很多人,也可以使很多人认识你,因此,人们可以利用网络扩大人际关系交往面。但由于人的精力是有限的,人际横向沟通的快速扩张,会大大弱化人与人之间的纵向沟通,使人与人之间的交往流于表面而不深入。

②网络语言流行,口头沟通受限。随着信息技术的不断发展,20 世纪八九十年代出生的"网上一代",网络语言盛行,与父辈之间越来越缺乏口头沟通,甚至一些年轻人沉溺于网络,在现实中缺乏正常的人际沟通能力,出现了各种心理问题。

③传统价值观和道德观受到挑战。网络在给人们的工作、生活和社会交往带来极大便利的同时,也产生了很多社会问题。比如,上网时间的过多、与异性相识的便利,对婚姻造成极大威胁;网上暴力游戏、色情电影以及色情服务等,对传统道德观的冲击很大。

④合理的个人隐私权受到前所未有的挑战。在传统社会中,个人隐私容易保密,但在网络时代,人们的生活、娱乐、工作、交往都会留下数字化的痕迹。如个人详细信息要求在论坛注册或在聊天记录里反映,有时甚至被"人肉"搜索而公开;一些不法分子甚至还会利用网络获取他人的隐私,进行伪造、勒索等违法活动。

10.2 沟通障碍与策略

10.2.1 人际沟通障碍与改善策略

1) 人际沟通障碍

人际沟通过程中,各种噪声的干扰构成了对组织成员有效沟通的挑战,信息从发出到传递、接收、反馈整个过程中失真,主要根源于人际因素、文化因素和结构因素所带来的威胁。

（1）人际因素障碍

人际因素障碍是指沟通中个体认知差异和个体间的关系所造成的沟通障碍。个体认知差异与个人人格特质、个体的知觉错误有关。个人人格特质会造成低适应、低社交、低责任心、低合作性以及低心智开放；而个体的知觉错误会导致高期望效应、知觉定式、晕轮效应、投射效应以及选择性知觉等，个体的各种知觉错误都会影响沟通中的信息发出到传递、接收、理解等过程。个体间的关系主要指双方的信任关系，这直接构成了有效沟通的可依赖性，双方的相似程度与信息的可靠性和准确性也有直接关系。

（2）文化因素障碍

文化是人类各种行为背后的驱动力，文化的差异会造成人际沟通的障碍。人际沟通中不同的个体会受到来自不同国家、地区、行业、组织、性别、人种乃至工作团体之间不同文化内涵的影响，不同文化的差异通过自我意识与空间、交流与语言、衣着与打扮、食品与饮食习惯、时间与时间意识、各种不同的季节观念、人们的各种关系、价值观与规范、信仰与态度、思维过程与学习、工作习惯与实践等方面表现出来。如中国人看重"关系"，强调亲情、乡情；而德国人看重个人专长和绩效，强调工作任务的明确性。在沟通中，这种不同文化会带来人际沟通的障碍。

（3）组织结构因素障碍

组织结构因素包括地位差别、信息传递链、团体规模和空间约束四个方面。研究表明，地位差别是沟通中一个重要障碍，地位的高低对沟通的方向和频率有很大影响；一般而言，信息通过的等级越多，到达目的地的时间也越长，信息失真则越大，即是说，信息传递链越长，从上到下或从下到上的信息沟通越困难；当组织团体规模越大时，组织结构的层级和幅度会增加，人与人之间的沟通就会相应的变得较为困难；组织的空间约束不利于员工之间的交流，限制了员工的沟通。一般来说，两人之间的距离越短，人们交往的频率也就越高。

2）人际沟通策略

（1）克服认知差异

为了克服认知和语言上的差异，发送者在发送信息时，需要使发送的信息清楚明白，尽量使不同接收者都能够理解。这就要求信息发送者在发送信息前，了解信息接收者的背景、文化程度、工作性质甚至性格特点，尽量设身处地地从接收者角度看待问题，以缩小人际沟通中双方认知上的差异。为了克服语言上的差异，要求在人际沟通中，接收者确认或重复信息要点，以确保接收到的信息与发送的信息一致。接收者可对不清楚的信息提出疑问或加以澄清，以保证信息在传递过程中没有发生变异。

（2）抑制情绪化反应

情绪化反应是指愤怒、爱、戒备、憎恨、嫉妒、恐惧、窘迫等情绪体验，这些情绪会影响信息在传递过程中的受损或失真。处理情绪因素的最简单方法就是暂停沟通，等待情绪恢复到正常。在管理沟通中，管理者需要注意控制自己的情绪变化，同时也要关注和预期员工情绪的变化，并做好处理的准备。

（3）获取沟通的信任

人际沟通中，沟通一方是否接受另一方发送的信息，认同发送者的观点和行为，很大程度上取决于沟通双方的信任。而信任不是一朝一夕产生的,而是沟通双方在长期的工作、学习过程中,在沟通的特定环境下建立起来的。这就要求人们在人际关系中,注重建立双方相互尊重平等、诚实可信的关系,以提高人际沟通的可信度。

(4)保持积极倾听和建设性反馈

积极倾听不是被动地听,而是集中精力对信息进行主动搜寻。在积极倾听中,信息的发送者要根据接收者接受信息的反馈,调整和寻找易于被接收者接受的信息。这里,"倾听"是关键,"反馈"是必然。

10.2.2　组织沟通障碍与策略

1)组织沟通障碍

与人际沟通一样,组织沟通过程中各种噪音也会干扰组织沟通的有效性,除了人际因素、文化因素和组织结构因素这些一般因素外,正式的沟通渠道、组织的权力结构、工作专门化以及"信息所有权"这些特有因素也会影响组织沟通的有效性。组织沟通障碍通常体现在如下几方面:

(1)管理者的沟通风格与情境不一致

管理者沟通风格有命令式、指导式、支持式、授权式,任务的性质又因时间要求、复杂程度的不同而表现得不尽相同,二者的不同组合会带来不同的沟通效果,如果匹配不当,沟通效果便会难以如人所愿。

(2)接收者沟通技能方面的差异

对员工而言,沟通技能之一是理解力,由于员工在组织内部工作的时间长短不一,员工的理解力也存在个体差异,因此,员工的沟通技能也存在着差异。对一个新员工采取简单的命令方式进行沟通,可能造成员工误解信息或对信息一知半解,致使沟通失败。

(3)沟通各方心理活动的制约

在下行沟通中,管理者往往注重向下发号施令,仅仅关注自己想传达的内容,而无视员工是否接收到了信息、是否理解了信息,不希望从员工那里得到任何反馈。而在上行沟通中,员工会因为利益、管理者官僚作风等因素,选择一些管理者喜欢接受的信息,使信息失真。

(4)不善倾听

组织沟通中,管理者与员工都急于表现自己,以达到邀功请赏的目的。于是,更多的人习惯于"说话"而不是"倾听",在别人说话时,还会常常打断别人的话题,说一些无关痛痒的话。

(5)草率评判

很多时候,信息接收方在与对方交谈时,不是试图去理解对方的意思,而是试图进行评判,或进行推论和引申。有时,在没有充分理解信息的情况下就妄下结论,在内心表示赞同或否定,这样的沟通效果可想而知。

(6)封闭式企业文化

一般情况下,一个组织中的沟通渠道,下行渠道较为畅通,而上行渠道多数却不够畅通,因此,组织中多数员工是没有机会发出大量信息的。即使有员工发出信息,但由于组织内部的沟通机制不健全,员工发出的信息,要么需费很大的周折才能达到管理层,要么石沉大海、音讯渺无。

(7)部门本位主义

由于不同部门的目标与任务不一样,这就势必造成不同部门的员工与部门经理,会为了自身部门的利益,强调本部门的业绩,不会从组织整体角度看待本部门在组织中的地位和作用,以及相应的利益,从而影响组织沟通协调效果。

2)组织沟通策略

(1)管理者与员工共享重要信息

管理者与员工共享重要信息是管理纵向沟通的有效方法。在传统组织中,下行沟通的致命弱点是具有单向性,自上而下,让员工完全处于被动接受信息的地位;而上行沟通中,员工信息传递的渠道往往不畅通,管理者与员工的诉求有时不一致,都可能造成双方沟通的失败。管理者与员工共享重要信息,能够营造上下级沟通的良好氛围,通过"共享信息",让管理者与员工对完成工作任务的干扰和障碍有着比较一致的认识,形成"授权"与"反馈"局面,从而调动员工的工作积极性,改善沟通低效的状态。

(2)进行团队对话

团队对话被认为是现代组织内横向沟通的重要形式。团队是两个或两个以上相互作用和协调以便完成组织预定的某项特别目标的单位。美国著名的管理学教授斯蒂芬·罗宾斯认为,团队(TEAM)是为了实现某一目标而由相互协作的个体所组成的正式群体。

进行有效的团队对话,首先,要建立团队沟通规范,排除障碍。沟通规范就是形成清楚的惯例,如轮流发言、积极倾听、通过提问帮助别人理清思路等;避免对发言者评头论足、对话题不感兴趣、开小差、感情用事等不良习惯。其次,促使成员参与沟通,使每个成员都得到说话的机会,保持成员平衡心理等,创造一个更有利于平等沟通的氛围。其三,成功引发团队沟通话题,进行合作性分析等。

(3)积极倾听

在沟通中,言谈是最直接和最重要、最常见的一种沟通途径,有效的言谈沟通很大程度上取决于倾听。有人发现,具有良好倾听技能的人往往可以在工作中自如地与他人沟通。组织中成员的倾听能力是保证有效沟通的必要条件,作为个体,要想在组织中获得成功,倾听是基本要求。

在组织沟通的过程中,除了要掌握有效倾听的基本技巧外,还要注意顺利转换倾听者与说话者的角色。对于在课堂上听讲的学生来说,可能比较容易形成一个有效的倾听模式。因此,此时的沟通完全是单向的,教师在讲而学生在听。在大多数组织活动中,听者与说者的角色在不断地转换。积极的倾听者能够使从说者到听者以及从听者再回到说者的角色转换十分流畅。从倾听的角度而言,这意味着全神贯注于说者所要表达的内容,即使有机会也不去想自己接下来要说的话。有研究表明,成功的经理人大多是很好的倾听者。

10.2.3　组织冲突与管理

1)冲突的基本类型

冲突对任何组织而言都是难免的,是发生于对稀缺资源分配方式的分析以及不同的观点、信念、行为、个性的冲撞,一般认为是相互作用的主体之间存在着不相容的行为或目标。托马斯等人的一项调查表明:企业中的管理人员处理冲突的时间大约占他们工作时间的20%。这说明管理冲突的能力可以说是管理者的基本素质。

按冲突发生的层次,冲突可以分为以下几种基本类型:

(1)内心冲突

内心冲突发生在个体本身,常常涉及目标、认知和情感的冲突,一般发生于个人面临多种选择而犹豫不决时。有三种情形:其一,接近的冲突。个体在两个或两个以上的方案中做出选择,每个选择都有积极成果,即"鱼和熊掌不可兼得",只能取其一。其二,接近—规避冲突。个体在选择时,对选择的结果利弊难以权衡,使其内心冲突。其三,规避的冲突。个体在面对两个消极结果的选项时,只能二选一,即所谓"两害相权取其轻"。

(2)人际冲突

人际冲突是指两个或两个以上的个人在态度、行为或目标上存在分歧所产生的冲突。可以通过"囚徒困境"案例来解释这种冲突。

"囚徒困境"讲的是:两名嫌疑人被分别关押起来,当地的检察官知道他们犯有某种罪,却没有足够的证据判定他们有罪。在检察官面前,这两名嫌疑人必须作出选择:要么招供,要么不招供。现在的情况是:如果他们俩谁都不招供,将被指控犯非法拥有枪支罪,这样,两人所受的惩处都不会太重。如果他们俩都招供,那么两人都将依法受到严惩。如果一个人招供,另一个人不招供,招供者轻判,不招供者重判(具体量刑情况见表10.1)。这两名嫌疑人作案前曾商定守口如瓶,这样他们可以得到最轻的刑罚。但是,被逮捕后,他们俩左思右想,越想心里越不踏实:万一对方招供了,自己不招不就会被重判吗?于是,最终的结果是:两个人都招供了,并都被判6年监禁。

表 10.1　嫌疑人的选择与结局

甲的选择	乙的选择	甲的结局	乙的结局
招供	招供	判6年监禁	判6年监禁
招供	否认	判1年监禁	判10年监禁
否认	招供	判10年监禁	判1年监禁
否认	否认	判3年监禁	判3年监禁

这种情形具有人际冲突的许多特征。首先,每个人的结果取决于他人做什么;其次,这一困境强调了个人行为与联合行为的差异。对每个人来说,采取招供的态度对自己最为有利,然而,要想得到最好的结局,最佳的选择却是两个人都不招供。这一困境隐含了人际沟

通中的一个很重要的基础,即相互间的信任。

（3）团体之间的冲突

这是组织内团体之间由于各种原因而发生的对立情形。团体之间的冲突通常有垂直冲突、水平冲突、指挥系统与参谋系统的冲突、正式系统与非正式系统之间的冲突四种形式。它可能是同一团体内部成员之间的冲突,导致成员分化成两个或更多个小团体,从而把团体内的冲突转化为团体间的冲突;也可能是两个不同团体内的成员,由于个人冲突逐渐升级而成。

（4）组织层次的冲突

任何组织都不是孤立存在的,都与其他组织共存于一个更为广泛的环境系统中。为了生存和发展,组织必须与外界环境之间进行各种要素的交换,并在交换过程中求得一种动态平衡。但由于不同组织的性质、发展目标、利益诉求不一致,相互之间就会发生各种各样的冲突。如企业与其竞争对手之间的冲突,各个政党与其对手之间的竞争等。组织的外部冲突往往会影响组织内部冲突。

2）冲突的管理

（1）人际冲突的管理

个体对待人际冲突大致有五种不同的处理方式,即回避、对抗、妥协、迎合及合作。在处理人际冲突过程中,采取何种方式,主要取决于冲突个体本身的需求或目标。这五种冲突处理方式代表着自信与合作的不同程度的组合。

①回避。回避是一种消极对待冲突的方式。有些人在实现目标的过程中,由于害怕冲突的产生或是冲突让其不舒服,于是采取回避的方式。这种处理冲突的方式属于不自信且不合作型。人们运用这种方式来远离冲突,对不同意见者置之不理或保持中立,这种做法也许是为了让冲突自生自灭,也许是为了避免紧张与挫败感。有时候这种回避方式有利于避免冲突的升级,但对于重要问题采取回避态度,或置之不理,是不明智的做法。过多的运用这种方式,会导致他人对你的评价降低。

②对抗。有些人在面对冲突时采用针锋相对的处理方式。他们往往看重自己的目标或需求,并不考虑冲突中其他人的目标或需求。对抗者通常将冲突看成是一场胜负的较量,并且总认为自己是赢家,这种想法不利于较好的解决问题。这一冲突处理方式属于自信但不合作型。它是人际冲突中的"赢—输"处理模式,有时候能够帮助达成个人目标,与回避方式一样,这种方式也容易导致他人对你的评价降低。

③妥协。妥协者在面对冲突时,既不像回避者一样回避,也不像对抗者一样对抗,而是倾向于采取平衡不同观点、利益的"给予—获取"方式来解决冲突。在妥协过程中,由于各方可以将损失减少到最低限度,同时又能够有所收获,因此,这种方法往往能够奏效。这一冲突处理方式属于基本合作和较自信型,它涉及谈判和让步。妥协在冲突处理中被广泛运用,与他人妥协的人往往得到好评。

较之合作方式,妥协方式不追求双方的最佳满意度,而是取得各方适中的、部分的满足。在竞争过程中,应该根据具体情况采用妥协的方式,一味的妥协并不能真正解决问题。

④迎合。许多需要被人喜欢并有较高合群需要的人,以及那些真正关心他人需要的人,

更愿意采取迎合方式来解决冲突。这种策略的特点是把对方的需求放在高于自己的位置，以求维持和谐的人际关系。这一冲突方式属于合作但不自信型，是对他人愿望的一种服从，往往会得到他人的好评。但容易给人软弱与顺从的印象。

⑤合作。以合作的姿态来处理冲突是一种十分理想的冲突处理方式，它代表了冲突解决中的"双赢"局面，即既考虑了自己的利益，也考虑了他人的利益。这一冲突处理方式属于合作且自信型，持合作态度的人通常有几个特点：一是认为冲突是客观的、有益的现象，处理得当会有利于一些问题的解决；二是相信对手；三是相信冲突双方在地位上是平等的，并认为双方的观点都有其合理性；不会为了局部利益而牺牲整体利益。

（2）工作冲突的管理

①工作冲突的避免。管理者在日常的管理工作中，许多冲突是可以避免的。要想避免管理过程中的冲突，管理者需要做到以下几点：其一，承认下属在价值观、人生观、需求等方面的个体差异性，并尽量了解之；其二，诚实做人，善待他人；其三，学会倾听；其四，学会换位思考；其五，为下属发表看法和意见提供适当的渠道；其六，善于从以往的冲突处理中总结经验教训。

②工作冲突的处理。在管理过程中冲突很难避免，一旦发生冲突，管理者就应该采取积极的措施处理冲突。根据不同情况，工作冲突处理的方式可以有以下几种：

一是否认或隐瞒。这种方法是通过"否认"工作中存在冲突来处理冲突，当冲突不大严重或冲突处于显露前的平静期时，此方法比较有效。

二是压制或缓解。掩盖矛盾，使组织重新恢复和谐，这种方法只有在冲突不太严重，或者冲突双方为了和谐不惜一切代价保持克制时才会有效。

三是支配。靠权威或地位来影响冲突的一方或双方，以调解冲突双方的矛盾，这种方法只有在权威确有影响力时，冲突双方都同意采用时才会有效。

四是妥协。此种方法要求冲突双方都有和解的愿望，都愿意作出一定让步时才会有效。

五是合作。在承认差异前提下，通过坦诚交流、积极倾听、充分理解，以双赢的方式处理冲突，让冲突双方都觉得自己是受益者。这种方法要求有足够的时间做保证，使冲突双方能相互信任。

（3）通过谈判解决冲突

谈判是两个或两个以上的既有冲突又有一致利益的个体，相互交流沟通，就某些重大问题磋商以求达成可能协议的过程。谈判可分为零和谈判与双赢谈判。

零和谈判是有输有赢的谈判，一方所得就是另一方所失，零和谈判的成功，在于谈判的双方都有弹性并存在重叠区，重叠区就是双方和解达成协议的基础。谈判双方只进行谨慎的交流，不完全信任对方，甚至欺骗、威胁对方以达成目的。

双赢谈判是指谈判的双方都受益的谈判，这种谈判要求双方相互了解，相互信任，并在此基础上开诚布公，在了解对方需求、自己利益前提下达成共识，从而建立起牢固的长期合作的关系。

10.3　管理沟通与信息技术

技术,尤其是信息技术——利用电子计算机和现代通信手段获取、传递、存储、处理、显示信息和分配信息的技术,从根本上改变了组织沟通的方式。20世纪90年代以来,现代信息技术和以因特网为特征的网络技术获得了革命性的突破,这为现代管理沟通提供了无与伦比的强大信息技术支持。

10.3.1　信息技术对沟通的影响

信息技术的迅猛发展以及全球竞争的日趋白热化,对未来组织的管理沟通实践提出了莫大的挑战。信息技术的普及与虚拟组织的出现使未来组织的管理沟通不再受时空限制,为更广泛、更频繁的组织内外沟通与交流创造了良好的条件。

1) 基于信息技术的沟通特点

信息技术的迅猛发展,缩短了人们空间和时间的交往距离,使沟通理解变得容易。具体来看,基于信息技术的沟通具有以下几个特点:

(1) 形式多样

从沟通形式上看,电子沟通的形式具有多样性,具有电子邮件、网络新闻、网络论坛、博客、即时通信、网络传真、电子会议等多种形式。

(2) 信息传递迅速、准确

从信息传递速度上看,电子沟通加强企业即时输出和即时回收信息的能力。这不仅有利于组织结构扁平化,减少信息传递层次,还使信息更加透明,责任更加明确,不易产生误解。

(3) 范围广

从沟通的范围看,电子沟通实现了远距离、跨地域的即时沟通。员工不必非要到固定的工作场所工作,不仅可以在家办公,还可以实现随时随地的移动办公。在组织内部,信息技术使员工在企业内可以实现跨级纵向层级工作,缩短层级间的沟通距离。

(4) 成本低

从沟通的费用看,基于信息技术的电子化、多媒体化沟通方式由于打破了时间、地域的限制,相对于传统沟通手段,沟通即时且费用低廉。尤其是网络技术与视频技术的结合,视频会议的采用取代了传统会议,可实现随时随地跨地域空间的"口头"沟通。

在信息技术不断发展的今天,信息技术对管理沟通的影响已不可忽视,企业引入先进的信息技术也成为必然的趋势。对于企业而言,现代信息技术的应用还需要相关软件的配合使用,两者相互促进,才能极大地改变传统组织内部的信息沟通模式,促使组织决策的有效性和及时性。

2）基于信息技术的沟通的局限性

信息技术的发展和应用为人际交往赋予了更多的内涵，但在这一辉煌成就的背后，信息技术也为人们的社会生活带来一些消极的后果。如削弱了人际交往的互动性、降低企业文化与价值观认同等。

信息技术的发展造成了人际互动的间接化和人与物的相对隔离，人际沟通关系从"人—人"到"人—符号—人"非同步的互动转变。这一转变一方面带给人们虚拟空间里新的自由，但也可能促使人们借助这一便利违反道德。而对于那些善于口头表达，而运用计算机技术技能相对较差的专家而言，信息技术下的沟通也可能会影响他们的思维。员工们通过信息通讯手段进行沟通，彼此之间会产生一定的距离，这些距离与隔阂感最终会对企业的文化建设产生很大的影响，导致企业的价值观、经营理念、团队合作以及企业精神难以形成，企业缺乏凝聚力和竞争力，最终会妨碍企业的长久发展。

10.3.2　基于信息技术的沟通策略

1）不应放弃面对面的交流

随着互联网和电子邮件的普及，管理者越来越依赖这些信息技术传递信息，然而面对面的交流仍然是最重要的管理沟通方式。因为，网络沟通并不能代替直接交流，在直接交流中可以观察到对方的面部表情等肢体动作，能够确保沟通的有效性和反馈的及时性。

多诺是一家公司的业务主管，即将晋升为部门经理。由于赏识他的总经理调离，换了新老板后，他的任命被耽搁了下来。多诺暗中了解到，原来公司里有些人在造他和前总经理的谣，说风情万种的前任总经理要提拔他，是因为他与前总经理关系暧昧。这些谣言自然传到新来的总经理耳朵里，使得新老板对他不冷不热。多诺感到很委屈，可这事又不好直接向新老板挑明，唯有加强沟通才能消除误解。一天，多诺利用午休时间主动和老板交流。闲聊之中他把自己的经历和工作情况向老板做了汇报，并说明自己工作经验不足、涉世不深，希望老板多多批评指教。这次交流以后，老板也特意留意了一下他，发现他确实是个不错的人才，对他的态度也有了改变。在有意无意的沟通中，老板觉得他并不是一个随便的男孩，行为举止得体大方，并且待人真诚得体，业务能力也强，于是便签发了对他的任命书。人际沟通解决好了，成功的机会也就会自然而然地多起来。

2）重视网络沟通的影响面

由于网络沟通的特点，网络环境下的管理沟通就像在一个个相对静止的池塘中扔一块石头，会产生"一石激起千层浪"的连锁反应。对与你靠得最近的一圈，也即你的直接上司、部下或一起工作的同事，必须准确识别、了解并理解其沟通风格和交流方式，以减少沟通障碍。同时，作为管理者，还得考虑自己的沟通风格与交流方式对圈外成员的影响。在沟通过程中，为了使管理沟通更为顺畅、有效，应该把沟通对象视为合作伙伴，彼此尊重，为沟通的顺利进行打下良好的基础。

3）运用新技术时注意保护企业网络安全

人们面临电子通信和网络交流时代的到来。如前所述，在网络沟通环境下，企业有更多的机会获取竞争信息"为我所用",同时,企业自身的信息安全也面临更大的挑战。温州某眼镜企业因企业邮箱账号被盗,客户信息与来往信件全部被黑客截获。黑客趁机注册"钓鱼邮箱",告知海外客户收款方式变更,导致该眼镜企业损失了13万美元的货款。263企业邮箱产品经理、国内知名安全专家张晓丹表示,目前大部分的网站都需要登录账号与密码,用户为了便于记忆往往会选择使用同样的密码,但却为黑客留下了可乘之机。账号、密码可以说是安全防护最为基础的措施。企业在使用新技术的过程中,应该注意保护自己的网络安全。

4) 重视个人隐私和知识产权保护

个人隐私和知识产权保护是网络环境下管理沟通面临的最大难题。如何有效地控制员工的行为并保护员工的个人隐私,如何激励员工的创新潜力并保护企业和个人的知识产权,这是企业在网络沟通环境下需要慎重考虑的问题,也是企业需要重视并为之投入的重要方面。

【案例分析】

1.遇到居功自傲的员工怎么办?

汪大伟正和下属李明春谈话,这是对李明春迟到和缺勤的第二次警告。李明春争辩道,在同事中,他做的工作最多。汪大伟知道李明春是一名很好的员工,但不能容忍他违反公司的制度。

汪大伟:"小李,知道今天早上为什么叫你来吗?上个月我们讨论过你的问题,我认为你正在努力改进。但在检查月度报告时,我发现你迟到了四次,并且多休了两天病假。这说明你根本没把我们的谈话当回事。小李,你的工作业绩很好,但态度不佳。我再也不能容忍这种行为了。"

李明春:"我知道我们上个月谈过,我也努力准时上班,但最近交通非常拥堵。工作的时候我是十分投入的,你应该多注意我的工作效率,与我们组的老王比,我的工作量要大得多。"

汪大伟:"现在不谈老王的事,只谈你。"

李明春:"不,应该谈谈老王和其他几个同事的事。我比大多数同事做得好,却在这里受批评,你不公平。"

汪大伟:"小李,我承认你的工作很出色,但公司的制度也很重要。你平均每个月迟到4~5次,太不应该了。我该怎样处置你呢?我真的不愿使用正式的警告,你知道那意味着什么。"

李明春:"是的,我了解正式警告,以后会更加注意。但我认为自己比别人工作努力,应得到回报。"

汪大伟:"如果没有这些问题,你出色的业绩会得到回报的。如果你想挣得更多的钱或被提升,就应按时上班,遵守公司的规章制度。"

李明春:"我认为你是对的。但是,对于你这样的处理方式我仍持保留态度。"

汪大伟："小李,你有选择的权利。如果你下个月的记录仍不好,我将使用正式警告。"

李明春："好的。但我还是认为不公平。"

讨论:

1.请根据案例内容,分析上司汪大伟与下属李明春之间发生冲突的内在原因。

2.处理人际冲突通常有哪几种方式? 汪大伟与李明春对于双方的冲突各采取了什么样的态度? 这对于增强彼此间的互信、有效缓解甚至解决相互间的冲突会产生什么影响?

（案例来源:康青.管理沟通[M].北京:中国人民大学出版社,2011:184-185.）

2.亚通网络公司内部冲突

亚通网络公司是一家专门从事通信产品生产和电脑网络服务的中日合资企业。公司自1991年7月成立以来发展迅速,销售额每年增长50%以上。与此同时,公司内部存在着不少冲突,影响着公司绩效的继续提高。

因为是合资企业,尽管日方管理人员带来了许多先进的管理方法,但是日本式的管理模式未必完全适合中国员工,例如,在日本,加班加点不仅司空见惯,而且没有报酬。亚通公司经常让中国员工长时间加班,引起了大家的不满,一些优秀员工还因此离开了亚通公司。

亚通公司的组织结构由于是直线职能制,部门之间的协调非常困难。例如,销售部经常抱怨研发部开发的产品偏离顾客的需求,生产部的效率太低,使自己错过了销售时机;生产部则抱怨研发部的产品不符合生产标准,销售部门的订单无法达到成本要求。

研发部胡经理虽然技术水平首屈一指,但是心胸狭窄,总怕他人超过自己,因此,他常常压制其他工程师。这使得研发部人心涣散,士气低落。

问题:

1.亚通公司的冲突有哪些? 原因是什么?

2.如何解决亚通公司存在的冲突?

（案例来源:魏江,严进.管理沟通:成功管理的基石[M].北京:机械工业出版社,2006:438.）

【思考题】

1.沟通过程中有哪些噪音? 这些噪音如何影响沟通?

2.结合实际谈谈管理沟通对组织的重要意义。

3.人际沟通与组织沟通各自包括哪些类型?

4.纵向沟通存在哪些障碍? 如何克服?

5.试分析小道消息的利与弊。

6.冲突的基本类型有哪些? 如何处理人际冲突?

7.网络沟通具有哪些特点?

【本章小结】

1.沟通是人与人之间传递信息、指令、感情或观念的过程,也是一种有效地影响他人的工具和改变他人的手段,包括信息的发送者,信息的接收者,所传递的信息内容以及信息沟通渠道四要素。

2.人际沟通是人与人之间在共同活动中彼此交流思想、感情和知识等信息的过程,是沟通的一种主要形式,主要是通过言语、副言语、表情、手势、体态以及社会距离等来实现的,是信息的双向流动过程。具有心理、社会和决策的功能。

3.组织沟通就是在组织结构环境下的知识、信息以及情感的交流过程,它涉及战略控制及如何在创造力和约束力之间达到一种平衡,具有明确的目的性,并按照预先设定的方式,沿着既定的轨道、方向和顺序进行。组织沟通分为纵向沟通、横向沟通和组织中的非正式沟通,非正式沟通的典型表现形态是"小道消息"。

4.人际因素、文化因素和结构因素会给人际沟通带来障碍;而正式的沟通渠道、组织的权力结构、工作专门化以及"信息所有权"这些特有因素也会影响组织沟通的有效性。

5.冲突是发生于对稀缺资源分配方式的分析以及不同的观点、信念、行为、个性的冲撞,分为内心冲突、人际冲突、团体之间的冲突以及组织层次的冲突几种类型。处理人际冲突涉及回避、对抗、妥协、迎合及合作五种冲突处理方式,代表着自信与合作的不同程度的组合。冲突可以通过谈判解决,分为零和谈判与双赢谈判,零和谈判是有输有赢的谈判,而双赢谈判是指谈判的双方都受益的谈判。

6.网络沟通涉及管理沟通的外部技术环境,是信息技术发展的产物。具有沟通便利、信息直观,信息交流不受时间空间限制,双方互动性强的特点。但信息技术的发展造成了人际互动的间接化和人与物的相对隔离,人际沟通关系从"人—人"到"人—符号—人"非同步的互动转变。

【扩展知识】

沟通的五种形态

1.链式

链式沟通的信息传递遵循正式的命令系统,往往以逐级传递的方式进行。在组织中,最常见的应用莫过于直线式上下级间的信息传送。这种结构传送的通路十分清晰,不存在分支通路;但对位于两端的成员而言,这种方式,信息经过的层次越多,花费的时间越多,信息失真的可能性也越大。因此,上级的指示经过各管理层的层层"诠释"与"理解",下级的反馈经过各中层的"提取"和"归纳",往往都易出现偏差。

2.轮式

轮式网络结构呈现一种发散式的方式,位于交汇点处的人员往往占据着举足轻重的地位,网络中所有的人员通过他才能与别人进行信息沟通。通常,该结构的核心人员由该群体中的领导者担任,所有成员都可以第一时间与领导者取得沟通,因而决策的效率较高。并且,由于信息经过的传送环节比链式要少,因此,传送的时间也大大缩短。但是这种结果过度强调了领导者的作用,可能会导致整个群体的士气比较低落。

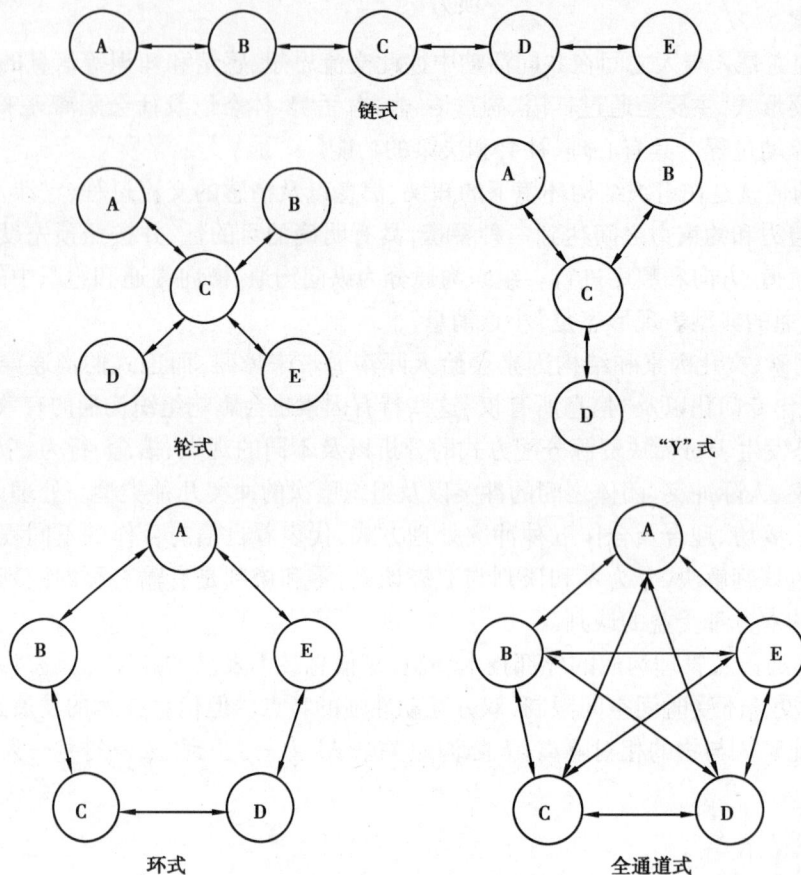

图 10.2　五种沟通形态图

3.环式(分权)

在环式结构中,所有成员都仅与相邻的两人保持沟通。相对而言,这种结构中的每个成员所处的地位相当,成员的士气与满意度都较高。但对于非相邻成员的沟通,必须通过多级的中转,传送的速度以及信息的可靠性都会随之降低。当群体中人数较多时,这种方式的效率会变得非常低。

4."Y"式

"Y"式结构类似于轮式与链式结构的结合,即位于节点上的成员掌握的信息相对其他成员而言较多,占有比较重要的地位,一些成员必须经由他才能与群体中的其他成员联络;另一些成员则按照类似链式的层层传递方式,进行沟通。

5.全通道式

群体中的每个成员都可以自由地与其他成员进行沟通,而不需经过任何中间环节。群体中没有中心人物,各成员地位平等,群体士气很高。并且,由于沟通的通路选择多,成员可以在第一时间直接与目标接受方沟通信息,因而信息的传送快速而有效。这种自由充分的沟通方式特别适合于解决需要群策群力的复杂问题。

倾听的艺术

倾听是了解别人的重要途径,为了获得良好的效果,我们有必要了解一下倾听的艺术。倾听自己,学会发现:清空所有的先入之见,倾听自己内心的声音,发现新的自我。倾听你我,发掘共鸣:发现我中有你,你中有我,就能听到真实的声音。倾听众人共存之道:倾听对方的意见是共存共荣的途径。谭小芳老师认为,实践倾听的五大行为准则包括:

1.准备共鸣,准备对话时,首先要放下所有的主观意识和偏见。

2.肯定对方:集中精力观察对方的言行,肯定对方存在的重要性。

3.节制说话:要先去了解,再被理解。懂得节制说话,才能学会倾听。

4.保持谦虚的态度:即使对方的想法有悖于自己,仍然要谦虚地去感受对方的情感。

5.全身响应:倾听时一定要用全身来传达自己在注意倾听的自然状态。

实际上,有效的倾听是可以通过学习而获得的技巧。认识自己的倾听行为将有助于你成为一名高效率的倾听者。按照影响倾听效率的行为特征,倾听可以分为四种层次。一个人从层次一成为层次四倾听者的过程,就是其倾听能力、交流效率不断提高的过程。下面是谭老师对倾听四个层次的描述:

第一层次,心不在焉地听

倾听者心不在焉,几乎没有注意说话人所说的话,心里考虑着其他毫无关联的事情,或内心只是一味地想着辩驳。这种倾听者感兴趣的不是听,而是说,他们正迫不及待地想要说话。这种层次上的倾听,往往导致人际关系的破裂,是一种极其危险的倾听方式。

第二层次,被动消极地听

倾听者被动消极地听所说的字词和内容,常常错过了讲话者通过表情、眼神等体态语言所表达的意思。这种层次上的倾听,常常导致误解、错误的举动,失去真正交流的机会。另外,倾听者经常通过点头示意来表示正在倾听,讲话者会误以为所说的话被完全听懂了。

第三层次,主动积极地听

倾听者主动积极地听对方所说的话,能够专心地注意对方,能够聆听对方的话语内容。这种层次的倾听,常常能够激发对方的主意,但是很难引起对方的共鸣。

第四层次,同理心地听

同理心积极主动地倾听,这不是一般的"听",而是用心去"听",这是一个优秀倾听者的典型特征。这种倾听者在讲话者的信息中寻找感兴趣的部分,他们认为这是获取有用信息的契机。这种倾听者不急于作出判断,而是感同身受对方的情感。他们能够设身处地看待事物,总结已经传递的信息,质疑或是权衡所听到的话,有意识地注意非语言线索,询问而不是辩解质疑讲话者。他们的宗旨是带着理解和尊重积极主动地倾听。这种感情注入的倾听方式在形成良好人际关系方面起着极其重要的作用。

事实上,大概60%的人只能做到第一层次的倾听,30%的人能够做到第二层次的倾听,15%的人能够做到第三层次的倾听,达到第四层次水平上的倾听仅仅只有至多5%的人能做到了。我们每个人都应该重视倾听,提高自身的倾听技巧,学会做一个优秀的倾听者。作为优秀的倾听者,通过对朋友或者员工所说的内容表示感兴趣,不断地创建一种积极、双赢的过程。

倾听不是被动地接受,而是一种主动行为。当你感觉到对方正在不着边际地说话时,可以用机智的提问来把话题引回到主题上来。倾听者不是机械地"竖起耳朵",在听的过程中脑子要转,不但要跟上倾诉者的故事、思想内涵,还要跟得上对方的情感深度,在适当的时机提问、解释,使得会谈能够步步深入下去。

倾听,是一个渴望成功的人必须掌握的技能。从小事做起,注意细节,就会成功。无论是企业的中高层经理、职场人士或是刚刚走出校门的大学生,尤其要注重倾听技巧的修炼,这样你对自己的工作更能够游刃有余,收获更多宝贵的经验,从而更加稳妥地迈向成功!

【管理能力训练】

训练一:管理沟通能力的自我诊断

目标:你是一名出色的管理人员。你知道成功的管理离不开有效的沟通,提高你的沟通能力的第一步是了解你目前的沟通能力水平。

步骤一:想一想你曾经经历过的一次工作情境。

步骤二:回答以下有关那次工作情境的问题,并在7~1(即程度强至弱)之间选择分值。

1.我认为我与下属的沟通:7 6 5 4 3 2 1

提高了我的可信度与权威性	降低了我的可信度与权威性
很准确	不准确
很清楚	不清楚
解决了而不是产生了更多的问题	产生了而不是解决了更多的问题
很有效	无效
有结果	无结果
达到了我预期的效果	没有达到预期效果
显示我是有能力的	证明我能力不足
令人印象深刻	给人印象不深
为我树立了正面形象	对我产生了负面影响
很好	不好
很熟练	很不熟练
很放松	很紧张
能自我激励	不能自我激励
没让我感到窘迫	使我感到窘迫

总分:

2.我认为我与上司的沟通:7 6 5 4 3 2 1

提高了我的可信度与权威性	降低了我的可信度与权威性
很准确	不准确

很清楚	不清楚
解决了而不是产生了更多的问题	产生了而不是解决了更多的问题
达到了我预期的效果	没有达到预期效果
令人印象深刻	给人印象不深
为我树立了正面形象	对我产生了负面影响
很好	不好
很熟练	很不熟练
很放松	很紧张
能自我激励	不能自我激励
没让我感到窘迫	使我感到窘迫

总分：

3.我认为我与同级的沟通：   7 6 5 4 3 2 1

提高了我的可信度与权威性	降低了我的可信度与权威性
很准确	不准确
很清楚	不清楚
解决了而不是产生了更多的问题	产生了而不是解决了更多的问题
达到了我预期的效果	没有达到预期效果
令人印象深刻	给人印象不深
为我树立了正面形象	对我产生了负面影响
很好	不好
很熟练	很不熟练
很放松	很紧张
能自我激励	不能自我激励
没让我感到窘迫	使我感到窘迫

总分：

步骤三：把你对三个问题的总分相加，得到总分。如果总分在15~36，说明你是个特别无效的沟通者；如果总分在37~58，说明你是个无效的沟通者；如果总分在59~80，说明你是个有效的沟通者；如果总分等于或超过81分，说明你是个十分有效的沟通者。

步骤四：讨论。在教师指导下，分小组进行讨论，并回答下列问题：

1.你最有效的沟通方式是什么？你最无效的沟通方式是什么？

2.作为一个沟通者，你的优势和不足分别是什么？

3.如何扬长避短，以提高你的沟通技巧？

（资料来源：康青.管理沟通［M］.北京：中国人民大学出版社,2011:24.）

训练二：工作中冲突的研究

训练目的：学习如何分析工作中所面临的冲突的性质，以及产生这些冲突的主要原因，并掌握处理这些冲突的策略。

步骤一:根据个人具体情况,独立填写"工作中冲突的研究表"(表10.2),不要急于与他人展开讨论。

表10.2　工作中冲突的分析研究表

(A) 工作中经常与 你打交道的人	(B) 冲突实例 (包括分析冲突产生的原因)	(C) 处理冲突的方法	(D) 冲突的利弊分析 (受益/受损情况)

步骤二:学生每5~7人组成一个小组,针对各自的冲突问题进行进一步的分析,然后交流看法,一起讨论,提出处理冲突的合理化建议。

步骤三:各自独立回答以下问题:

1.今后如果遇到类似的冲突问题,你会处理得更好吗?

2.你是否真正理解冲突产生的原因?

3.你应该采取什么样的措施防止这些冲突再次发生?

4.如果这些冲突再次发生,你将采取什么样的对策?

第11章 控 制

知识目标

1.了解控制的概念和在管理过程中的作用；
2.理解控制的类型与特点；
3.了解控制的方法与技术。

能力目标

1.理解控制过程在管理活动中的意义；
2.有意识地增强在各项活动中的过程控制。

作为管理的四大基本职能之一,控制工作与其他管理职能紧密地结合在一起,存在于管理活动的全过程中,它不仅可以维持其他职能的正常活动,而且在必要时,还可以通过采取纠正偏差的行动与来改变其他管理职能的活动,使管理过程形成了一个相对封闭的闭路系统。

11.1 控制概述

11.1.1 控制的含义与内容

1)控制的含义

控制是指管理人员监视各项活动以保证它们按计划进行并纠正各种显著偏差的过程。控制的实质就是使工作按计划进行,或者只对计划作适当的调整,以确保组织的目标以及为此而拟定的计划能够得以实现。

从控制的定义可以看出,控制需要具备三个基本要素:①控制标准。②偏差信息。偏差信息即实际工作情况或结果与控制标准之间的偏离情况。只有掌握、理解了偏差信息,才能决定是否采取纠正措施以及采取怎样的纠正措施。③纠正措施。并非一有偏差就需要采取纠正措施,纠正措施通常是在偏差达到一定界限时才需要的。而且,只有当纠正措施的投入产出效果令人满意时,采取纠正措施才是必要的。

2) 控制的内容

尽管希望能够一切都在掌控之中,但是组织控制的基本内容主要在以下五个方面:

(1) 人员

管理者是通过他人来实现其目标的。为了实现目标,管理者需要而且必须依靠下属员工,因此管理者使员工按照所期望的方式去工作是非常重要的。为了做到这一点,管理者最简明的方法就是直接巡视和评估员工的表现。在日常工作中,管理者的任务是观察员工的工作并纠正出现的问题。

(2) 财务

企业的首要目标是获得利润。在追求这个目标时,管理者需要借助于费用(成本)控制来降低成本并使资源得到充分利用。他们可能审阅每季度的收支报告以发现多余的支出,也可能计算几个常用的财务指标,以保证有足够的资金支付各种费用,保证债务负担不至于太重,保证所有的资产都得以有效利用。

(3) 作业

一个组织的成功,很大程度上取决于它在生产产品或提供服务方面的效率和效果。作业控制方法是用来评价一个组织的转换过程的效率和效果问题的。

典型的作业控制包括:监督生产活动以保证其按计划进行;评价购买能力,以尽可能低的价格提供所需质量和数量的原材料;监督组织的产品或服务的质量,以保证满足预定的目标;保证所有的设备得到良好的维护。

(4) 信息

管理者需要信息来完成他们的工作。不精确、不完整、过多的或延迟的信息将会严重阻碍他们的行动。因此,应该开发一个高效的信息管理系统,使其能在正确的时间、以正确的数量,为正确的人提供正确的数据信息。

(5) 组织绩效

许多研究部门为衡量一个机构的整体绩效或效果做着不懈的努力。当然管理者们非常关心他们所在组织的绩效,但他们并不是唯一的衡量其组织绩效的人。顾客和委托人在他们选择生意对象时也会对此作出判断。证券分析家、潜在投资者、潜在贷款者和供应商也会作出判断。即便是组织雇员,他们也会对组织做出评价。

11.1.2　控制的依据与作用

1) 控制的依据

在管理中控制有着极为重要的作用,为了保证控制职能的发挥,有三个基本前提是要充分考虑的。

(1) 明确的计划和目标

其一是控制要以计划为依据。即控制之前必须先有计划,没有计划无从控制。计划越全面、完整,控制工作的目标就越明确,效果也会越好。其二是控制工作自身也应拟订计划,确定控制工作的目标、重点、要求、进度以及各种控制形式的正确使用和各种控制手段运用上的协调一致等。控制工作自身缺乏计划,软弱无力、混乱不堪,使控制工作放任自流,是难以取得好的效果的。同时,控制活动本身是为达到某个计划目标而采取的保证措施。目标决定控制活动的内容,没有目标,控制就没有意义。比如,库存控制的目标是使库存量维持在某一定量的水平上,库存控制活动就是围绕这一目标进行。当库存量在目标水平线上下波动时,则应采取相应的措施,使库存量回复到目标水平线上。一般地说,目标越明确、越具体,控制效果就越显著。

(2)责权分明的组织结构

任何一项工作都是由许多部门共同合作完成的,应由何部门、何职位、何人来负责何种控制工作都要有明确的规定,即要有分工明确的组织结构。控制工作的计划设想再好,如无特定的组织机构来负责,那仍然是不落实的。不设立专职机构和专职人员,而期望很好地完成控制工作,无论从理论上还是实践上都证明是行不通的。如果责权分明,每件事都有专门的机构负责,信息能有效、畅通地传输,控制活动就易于开展。一旦发现偏差,马上就能判断偏差出在哪里,由哪个部门负责,以便及时采取措施纠正。否则,各部门不能切实地负担起自身的工作,出现偏差无法发现,或者发现了偏差也无法及时反馈,及时采取措施,以至于出现失控局面,给整个组织带来损失。同样,组织结构越明确、越完整,其控制效果也越明显。

(3)科学的控制方法和手段

控制的目的是使实际运行情况和计划方案相一致。而实际运行情况却需要通过一定的控制方法才能得到,如果发现偏差,纠偏措施也是通过一定的控制方法和手段来实现。在实际控制过程中,应根据具体的控制目标,采取相应的控制方法,才能取得较好的控制效果,否则就会事倍功半。

2)控制的作用

美国北得克萨斯州立大学企业管理教授亨利·西斯克指出:"如果计划从来不需要修改,而且是在一个全能的领导人的指导之下,由一个完全均衡的组织完美无缺地来执行的,那就没有控制的必要了。"然而,这种理想的状态是不可能成为企业管理的现实的。无论计划制订得如何周密,由于各种各样的原因,人们在执行计划的活动中总是会或多或少地出现与计划不一致的现象。

在现代管理系统中,人、财、物等要素的组合关系是多种多样的,时空变化和环境影响很大,内部运行和结构有时变化也很大,加上组织关系错综复杂,随机因素很多,处在这样一个十分复杂的系统中,要想实现既定的目标,执行为此而拟订的计划,求得组织在竞争中的生存和发展,不进行控制工作是不可想象的。

简单地说,控制的作用主要表现在:①减轻环境不确定性对组织活动的影响;②使复杂的组织活动能够协调一致地运作;③避免和减少管理失误造成的损失。

11.1.3 控制的基本类型

控制按照不同的划分依据可分为多种类型。按控制的业务范围不同,可分为技术控制、质量控制、资金控制、人力资源控制等;按控制的时间不同,可分为日常控制、定期控制;按控制内容的覆盖面不同,可分为专题控制、专项控制和全面控制;按管理者控制和改进工作的方式不同,可分为间接控制和直接控制等;按纠正偏差措施的作用环节不同,控制可分为前馈控制、同期控制和反馈控制。其中,尤以最后一种分类方法最为常见,如图11.1所示。

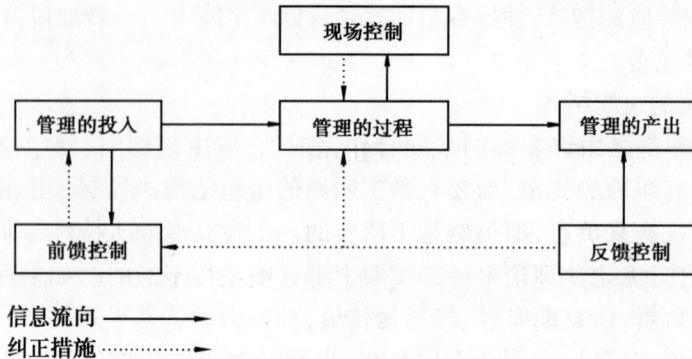

信息流向 ——————➤
纠正措施 ·····················➤

图 11.1 前馈控制、反馈控制与现场控制

1) 前馈控制

前馈控制是一种在计划实施之前,为了保证将来的实际绩效能达到计划的要求,尽量减少偏差的预防性控制。由于事前控制把控制活动提前到组织活动开始之前,因而也称之为预先控制和事前控制。

前馈控制的目的是保证高绩效,它在本质上有预防的作用,因此它属于一种预防性控制,它的工作重点并不是控制工作的结果,而是克服某些干扰或适应环境的变化,提前采取各种预防性措施,包括对投入资源的控制、主动修正指令,以防止工作过程中可能出现的偏差,保证预期目标的实现。他们可以通过提出一个重要的但是经常被忽视的问题来减少以后出现的问题:在开始之前,我们需要做些什么? 例如,在麦当劳公司,食物成分的预先控制就是前馈控制,在公司的质量管理中起到了举足轻重的作用;在企业中制定一系列规章、制度让职工遵守,从而保证工作的顺利进行;为了生产出高质量的产品而对原材料质量进行的入库检查;职工的岗前培训等,都属于前馈控制。

2) 现场控制

现场控制是指在某项活动或工作进行过程中,现场及时发现存在的偏差或潜在的偏差,即时提供改进措施以纠正偏差的一种控制方式。由于它是组织活动进行过程中同期发生的控制,因此又称之为同期控制。与前馈控制和反馈控制相比,现场控制活动往往是在偏差已经或将要出现但尚未造成严重后果的情况下进行的,它可以分析研究造成偏差的根源,并预测偏差发展的可能方向,然后做出控制。

现场控制一般表现为两种方式:一是主管人员深入现场检查和指导下属的活动,它包括适当的工作方法和工作过程的指导,监督下属工作,发现偏差督促纠正;二是表现为基层工作人员的日常自我工作控制,控制的对象就是自我的操作控制过程。现场控制能及时发现偏差,及时纠正偏差,是一种较经济、有效的控制方法,也是一种难度较大的控制方法。由于现场控制对已经出现的偏差要进行即时纠正,需要对实时信息作出及时的反应,因而对主管人员的管理水平和领导能力要求较高,它要求控制人员具有敏锐的判断力、快速的反应能力以及灵活多变的控制手段,同时要注意避免凭主观意志进行控制。更要注意的是,即使是现场控制,从发现偏差到纠正偏差,也需要花费一段时间,故其控制效果有时也非完全的现时控制。

3) 反馈控制

反馈控制是管理控制中最常见的控制类型,其控制作用产生于行动之后,所以也称之为事后控制。它是活动完成之后,主管人员根据已发生的情况分析工作的执行结果,将它与控制标准相比较,从中发现已经出现或即将出现的偏差,在分析原因的基础上采取措施纠正偏差,以防止偏差继续发展或在以后的工作中再次发生;或者是在组织内外环境条件已经发生了重大变化,导致原定标准和目标脱离现实时,采取措施调整修正计划。如企业根据业绩对管理人员实施的奖惩,企业对不合格产品进行淘汰,发现产品销路不畅而减产、转产或加强促销等,都属于反馈控制。

这三种控制方式的控制重点各不相同:前馈控制重在资源,包括人、财、物等;现场控制重在进行的活动,多为工作过程;反馈控制是对已结束工作的资源投入、工作过程进行评价,用于对下一次活动的开展进行控制。

11.2 控制的过程与有效控制

11.2.1 控制的过程

从管理控制的实施上看,组织的管理控制大致可以划分为四个步骤:建立标准、衡量实际绩效、将实际绩效与标准进行比较、采取管理行动来纠正偏差或不适当的标准。如图11.2所示。

1) 建立标准

通过计划确立控制标准是控制过程的起点,如果没有控制标准,衡量成效和纠正偏差将失去客观依据。控制标准是控制过程中对实际工作进行检查的衡量尺度,是实施控制的必要条件,对计划工作和控制工作起着承上启下和链接的作用。一般来说,控制标准是从整个计划方案中选出的对工作成效进行评价的关键指标,这些是计划已经制订了的具体的、可直接引用的标准。但因各种计划的详尽程度不同,有些计划是比较抽象的、概括的,是对组织工作目标及行动方案的总体规划和安排,这时需要将计划目标转换制定出一套更具体、可测量和考核的控制标准。控制标准要求尽可能简化明了,做到具体化、数字化,容易测定,便于执行。

控制标准可以分为定量和定性两大标准。定量标准便于度量和比较,但定性标准也是不可缺少的。

定量标准主要包括:

①实物标准。实物标准是企业在耗用原材料、能源,雇用劳动力,以及生产产品质量、性

```
┌──────────┐     ┌──────────┐        ╱判断实际绩效╲   是   ┌──────────┐
│ 确立控制标准 │────▶│ 衡量实际绩效 │───▶│ 与标准是否一致 │─────▶│ 无须采取   │
└──────────┘     └──────────┘        ╲          ╱        │ 任何行动   │
     ▲                                    │否             └──────────┘
     │                                    ▼
     │                               ╱偏差是否╲    是    ┌──────────┐
     │                              │ 可以接受  │──────▶│ 无须采取   │
     │                               ╲        ╱         │ 任何行动   │
     │                                   │否             └──────────┘
     │                                   ▼
     │                              ┌──────────┐
     └──────────────────────────────│ 采取纠偏行动，│
                                    │ 重新评估标准 │
                                    └──────────┘
```

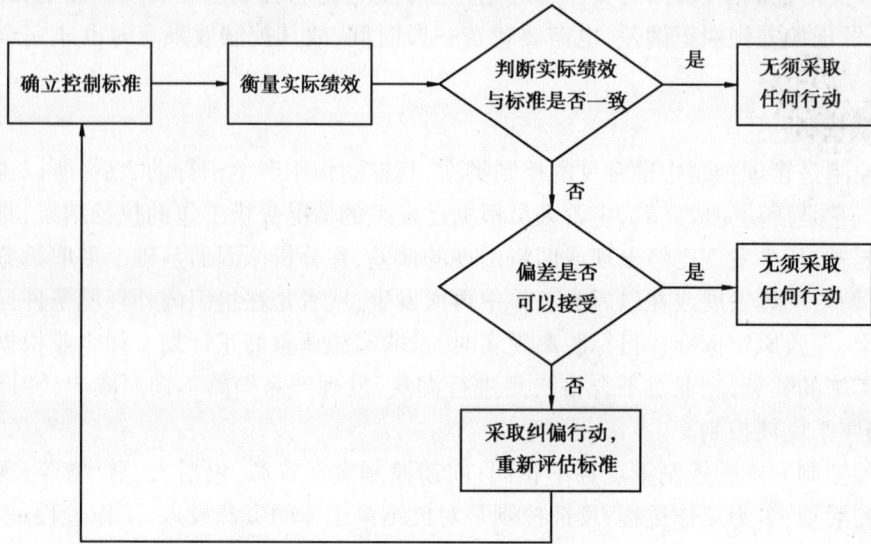

图 11.2　控制的基本过程

能和用途等方面的标准。例如,企业中的产品质量、单位台时定额、单位产品工艺消耗定额、废品的数量等。

②价值标准。价值标准反映了组织的经营状况,包括成本标准、利润标准、资金标准等。例如,单位产品成本、年利润额、销售收入、税金等。

③时间标准。时间标准为工作的开展提供了时间限制,表现为一系列的时间标准。例如,工时定额、工程周期、交货期、生产线的节拍、生产周期等。

定性标准主要是有关产品和服务质量、顾客满意度、组织形象等方面的衡量标准,这些标准的控制对企业和组织计划和目标的实现也极为重要。

一般来说,并不是计划实施过程中的每一步都要制定控制标准,而是要选择一些关键点作为主要的控制对象。只要对这些主要的关键点进行控制,就可以控制企业和组织活动的整体状况。确定控制关键点的过程是一个分析决策的过程。它需要对计划内容作全面深入的分析,同时还要充分考虑组织实施过程中的具体情况以及外部环境带来的干扰影响。确定关键点需要有丰富的经验和敏锐的观察力。一般关键点都是目标实施过程中的重要组成部分,它可能是计划实施过程中最容易出偏差的点,或是起制约因素的点,或者是起转折作用的点,或变化度大的点,等等,应根据具体情况进行具体选定。为此,孔茨建议管理者应不时地问自己这样一些问题:什么能最佳地反映本部门的目标? 当没有达到这些目标时什么能最佳地表明情况? 最能表明偏差情况的是什么? 能向主管表明谁应对此负责的是什么? 哪些标准最省钱? 经济适用的信息标准是什么?

2) 衡量实际成效

有四种信息常常被管理者用来衡量实际工作绩效,它们分别是:个人的观察、统计报告、口头汇报和书面报告。这些信息分别有其长处和缺点。但是,将它们结合起来之后,可以大大增加信息的来源并提高信息的可信程度。

个人观察提供了关于实际工作的最直接和最深入的第一手资料。通过观察得到的信息不同于阅读报告得到的信息,尤其是走动管理,可以获得面部表情、语调以及懈怠这些常被其他来源忽略的信息。

现在各组织中广泛地使用了计算机,因此管理者越来越多的依靠统计报告来衡量实际工作情况。这种报告不仅有计算机输出的文字,还包括多种图形、图表,如条状图等,并且按管理者的要求列出各种数据。尽管统计数据可以清楚有效地显示各种数据之间的关系,但它对实际工作提供的信息是有限的。统计报告只能提供几个关键的数据,它忽略了其他许多重要因素。

信息也可以通过口头汇报的形式获得,如各种会议、一对一的谈话或电话交谈等。这种方式的优缺点与个人观察的方式相似。尽管这种信息是经过过滤的,但它是一种快捷的、有反馈的,同时可以通过语言语调和词汇本身来传达的信息。过去,这种口头收集信息的一个主要缺点是不便于存档和以后重新使用。但随着最近几十年在技术上的进步,口头汇报很容易录制下来,并可在以后使用,就像书面文字能够永久保存一样。

实际工作情况也可以通过书面报告来衡量。与统计报告相比,它显得要随意一些;与口头汇报相比它显得要正式一些。但是这种形式常常比口头汇报的形式更精确和全面。此外,书面报告更易于分类存档和查找。

由于这四种形式各有其优缺点,因此管理者在控制活动中必须综合地使用这四种信息。

3) 将实际绩效与标准进行比较

通过比较实际工作成效与控制标准,会出现两种情况:一是没有出现偏差,二是出现了偏差。一般来说,管理工作的实际成效与控制标准不可能完全一致,两者之间总会有一定的偏差,因此,人们往往规定了一个可以浮动的范围,只要实际结果在这个范围之内就可以认为不存在偏差,则该控制过程暂告完成;而一旦实际结果在允许范围之外,就可以认为存在偏差,则控制过程进入下一步骤。

4) 纠正偏差或调整不适当的标准

首先,要分清偏差的性质,偏差可分为正偏差和负偏差。正偏差是实际绩效比标准完成得还好;负偏差是实际绩效没有达到标准的要求。负偏差固然引人注目需要纠正,但是,出现正偏差时也不一定就没有问题,也必须引起注意并正确处理。例如,由于正偏差,生产超过了计划,造成库存大量积压、资金周转不灵,也会危及企业经营目标的实现。

其次,要分析偏差产生的原因。可能是由于未能严格按计划要求行动所致,如工作不负责、不认真、或不能胜任、能力有限等;也可能由于外部环境发生了重大变化,而事先并没有估计到这些变化,如国家政策法规变化、国际政治风云变化、市场出现了新的强大竞争对手、某个大客户或大供应商突然破产等;还有可能是由于计划目标本身不合理造成,如盲目把目标定得太高而实际能力根本达不到。弄清原因是采取措施的基础。

最后,采取措施纠正偏差。管理者可以选择的方案有三种:

①不采取行动。当工作绩效与控制标准之间不存在偏差时,理所当然的不会采取任何行动。还有就是当偏差虽然出现,但未超过允许的偏差范围时,管理者也可以不采取任何行动。这种小范围的偏差有时可以通过组织的自适应控制来校正;还有一种可能是,通过成

本—效益分析,管理者发现,如果采取纠偏行动,其费用可能会超过偏差带来的损失,此时最好的方案也许就是不采取任何行动。

②改进工作绩效。如果偏差是由于工作产生的,且偏差已超出了允许的范围,则需要采取纠偏措施,以改进工作绩效。具体采取的方式涉及各个方面的管理工作,通常包括改进生产技术、改进流程、改进管理方式、调整组织结构、改进激励措施、重新配置人力物力资源、调整培训计划等。

③修订控制标准。可以采用提高标准和降低标准两种方式。如果标准脱离实际,导致多数员工、多数部门无法实现控制目标时,管理部门应适当降低标准;相反,如果实际工作绩效已远远超过了标准,则应在充分肯定工作的情况下,适当提高标准。标准的修订在管理控制中是不可避免的,这是由于在组织管理中,一些不确定因素的影响往往难以预测,同时,管理环境的变化会导致管理目标和标准的变化。从某种意义上说,管理控制就是一个不断制定标准、实施标准、修订和完善标准的过程。值得注意的是,在修订标准时,应从实际情况分析出发,强调标准的客观性,避免管理人员主观因素的消极影响。

11.2.2 有效控制

在管理学中所谓的有效控制,就是以比较少的人力、财力和物力,较少的精力与时间使组织的各项活动处于控制状态。一旦组织的某项活动出现偏差,则能及时纠正偏差,而且能使偏差所导致的损失降低到最低限度。虽然控制的目的是保证企业活动符合计划的要求,以有效地实现预定目标,但并不是所有的控制活动都能达到预期的目的,要使控制活动有效,必须做到适时、适度、客观、弹性。

1) 适时控制

企业经营活动中产生的偏差只有及时采取措施加以纠正,才能避免偏差的扩大,或防止偏差对企业不利影响的扩散。及时纠偏,要求管理人员及时掌握能够反映偏差产生及其严重程度的信息。如果等到偏差已经非常明显,且对企业造成了不可挽回的影响后,反映偏差的信息才姗姗来迟,那么,即使这种信息是非常系统、绝对客观、完全正确的,也不可能对纠正偏差带来任何指导作用。纠正偏差的最理想方法应该是在偏差未产生以前,就注意到偏差产生的可能性,从而预先采取必要的防范措施,防止偏差的产生。

2) 适度控制

适度控制是指控制的范围、程度和频度要恰到好处。这种恰到好处的控制要注意以下几个方面的问题。

第一,防止控制过多或控制不足。控制常给被控制者带来某种不愉快。但是如果缺乏控制则可能导致组织活动的混乱。有效的控制应该既能满足对组织活动监督和检查的需要,又要防止与组织成员发生强烈的冲突。过多的控制会对组织中的人造成伤害,对组织成员行为的过多限制,会扼杀他们的积极性、主动性和创造性,会抑制他们的创新精神,从而影响个人能力的发展和工作热情的提高,最终会影响企业的效率;过少的控制,则将不能使组织活动有序地进行,不能保证各部门活动进度和比例的协调,将会造成资源的浪费。

第二,处理好全面控制与重点控制的关系。任何组织都不可能对每一个部门、每一个环节的每一个人在每一时刻的工作情况进行全面的控制。值得庆幸的是,并不是所有成员的每一项工作都具有相同的发生偏差的概率,并不是所有可能发生的偏差都会对组织带来相同程度的影响。企业工资成本超出计划的 5% 对经营成果的影响要远远高于行政系统的邮资费用超过预算的 20%。全面系统的控制不仅代价极高,而且也是不必要的。适度控制要求企业在建立控制系统时,找出影响企业经营成果的关键环节和关键因素,并据此在相关环节上设立预警系统或控制点,进行重点控制。选择关键控制点是一条比较重要的控制原则,有了这类标准,主管人员便可以管理一大批下属,从而扩大管理幅度,达到节约成本和改善信息沟通的效果,同时,也使主管人员以有限的时间和精力作出更加有成效的业绩。

第三,控制费用与控制收益的权衡。任何控制都需要一定费用,衡量工作成绩,分析偏差产生的原因,以及为了纠正偏差而采取的措施,都需支付一定的费用;同时,任何控制,由于纠正了组织活动中存在的偏差,都会带来一定的收益。一项控制,只有当它带来的收益超出其所需成本时,才是值得的。控制费用与收益的比较分析,实际上是从经济角度去分析上面考察过的控制程度与控制范围的问题。

3) 客观控制

控制工作应该针对企业的实际状况,采取必要的纠偏措施,或促进企业活动沿着原先的轨道继续前进。因此,有效的控制必须是客观的、符合企业实际的。客观的控制源于对企业经营活动状况及其变化的客观了解和评价。为此,控制过程中采用的检查、测量的技术和手段必须能正确地反映企业经营时空上的变化程度和分布状况,准确地判断和评价企业各部门、各环节的工作与计划要求的相符或相背离程度,这种判断和评价的正确程度还取决于衡量工作成效的标准是否客观和恰当。为此,企业还必须定期检查过去规定的标准和计算规范,使之符合现时的要求。另外,由于管理工作带有许多主观成分,因此,对一名下属人员的工作是否符合计划要求,不应不切实际地加以主观评定,只要是凭主观来控制的地方,都会影响对业绩的判断。没有客观的标准、态度和准确的检测手段,人们对企业实际工作就不易有一个正确的认识,从而难以制定出正确的措施,进行客观的控制。

4) 弹性控制

企业在生产经营过程中经常可能遇到某种突发的、无力抗拒的变化,这些变化使企业计划与现实条件严重背离。有效的控制系统应在这样的情况下仍能发挥作用,维持企业的运营,也就是说,应该具有灵活性或弹性。

弹性控制通常与控制的标准有关。比如说,预算控制通常规定了企业各经营单位的主管人员在既定规模下能够用来购买原材料或生产设备的经营额度。这个额度如果规定得绝对化,那么一旦实际产量或销售量与预测数发生差异,预算控制就可能失去意义:经营规模扩大,会使经营单位感到经费不足;而销售量低于预测水平,则可能使经费过于宽绰,甚至造成浪费。有效的预算控制应能反映经营规模的变化,应该考虑到未来的企业经营可能呈现出不同的水平,从而为标志经营规模的不同参数值规定不同的经营额度,使预算在一定范围内是可以变化的。

除此之外,一个有效的控制系统还应该站在战略的高度,抓住影响整个企业行为或绩效的关键因素。有效的控制系统往往集中精力于例外发生的事情,即例外管理原则,凡已出现过的事情,皆可按规定的控制程序处理。第一次发生的事例,需投入较大的精力。

11.3　管理控制的方法与技术

11.3.1　预算控制

预算对有效的组织短期计划和控制是重要的工具。企业未来的几乎所有活动都可以利用预算进行控制。所谓预算就是用财务数字的形式来描述企业未来的活动计划,它预估了企业在未来时期的经营收入和现金流量,同时也为各部门或各项活动规定了在资金、劳动、材料、能源等方面的支出的额度。预算控制就是根据预算规定的收入与支出标准来检查和监督各个部门的生产经营活动,以保证各种活动或各个部门在完成既定目标、实现利润的过程中对经营资源的利用,从而使费用支出受到严格有效的约束。

预算控制主要包括以下四个方面的内容:

1) 销售预算

销售预算指的是以市场预测为依据,根据市场要求对企业生产经营年度要实现的销售额,及其所决定的各种产品和服务的销售量所作的预算。在市场经济条件下,销售预算是企业预算的基础和前提,因为企业必须以市场为导向,以销定产。

2) 生产预算

生产预算指在销售预算的基础上,根据企业的现实生产条件和要实现的利润目标,对生产过程中所消耗的各种生产要素,以及产品等进行的预算,又可分为直接材料消耗预算、人工费用预算、制造费用预算。

3) 销售与管理费用预算

销售与管理费用预算指的是根据企业的销售额和利润目标,配合生产预算,对企业销售过程和企业管理活动中费用支出所作的预算。按会计的国际惯例,企业销售费用和管理费用不能摊入产品成本,而要直接计入当期损益,能否控制销售和管理费用支出,对实现预算目标就有相当大的影响。

4) 投资预算

投资预算指企业根据市场需求和企业生产能力,在固定资产投资支出方面的预算。按会计的国际惯例,资本支出与生产支出应当分开,投资预算必须单独列出。

5) 成本预算和现金预算

成本预算主要是指以企业生产预算为基础,对各种产品的成本进行的预算,其目的是要控制每一种产品的成本。现金预算是指对企业在日常经营活动中所需要的现金做出的预算安排。因为现金支付比较难控制,一旦失控,就会影响预算目标,故要单独预算。

上述各种预算共同构成企业的预算体系,它们之间的关系可用图 11.3 加以概括说明:

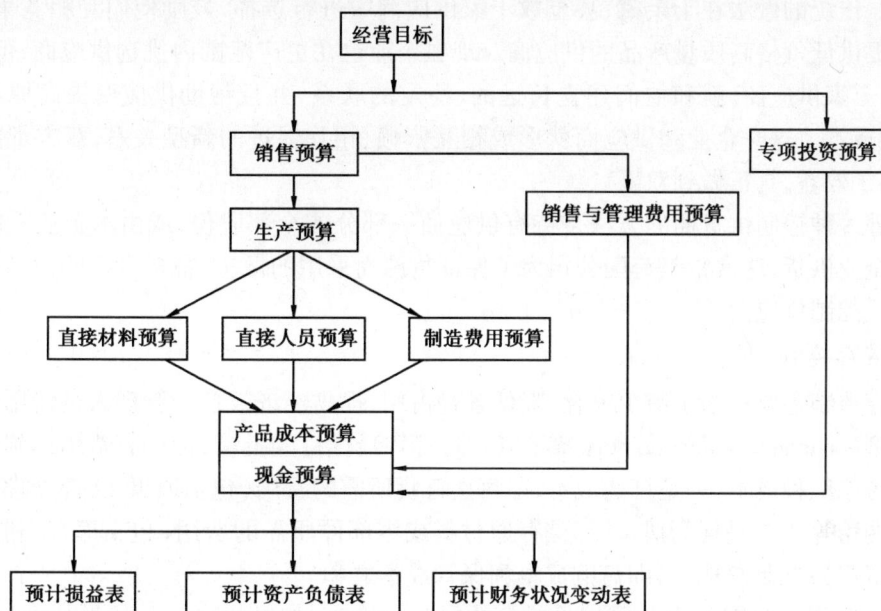

图 11.3 企业的预算体系

由于预算的实质是用统一的货币单位为企业各部门的各项活动编制计划,因此它使得企业在不同时期的活动效果和不同部门的经营绩效具有可比性,可以使管理者了解企业经营状况的变化方向和组织中的优势部门与问题部门,从而为调整企业活动指明了方向;通过为不同的职能部门和职能活动编制预算,也为协调企业活动提供了依据。更重要的是,预算的编制与执行始终是与控制过程联系在一起的,编制预算是为企业的各项活动确立财务标准,用数量形式的预算标准来对照企业活动的实际效果大大方便了控制过程中的绩效衡量工作,也使之更加客观可靠。在此基础上,很容易测量出实际活动对预期效果的偏离程度,从而为采取纠正措施奠定了基础。

11.3.2 生产控制

控制贯穿于生产系统运动的始终。生产系统凭借控制的动能,监督、制约和调整系统各环节的活动,使生产系统按计划运行,并能不断适应环境的变化,从而达到系统预定的目标。生产控制的活动内容十分广泛,涉及生产过程中各种生产要素、各个生产环节及各项专业管理。其内容主要有:对供应商的控制、生产进度控制、库存控制、质量控制、成本控制、数量控制等。

1) 对供应商的控制

供应商供货及时与否、质量的好坏、价格的高低,都对本企业最终产品产生重大影响。因此,对供应商的控制可以说是从企业运营的源头抓起,能够起到防微杜渐的作用。

目前,比较流行的做法是在全球范围内选择供应商,其原因是为了能够有保障地获得高质量低价格的原材料,同时也可避免只选择少数几个供应商可能构成的威胁。

许多企业正在改变与供应商之间的竞争关系,试图建立一种长期的、稳定的、合作的双赢局势。传统的做法在十余家、甚至数十家供应商中进行选择,鼓励他们互相竞争,从中选取能够提供低价格高质量产品的供应商。现在企业也在更广范围内挑选供应商,但是,一旦选定两、三家供应商,就和他们建立长远的、稳定的联系,并且帮助供应商提高原材料的质量,降低成本。这时企业和供应商就形成相互依赖、相互促进的新型关系,双方都降低了风险,提高了效益,真正做到双赢。

另外一种控制供货商的方法是持有供应商一部分或全部股份,或由本企业系统内部的某个子企业供货,这常常是跨国公司为了保证货源而采用的做法,很多日本的大型企业采用这种方法控制供应商。

2)库存控制

库存控制主要是为了减少库存,降低各种占用,提高经济效益。管理人员使用经济订购批量模型(economic order quantity,简称 EOQ)计算最优订购批量,使所有费用达到最小。这个模型考虑三种成本:一是订购成本,即每次订货所需的费用(包括通讯、文件处理、差旅、行政管理费用等);二是保管成本,即储存原材料或零部件所需的费用(包括库存、利息、保险、折旧等费用);三是总成本,即订购成本和保管成本之和。

当企业在一定期间内总需求量或订购量为一定时,如果每次订购的量越大,则所需订购的次数越少;如果每次订购的量越小,则所需订购的次数越多。对第一种情况而言,订购成本较低,但保管成本较高;对第二种情况而言,订购成本较高,但保管成本较低。通过经济订购批量模型,可以计算出订购量多大时,总成本(订购成本和保管成本之和)为最小。

一般说来,企业除了最优订购批量外,为了预防万一,会保留一个额外的储存量,这个储存量被称为安全库存。

3)质量控制

质量具有两个方面的含义,一是产品的质量,二是指工作的质量。二者既有联系,又有区别,产品的质量是工作质量的体现,工作质量是产品质量的保证。质量控制包括对企业产品或服务质量的控制,又包括对工作质量(包括制度、标准等)的控制。

产品质量指产品适合社会和人们一定用途和需要所具备的特性。它包括产品的结构、性能、精度、纯度、物理化学性能,以及产品的外观、形状、色彩、手感、气味等,总而言之,可影响产品使用价值的一切方面。对产品质量控制是保证企业生产出合格产品,减少无效劳动的重要保障。在市场经济中,产品的质量控制应达到两个方面的目标:一是使生产出来的产品达到产品质量标准;二是使企业以最低的成本生产出符合产品质量标准的产品。这两个方面是相辅相成的,企业生产出的产品符合质量标准是产品能为市场所接受的必要条件,而企业只有在低于社会平均劳动时间的条件下生产出合格产品,其产品才有竞争力。

工作质量就是企业为了保证和提高产品质量在经营管理和生产技术工作方面所要达到的水平。工作质量的好坏,是通过企业内各单位、各部门以及企业每一个职工的工作态度、工作绩效、产品质量等反映出来的。工作质量是产品质量的保证,在一定意义上讲,提高工作质量比提高产品质量更重要。

4)成本控制

当一个企业的经营设计、产品设计、设备装置、作业设计等已确定,并按规范投入各生产要素时,成本管理的中心是成本的控制,即要使经营活动的各环节,各方面实现目标成本,低于目标成本。

11.3.3　程序控制

程序规定了办事的时间顺序及其相应的内容,它规定了先办后办的顺序和先办后办的衔接。程序的控制作用则表现在它为全体成员提供了一个必须共同遵守的规范,这是一个严格的规定,人人都必须遵守。利用这个规范,为控制提供标准,防止发生偏离轨道的情况,使违反和不遵守程序的行为受到制止。利用这个规范,可以为各方面工作的协调提供保证,防止疏忽和遗漏,以免出现"考虑不周"的差错。利用这个规范,可是使管理人员了解办事应经过的过程,作出合理安排,提高办事效率。如果缺乏明确而合理的程序,将会出现办事混乱、互相扯皮、不讲效率的现象。由此可见,程序对形成必要的控制,促进工作的条理化和高效率有重要作用,成为改善控制工作的重要手段。

11.3.4　经营审计控制

审计是对反映企业资金运动过程及其结果的会计记录及财务报表进行审核、鉴定,以判断其真实性和可靠性,从而为控制和决策提供依据。根据审查主体和内容的不同,可将审计划分为三种主要类型:①由外部审计机构的审计人员进行的外部审计;②由内部专职人员对企业财务控制系统进行全面评估的内部审计;③由外部或内部的审计人员对管理政策及其绩效进行评估的管理审计。

1)外部审计

外部审计是由外部机构(如会计师事务所)选派的审计人员对企业财务报表及其反映的财务状况进行独立的评估。为了检查财务报表及其反映的资产与负债的账面情况与企业真实情况是否相符,外部审计人员需要抽查企业的基本财务记录,以验证其真实性和准确性,并分析这些记录是否符合公认的会计准则和记账程序。

外部审计实际上是对企业内部虚假、欺骗行为的一个重要而系统的检查,因此起着鼓励诚实的作用。由于知道外部审计不可避免地要进行,企业就会努力避免做那些在审计时可能会被发现的不光彩的事。

2)内部审计

内部审计提供了检查现有控制程序和方法能否有效地保证达成既定目标和执行既定政策的手段。例如,制造质量完善、性能全面的产品是企业孜孜以求的目标,这不仅要求利用先进的生产工艺、工人提供高质量的工作,而且对构成产品的基础——原材料提出了相应的质量要求。这样,内部审计人员在检查物资采购时,就不仅限于分析采购部门的账目是否齐全、准确,而且试图测定材料质量是否达到要求。

根据对现有控制系统有效性的检查,内部审计人员可以提供有关改进公司政策、工作程序和方法的对策建议,以促使公司政策符合实际,工作程序更加合理,作业方法被正确掌握,从而更有效地实现组织目标。

3) 管理审计

外部审计主要核对企业财务记录的可靠性和真实性,内部审计在此基础上对企业政策、工作程序与计划的遵循程度进行测定,并提出必要的改进企业控制系统的对策建议,管理审计的对象和范围则更广,它是一种对企业所有管理工作及其绩效进行全面系统地评价和鉴定的方法。管理审计虽然也可组织内部的有关部门进行,但为了保证某些敏感领域得到客观的评价,企业通常聘请外部的专家来进行。

管理审计的方法是利用公开记录的信息,从反映企业管理绩效及其影响因素的若干方面将企业与同行业其他企业或其他行业的著名企业进行比较,以判断企业经营与管理的健康程度。

反映企业管理绩效及其影响因素主要有:

①经济功能。检查企业产品或服务对公众的价值,分析企业对社会和国民经济的贡献。

②企业组织结构。分析企业组织结构是否能有效地达到企业经营目标。

③收入合理性。根据盈利的数量和质量(指盈利在一定时期内的持续性和稳定性)来判断企业盈利状况。

④研究与开发。评价企业研究与开发部门的工作是否为企业的未来发展进行了必要的新技术和新产品的准备,管理当局对这项工作的态度如何。

⑤财务政策。评价企业的财务结构是否健全合理,企业是否有效地运用财务政策和控制来达到短期和长期目标。

⑥生产效率。保证在适当的时候提供符合质量要求的必要数量的产品,这对于维持企业的竞争能力是相当重要的。因此,要对企业生产制造系统在数量和质量的保证程度以及资源利用的有效性等方面进行评估。

⑦销售能力。销售能力影响企业产品能否在市场上顺利实现,这方面的评估包括企业商业信誉、代销网点、服务系统以及销售人员的工作技能和工作态度。

⑧对管理当局的评估。即对企业的主要管理人员的知识、能力、勤奋、正直、诚实等素质进行分析和评价。

管理审计在实践中遭到许多批评,其中比较重要的意见认为,这种审计过多地评价组织过去的努力的结果,而不致力于预测和指导未来的工作,以至于有些企业在获得了极好的管理审计评价后不久就遇到了严重的财政困难。尽管如此,管理审计不是在一两个容易测量的活动领域进行了比较,而是对整个组织的管理绩效进行了评价,因此可以为指导企业在未来改进管理系统的结构、工作程序和结果提供了有用的参考。

11.3.5 管理信息系统与控制

进行控制工作不论采用哪种控制方法和技术都必须拥有一个管理信息系统作为保障。随着信息时代的来临,信息在管理控制中发挥的作用越来越大。能否建立有效的管理信息系统,及时有效地收集、处理、传递和使用信息,是衡量管理控制系统的标志之一。

管理信息是反映企业生产经营活动情况的、经过加工处理的、对经营管理活动有影响的一系列资料和数据。现代管理信息系统是依据系统观点建立,利用现代数学方法和计算机网络,提供各种作业、管理和决策信息的集成化的人-机系统,它能准确、迅速地提供各级管理部门所需的信息。管理信息系统已成为企业发展、人类社会进步不可缺少的重要资源。

信息作为资源,除了一般的可利用、有价值等特性外,还具有共享性、历史积累性、时效性和多次再生性等待性,强调信息是资源并有其特性,是建立管理信息系统的重要前提。现代管理信息系统是计算机技术和管理技术的集成,是根据组织的业务流程和信息需要综合构成的,它以解决组织中面临的问题为目的,使基层办公人员提高工作效率,并能向各级管理部门提供所需的信息,据此作出决策,增强管理人员的决策水平和快速反应能力。高效率的管理信息系统能大量收集、存储相关信息,并根据要求长时间保存;能迅速对信息进行加工处理,使信息更加精炼、准确、集中;能快速传递信息。同时由于计算机网络技术的发展,信息的传递如虎添翼,无所不能,使在线服务、遥控指挥成为事实。

现代管理信息系统不仅具有很多优势,也使管理者的工作发生了较大变化。首先,信息的获取渠道有了变化,管理人员可以在信息系统上直接获取大量的、第一手资料,根据这些信息能够快速作出决策或改变计划,使应变能力增强,控制反馈速度提高;其次,组织的结构可以向扁平化发展,使管理层次减少,管理幅度加大,同时控制力度却不会削弱;另外,管理者和下属的信息交流也多了通道,他们不必事事面对面地交流,汇报和指令都可以通过该系统双向传送,从而节省了大量时间和资金。

下面介绍两种帮助管理者对企业进行控制的信息系统。

1) ERP 系统

ERP 是英文 enterprise resource planning 的缩写,中文意思是企业资源规划。它是一个以管理会计为核心的信息系统,识别和规划企业资源,从而获取客户订单,完成加工和交付,最后得到客户付款。

ERP 以市场和客户需求为导向,以实行企业内外资源优化配置,实现企业整体的信息流、物流、资金流、价值流和业务流的有机集成和提高客户满意度为目标。以计划与控制为主线,以网络和信息技术为平台,集客户、市场、销售、采购、计划、生产、财务、质量、服务、信息集成和业务流程重组等功能为一体,是一种现代企业管理思想和方法。其主要宗旨是将企业的各方面资源(人力、资金、信息、物料、设备、时间、方法等方面)充分调配和平衡;为企业加强财务管理、提高资金运营水平、建立高效率供应链、减少库存、提高生产效率、降低成本、提高客户服务水平等方面提供强有力的工具。同时为高层管理人员经营决策提供科学的依据,有效地提高盈利,最终全面建立企业竞争优势,提高企业的市场竞争力。

ERP 软件的合理运用可以帮助企业内部业务操作合理化,同时运用功能丰富的协作/合作技术(collaborative technologies)可以帮助企业在合作企业群体和贸易伙伴之间提高管理水平,扩展企业竞争空间和提高综合能力。

2) SCM 系统

"供应链管理"(supply chain management)一词产生于 20 世纪 80 年代晚期,学术界目前尚无统一的、通用的定义。美国供应链协会于 1997 年对供应链管理作了如下的解释:供应链囊括了涉及生产与交付最终产品和服务的一切努力,从供应商的供应商到客户的客户,供应链管理包括管理供应与需求,原材料、备品备件的采购、制造与装配,物料的存放及库存查询,订单的录入与管理,渠道分销及最终交付用户。

SCM 是对企业整个原材料、零部件和最终产品的供应、储存和销售系统进行总体规划、重组、协调、控制和优化,将处于整个供应链的企业看作一个整体的"虚拟企业",一个单一的业务实体,各供应链上的企业是这个业务实体的一部分,而要达到快速响应的目的,供应链上的企业必须要打破以前的各种界限,将自身的资讯进行充分的共享,在此基础上实现作业的协同,其核心是企业间的协作。

【案例分析】

1.为什么适得其反?

作为一名新上任的某塑胶五金制品厂主管,刘先生通过一段时间的观察发现有些工人会利用上厕所的机会偷懒,在里面一待就是十几分钟,还有相当一部分员工吃午饭时间超过半个小时。为了提高生产效率,刘先生要求员工上厕所一次不能超过 5 分钟,吃饭不能超过 10 分钟,迟到 1 分钟罚 200 块钱。从此之后,再也没有工人会利用上厕所和吃饭的机会来偷懒了。这让他颇为高兴,但不久之后,他开始为一件事情而感到头痛。那就是产品的废品率开始直线上升,已经到了一个难以忍受的程度。这究竟是怎么一回事呢?难道是原料环节出了问题?经过一番调查之后,才发现一个难堪的事实,原来废品率上升的原因只有一个,那就是工人们故意破坏。这让他非常惊讶,百思不得其解。

(案例来源:改编自光明网-时评频道.限制员工上厕所时间太不人道,作者毕晓哲,2013-12-18.网址:http://guancha.gmw.cn/2013-12/18/content_9848768.htm.有删减)

讨论:

1.刘先生的管理为何适得其反? 你能做出解释吗?

2.如果你是这位刘先生,面对这种局面,最先要做的是什么? 将怎样从根本上改变局面?

2.应该立即采取行动吗?

张宁是一名在网上销售进口红酒的商人,在 8 月的第一个星期,他接到了公司销售人员送来的上月按品牌分类的销售情况表(见表 11.1)。该表显示了 7 月份的定额标准和实际销售数值。

张宁应该对 7 月的销售情况引起注意吗? 总销售量比原定目标要稍高一点,但这能说明没有显著的偏差吗? 尽管整体的绩效总的说来还不错,但有些品牌的情况还是值得销售经理注意的。然而值得注意的具体数量依赖于张宁所认为的"显著"程度。究竟有多大的偏差才会使张宁采取正确的行动呢?

(资料来源:斯蒂芬·P·罗宾斯,玛丽库尔特,管理学[M].11版.北京:中国人民大学出版社,2012.有删减)

表 11.1 红酒 7 月份销售数据 单位:件

品 牌	标 准	实 际	偏 差
Bordeau	857	657	−200
Beaucaillou	621	635	14
Ch. Palmer	531	522	−9
Ducru Beaucaillou	438	501	63
milon	410	409	−1
Connetable Talbot	357	421	64
Ch.Pavie	213	215	2
Ch.Kirwan	118	110	−8

【思考题】

1.什么是控制?
2.计划和控制的关系是什么?
3.在管理中控制的作用是什么?
4.有效控制系统应有哪些特征?
5.控制过程一般有哪些步骤?
6.你认为控制方法中哪种最重要?为什么?

【本章小结】

本章叙述了当前控制的基本理论和实际控制的程序。控制是一种监控组织运作活动的过程,对运作中每个环节按计划、标准进行对比度量并纠偏,以保证组织计划完成和目标实现。

控制根据不同的标准可分为不同的种类。根据组织整个营运过程,可分为前馈控制(事前)控制,用来防止预期问题的产生及消除;同期(事中)控制,运作中同时监控纠偏;反馈(事后)控制,运作完毕后,比较度量实际成果,发现偏差后纠偏。控制必须讲究控制成本,所以对控制成本、收益和净收益的关系进行了分析。

在管理控制中,组织必须根据目标和计划制定各阶段、各层次的运作标准,然后用标准比较度量实际运作绩效,若发现偏差,应纠正实际运作的偏差,或者修订标准,调整计划。这就是控制工作的三个重要的阶段或过程。实际控制中,必须要熟悉适时控制、适度控制、客观控制和弹性控制等要点,以驾驭控制中内、外因素变化的影响。

有效控制可以提高组织运作绩效,因此组织必须建立有效控制系统。在将来的学习中,学生将会接触到更具体的控制方法。随着社会发展,组织也在发展创新,那么控制理论和方法必然随之创新,这也是业界必须关注和研究的课题。

【扩展知识】

危机管理与控制

在当今社会中,企业的生存与发展将面临很多的不确定性因素,其中包含着机遇与风险。企业在面临危机时的处理过程,考验着企业的应变与管理能力。

危机是事物的一种不稳定状态。企业的危机管理是企业为了预防、转化危机而采取的一系列维护企业生产经营的正常进行,使企业摆脱逆境、避免或减少企业财产损失,将危机化解为转机的一种企业管理的积极主动行为。

企业对危机的管理包括三个过程:危机的事前管理,事中管理和事后管理。危机的事前管理是在危机发展的初始阶段进行的管理,其主要任务是:严格企业各项规则、规程,查遗补缺;监测和预控引发危机的各种因素和征兆,建立预警机制;在员工中全面树立危机意识,使之成为企业文化的有机组成部分;建立拥有决策权的危机管理小组;针对企业自身和其他企业曾发生过的危机制订具体的危机管理计划,确立恰当的保障机制;培训员工和危机管理人员,为危机的爆发做好人力准备等。危机的事中管理阶段,危机已经冲破各道预防防线而爆发。此时,企业应在极短的时间内扭转被动局面:从大量繁杂的信息中把握关键信息,准确确认危机的种类、爆发的根源;明了公众的感觉和看法;加强与媒体的沟通,以便对症下药,迅速而果断地做出决策,组织和分配企业既有资源,充分调动危机管理人员的主动性,控制危机事态发展,减弱危机破坏力,促使危机得到最终解决的同时,尽可能保证企业日常经营的持续进行,以及根据危机的发展和外部环境的变化,寻求契机,将危机转化为机遇。危机事后管理,危机在经由事前管理、事中管理两个阶段,得到最终解决后,其管理的全过程并没有就此而终结。企业在危机事件得以解决之时,首先,应采取措施消除危机给企业物质财产,以及受害者的人身和心理造成的消极后果和影响;其次,应尽快恢复企业的正常经营与管理活动;最后,应以实际行动维护公众利益,不断修复和发展企业与公众之间的信任关系,恢复和提高企业及其产品的美誉度。此外,企业还应对危机管理的经验教训进行认真而系统的总结。在对危机发生的原因以及预防和处理危机的全部措施进行系统调查的基础上,对企业危机管理工作进行全面评价,详细列出工作中存在的各种问题和不足,并对其进行综合归类,提出改进意见和措施,逐步完善既有的危机计划和企业的各项危机准备工作。同时,还应将危机事件及其处理过程做成案例,用以教育全体员工,增强组织的免疫功能,预防和防止危机的再次发生。这也可看作危机的事后管理阶段。

企业在遇到危机时,具体可采取以下几个方面的策略:

◆迅速反应

由于以网络技术为代表的信息社会的到来,使得危机造成的负面影响可以在极短的时间内传遍整个世界,造成极为严重的局面。因此,危机管理的最大特点就是反应要迅速,争取在最短的时间里介入危机,着手对已发生的危机的处理,力求减少或是扭转危机对本企业的冲击和危害。同时要争取主动,任何危机发生后,都不可回避和被动性应付,而是积极地直面危机,有效控制局势,切不可因急于追究责任而任凭事态发展。为此,应及时启动危机管理应急机制,对危机实行冷静、有序、果断的处理,使整个企业指挥协调统一、宣传解释统一、行动步骤统一,而不可失控、失序、失真,否则只能造成更大的混乱,使局势恶化。

◆发挥员工的团结协力作用

在危机管理中,企业员工不应是旁观者,而是参与者。让员工参与危机处理,不仅可以减轻企业震荡,而且能够发挥其宣传作用,减轻企业内外压力。在危机面前,只有调动全体员工的积极性,才能同舟共济,共渡难关。

◆真实沟通

危机管理中有一重要原则,叫做真实性原则。就是说,企业在危机爆发后,必须主动向公众讲明事实的全部真相,而不能遮遮掩掩,否则反会增加公众的好奇、猜测乃至反感,延长危机影响的时间,增强危机的伤害力,不利于控制危机局面。为此,必须利用各种媒体向公众说明真相。

◆以顾客利益为重

危机到来之时,也是考验企业的经营理念能否真正付诸实施之日。"顾客是上帝""诚信为本"的原则在这里得到检验。危机这个舞台才是所有消费者看你表演的时候。因此,在危机来临时,应将顾客利益放在首位,必要时采取退换货等方式安抚顾客,树立企业的责任感形象。

◆建立危机预警机制

在危机管理中,企业应建立危机预警系统,同时捕捉企业危机征兆,及时为各种危机提供切实有力的应对措施。

要想使企业在危机面前从容应对,必须未雨绸缪,建立一套预防、处理危机的管理机制。首先,要组建一个具有较高专业素质和较高领导职位的人士组成的危机管理小组,制订或审核危机处理方案,清理危机险情。一旦危机发生,及时遏止,减少危机对品牌乃至整个企业的危害。其次,建立高度灵敏、准确的信息检测系统,及时收集相关信息并加以分析、研究和处理,全面清晰地预测各种危机情况,捕捉危机征兆,为处理各项潜在危机制订对策方案,尽可能确保危机不发生。此外,有必要建立品牌自我诊断制度,从不同层面、不同角度进行检查、剖析和评价,找出薄弱环节,及时采取必要措施予以纠正,从根本上减少乃至消除发生危机的诱因。

(资料来源:廖瑞斌,张慧.浅谈企业的危机管理[J].中国市场,2010(31).)

【管理能力训练】

训练一:有效控制

针对大学生考试作弊现象,很多高校都出台了相当严厉的规定,如对首次作弊者的处罚是"留校察看一年",如果是第二次作弊被发现,将予以开除等。但学生作弊现象仍然时有发生,破坏了考试公平、公正的原则。受具体条件制约,大学考场不太可能采取像高考考场一样严格的防弊措施。因此,如何让学生学会有效控制,杜绝和减少作弊现象,成为高校学生管理的重要内容。请结合有效控制原则,与你的团队成员讨论:如何根据控制的过程来防范大学考试作弊现象的发生,并提出相应的建议。

每个团队由3~4人组成,指定一个主发言人,与其他团队一起分享你们各自的成果。

训练二:管理小游戏

训练要求:

1.将学生分为N个组,每4~6人为一组,以小组为单位根据提供情景扮演角色。

2.准备训练做所需材料:眼罩4个,20米长的绳子一条。

3.每组指定一名发言人,向全班说明本组如何进行有效的控制,并指出哪方面还可以改善。

训练目的:

1.让学生体会作为管理者在日常管理时通常犯的错误可能有哪些。

2.让学生体会和学习如何有效控制的方法。

训练内容与程序:

1.每组选两人分别担任总裁、经理,其他担任工人。

2.工人可以讲话,但被蒙住双眼什么也看不见;经理可以看,可以行动,但不能讲话;总裁能看,能讲话,也能指挥行动,但全过程不得直接指挥,一定是通过经理将指令传给工人,总裁在指挥的过程中要与操作人员保持5米以上的距离,同时被许多无关紧要的琐事缠住,无法脱身(他要在规定时间内做许多与目标不相关的事)。

3.所有的角色需要共同努力,完成游戏的最终目标——由组员在戴着眼罩的情况下,把一条20米长的绳子做成一个正方形,绳子要用尽。

参考文献

[1] 陈传明,周小虎.管理学原理[M].北京:机械工业出版社,2013.

[2] 杨文士,焦叔斌,张雁,等.管理学[M].3 版.北京:中国人民大学出版社,2012.

[3] 周三多,陈传明.管理学[M].3 版.北京:高等教育出版社,2011.

[4] 惠顿,卡梅伦.管理技能开发[M].8 版.北京:清华大学出版社,2011.

[5] 王冰,张静,傅四保,等. 管理学——理论与实践[M].北京:电子工业出版社,2011.

[6] 格里芬.管理学:理论与实践[M].刘伟,译.9 版.北京:中国市场出版社,2010.

[7] 金桂生,宋永高,彭学兵.管理学——理论与实践[M].杭州:浙江大学出版社,2010.

[8] 罗宾斯,贾奇.组织行为学精要[M].北京:机械工业出版社,2011.

[9] 解进强,史春祥.薪酬管理实务[M].2 版.北京:机械工业出版社,2011.

[10] 史密瑟,伦敦.绩效管理:从研究到实践[M].汪群,张龙,等,译.北京:机械工业出版社,2011.

[11] 康青.管理沟通[M].北京:中国人民大学出版社,2011.

[12] 戈麦斯-梅西亚,等.管理学:原理、案例和实践[M].詹正茂,译.北京:人民邮电出版社,2009.

[13] 苏保忠.领导科学与艺术[M].2 版.北京:清华大学出版社,2009.

[14] 罗宾斯,库尔特.管理学[M].孙健敏,等,译.9 版.北京:中国人民大学出版社,2008.

[15] 付亚和,许玉林.绩效管理[M].2 版.上海:复旦出版社,2008.

[16] 洛克,金茨勒.商务与管理沟通[M].北京:工业机械出版社,2008.

[17] 李垣.管理学[M].北京:高等教育出版社,2007.

[18] 德鲁克.21 世纪的管理挑战[M].朱雁斌,译.北京:机械工业出版社,2006.

[19] 鲁,拜厄斯.管理学:技能与应用[M].刘松柏,译.11 版.北京:北京大学出版社,2006.

[20] 杜柏林.领导力:研究、实践、技巧[M].王垒,译.北京:中国市场出版社,2006.

[21] 魏江,严进.管理沟通:成功管理的基石[M].北京:机械工业出版社,2006.

[22] 单凤儒. 管理学基础[M].2 版.北京:高等教育出版社,2004.

[23] 卡甘.领导能力养成训练:组织发展的体验式学习方略[M].卢远瞩,译.北京:中央编译出版社,2004.

[24] 鲁森斯.组织行为学[M].9 版.北京:人民邮电出版社,2003.

[25] 卡明斯,沃里.组织发展与变革[M].北京:清华大学出版社,2003.

[26] 张伟超.现代领导学[M].长沙:湖南人民出版社,2003.

[27] 孔祥勇.管理心理学[M].北京:高等教育出版社,2001.

[28] 吴照云. 管理学原理[M].3 版.北京:经济管理出版社,2001.

[29] 罗宾斯.组织行为学[M].孙建敏,等,译.北京:中国人民大学出版社,1999.

[30] 刘松博,龙静.组织理论与设计[M].北京:中国人民大学出版社,1998.

[31] 吴季松.21世纪社会的新趋势:知识经济[M].北京:北京科学技术出版社,1998.

[32] 邢以群.管理学[M].杭州:浙江大学出版社,1997.

[33] 彼得·圣吉,第五项修炼,学习型组织的艺术与时务[M].上海:上海三联书店,1994.

[34] 唐纳利,等.管理学基础——职能·行为·模型[M].李柱流,等,译.中国人民大学出版社,1990.

[35] 卡斯特,罗森茨韦克.组织与管理——系统方法与权变方法[M].李柱流,等,译.北京:中国社会科学出版社,1988.

[36] R. L. Katz.Skills of an Effective Administrator[J].Harvard Business Review,1974(9):90-102.

[37] 谭安洛.全面薪酬理论与员工激励的有效模式[J].求实,2009(1).

[38] 张一弛,刘鹏,尹劲桦,邓建修.工作特征模型:一项基于中国样本的检验[J].经济科学,2005(4).

[39] 王永长.核心竞争力:企业理论的新发展[J].上海经济研究,1999(6).

[40] 芮明杰,对企业多元化发展战略的再认识[J].中国工业经济,1998(11).